대한민국은 왜 헛발질만 하는가

대한민국은 왜 헛발질만 하는가

CBS 대기자 변상욱 지음

페이퍼로드
paperroad

대한민국은 왜 헛발질만 하는가

초판 1쇄 발행 2014년 6월 25일

지은이 —— 변상욱

펴낸이 —— 최용범
펴낸곳 —— 페이퍼로드
출판등록 —— 제10-2427호(2002년 8월 7일)
　　　　　　서울시 마포구 연남동 563-10번지 2층

편　집 —— 양현경
마케팅 —— 윤성환
관　리 —— 강은선
디자인 —— 장원석

이메일 —— book@paperroad.net
홈페이지 —— www.paperroad.net
커뮤니티 —— blog.naver.com/paperroad
Tel (02)326-0328, 6387-2341 | Fax (02)335-0334

ISBN 978-89-92920-01-8 03330

악한 이들의 거친 아우성보다
선한 이들의 지독한 침묵이 더 큰 비극

우리는 배나 비행기를 타며 의식하든 의식치 않든 몇 가지 믿음을 부여한다. 첫째는 이 거대한 움직이는 물체가 정비사나 감독자에 의해 충분한 점검을 거쳐 안전할 거라는 믿음이다. 그리고 이것을 점검하고 손 본 사람들은 해당 분야의 뛰어난 전문가이고 성실히 살폈으리라고 믿는다. 둘째로는 만약에 운행 중 어떤 사고가 발생하면 관계자들은 최선을 다해 문제 해결에 나서고, 우리의 안전을 최우선으로 해 줄 것이라는 믿음이다.

그러나 세월호 참사와 그 뒤에 빚어진 국가 재난관리의 난맥상은 우리의 이런 믿음이 얼마나 헛된 것인가를 똑똑히 보여줬다. 세월호의 선사와 물주, 승무원은 그렇다 치고 가장 황망했던 것은 국가의 무능함과 비정상이었다.

'대한민국'호는 우리가 믿고 우리를 맡길 수 있는 존재가 아니었다. 그런 가운데도 국가 공권력을 나눠 가진 사람들은 자신들의 자리보전과 노후 보장에 대해서만큼은 치밀하고 적극적이고 단단히 뭉쳐 있음을 확인했다. 이 나라의 정치관료 집단은 국가권력이라는 시장에서 사익을 추구하는 영리추구 세력으로 암약했음을 보아버린 것이다. 그 이득을 보장하기 위해 그들은 가진 사람들 편에서 그들의 요구를 들어주는데 열심이었고 그들의 편의를 봐주느라 분주했던 것도 알게 됐다.

결국 그들이 정치라고 표현하던 것은 '지배'였고, 행정이라고 부르던 것은 '군림'이었음을 우리는 목격했다. 시대는 점점 암울해져 이런 지배와 군림에 저항하면 제재를 당하고 '가만있으라'는 전근대적 가이드라인도 등장했다. 그러나 우리는 거부한다. '가만있지 않겠다' 다짐하며 거리로 나서고 촛불을 켜든다. 그리고 주저하는 자신을 향해 마틴 루터 킹 목사의 절규를 일깨운다.

"역사는 이렇게 기록할 것입니다. 세상이 바뀌어야 할 때 빚어지는 가장 큰 비극은 악한 이들의 거친 아우성이 아니라 선한 이들의 지독한 침묵이었다고."

이 책은 민주주의로 포장되어 휘둘러지는 지배와 군림의 단면들을 적어 간 시대기록의 모음이다. 그 지배와 군림이 어디서 왔는지를 살피기 위해 역사를 뒤적이기도 했고, 속절없이 당하는 우리를 살피고자 심리학도 퍼 날랐다. 참고할만한 외국의 사례나 상황도 첨부했다. 다만 매일 주제를 바꾸며 방송용으로 써내려간 짧은 글들이어서 충분한 설명이 되지 못하고, 각주나 인용처를 꼼꼼히 챙기지 못했음을 죄송스럽게 생각하며 혜량을 구한다.

저널리스트의 길에 들어선 지 30년을 훌쩍 넘기고 지천명(知天命)에서 이순耳順을 향해 접어든 지금 내가 선 자리를 살피니 아득하다. 언제쯤이면 깊은 침묵 속에 자신을 성찰하고, 땀에 젖은 삶으로 진실을 밝히 보아낼 수 있을 것인가. 그래도 글은 써지고 말은 술술 나오니 참으로 부끄러운 일이다. 온전치 못함을 알면서도 글을 책으로까지 묶어냄은 몇몇 지인의 청도 있었지만 일모도원日暮途遠, 갈 길이 멀기만 한 부족한 사람의 조급함 탓이라 헤아려 주기를 부탁드린다.

이 땅의 저널리즘이 비난과 지탄을 받고 있는 작금의 세태는 몹시 아프다. 당부컨대 저널리즘은 저널리스트의 세상을 보는 방식, 즉 세계관이고 저널리스트의 삶이어야 한다. 저널리스트는 자신의 기사와 논설 속에 생각과 시각으로서가 아니라 '존재'로서 담겨 있어야 한다.

이렇게 적고나니 스스로가 후안무치하다는 자괴감을 떨칠 수 없으나 후배들을 향한 간곡한 당부로 받아들여 주시길 바란다. 모쪼록 부족한 글이나마 독자 여러분께서 세상을 읽는 데 도움이 되기를 소망한다. 그리고 '기자의 영혼'을 찾으려는 후배들에게 작은 이정표가 되었으면 한다.

2014년 6월
변상욱

차례

진격의 거인 미국, 달나라에도 등기 마쳐두려 하나 - 탐욕이 지배하는 세계를 말하다

기자 그리고 '기자 비슷한' 자 - 언론 같지 않은 언론을 말하다

권력자는 왜 헛발질만 하는 걸까?

분노 유발자, 한국 정치를 말하다

권력자는 왜 헛발질만 하는 걸까?

국민을 질책하는 리더십

이명박 전 대통령의 마지막 대통령 라디오 주례 연설을 기억하고 있다. 그는 그 연설에서 "정치의 시대를 넘어 일하는 시대를 열었다. 권력자가 아니라 일꾼이 되고자 했다"고 소회를 밝혔다. 또 "우리는 전대미문의 글로벌 경제 위기를 세계에서 가장 잘 극복했다는 평가를 받았다. …… 어느 정부보다도 복지를 많이 늘리고 서민의 삶을 따뜻하게 하기 위해 노력했다고 생각한다. …… 대한민국의 가장 행복한 일꾼이었다"고 회고했다. 과연 그럴까?

4대강은 썩어가고 있고 4대강 주변은 수변 공원이 아니라 곳곳 마다 진흙밭이 되어가고 있다. 녹색 성장이 가장 힘차게 외친 구호였는데 이 모양인 4대강 사업이 녹색 성장일까? 감사원이 나서 4대강 사업의 부실을 심각하다 지적했다. 새로운 성장 동력이라는 핵 발전 수출은 후쿠시마 원전 사고 이후로 이야기 꺼내기가 머쓱해졌다. 걸핏하면 안전사고로 국민을 깜짝 놀라게 한다. 자원 외교로 해외에 투자한 돈은 돌아올 줄을 모른다. 일터에서 쫓겨난 노동자와 불길 속에서 숨져간 용산 참사 세입자들, 경제 위기에 거리로 내몰리는 서민들은 행복한 일꾼이 아니다. 수지 균형을 맞추기 위해 고환율 정책을 고수했고, 그 탓에 물가 상승과 내수 부진은 깊어졌다. 수출 대기업만 혜택을 봤고 대기업 · 중소기업 동반 성장 구

박근혜 대통령이 세월호 참사에 대한 대국민담화를 발표하고 있다. 국민은 그에게 절망했다.

호는 간 곳이 없다. 서민의 삶을 따뜻하게 만든 정책이 무엇을 가리키는지 쉽사리 이해가 가지 않는다.

그 뒤를 이은 박근혜 대통령의 행복 대한민국도 불안하기만 하다. 세월호 참사로 박근혜 정부의 민낯이 훤하게 드러났고 대통령의 리더십에 유리진열장 속 한복 인형이라는 평가가 번져가고 있다. 배 안에서 대피 중이던 사람들 중 단 한 명의 목숨도 살려내지 못한 정부의 무능은 국민을 불안케 한다. 꼼꼼히 수첩에 적어 내려가는 국정 운영을 '깨알 리더십'이라는 수식어로 포장했지만 그것이 허상이라는 것도 거듭된 골통 인사들의 등용과 실패에서 확인했다. 새로이 창조하는 것은 보이지 않고 과거로 회귀하거나 기껏 과거의 인물을 꺼내 재활용하는 정도이니 창조경제 구호도 귀에 들어오지 않는다.

최근에는 40대 유권자 층에서 박 대통령의 지지율이 추락하고 있음이 눈에 띈다. 여론조사 전문 기관 '리서치뷰'가 5월 초 박근혜 대통령 국정 수행 지지율을 조사한 결과 40.2퍼센트였다(전국 만 19세 이상 1천 명을 대상. 표본 오차는 95퍼센트 신뢰 수준에 ±3.1퍼센트 포인트, 응답률 4.0퍼센트).

20대와 30대의 경우 과거 조사와 비교하면 큰 차이를 드러내지 않았지만 40대는 '잘함'이 29.3퍼센트, '잘못함'이 65.9퍼센트로 부정 평가가 36.6퍼센트 포인트나 더 높다. 과거 여론조사에서 긍정과 부정이 팽팽하던 걸 생각하면 큰 변화이다. 40대의 변화는 약속한 공약을 지키지 않아서, 일자리를 창출해 내지 못해서가 아닐 것이다. 박 대통령의 통치 리더십에 대한 의구심이 이유라고 본다.

정부의 무능과 대통령의 무능을 동일시하지 말라는 설득도 소용이 없다. '내 탓이오'를 외치기보다 '당신들 뭐하고 있었냐' 질책하는 모습에서 사람들은 더 불안함을 느꼈다. 언제고 저 차가운 질책은 국민들이 뭘 안다고 나서느냐 경찰은 무엇 하느냐로 바뀔 거라는 두려움도 커지고 있다. 가장 궁금한 것은 그런 지지율 하락에 대해 당사자가 뼈아프게 느끼며 숙고하고 있을까 하는 것이다.

삽질하는 이유나 알고 있을까?

왜 지도자들은 아무리 여론이 따가워도 자기가 잘해냈다고 철석같이 믿는 것일까? 사회심리학적으로 따져보자.

1. 자기 과신 효과

미국의 한 비즈니스 심리 연구에서 대학생들에게 논문 주제와 설계를 제시하고 이 정도 수준의 논문을 쓰는 데 얼마나 걸리겠냐고 물었더니 평균 34일이란 대답이 나왔다. 정작 시켜보니 평균 56일 걸렸다. 과제가 어려울수록 허풍을 늘어놓는 경향도 더 커지는 현상을 보였다. 권력자가 되거나 최고경영자 자리에 오르면 자신의 성공 가능성을 비판적으로 점검하지 않고 정책을 밀어붙이는 경향이 강해진다고 한다. 지금까지 성공해 온 것은 자신의 머리와 추진력 덕분이라고 착각하기 때문이라는 것.

2. 페이싱 효과

자신이 말을 많이 하면 할수록 의미 있는 만남이었고 상대방과 소통이 잘 되었다고 착각하는 상태를 가리킨다. 자기가 말을 많이 해 만족스러우면 당연히 상대는 말도 못하고 듣기만 해 만족스럽지 못한 게 뻔한데 이를 간파하지 못하고 착각하는 현상. 그러니 측근에게 둘러싸여 칭찬에 익숙한 권력자는 소통이 안 되고 자기 생각만 주장하며 실수를 거듭한다.

3. 쿠키 테스트

미국 스탠포드 대학교에서 연구 목적으로 대학생들에게 토론을 시켜놓고 그 중 한 명을 리더로 지목했다. 리더에게는 누가 토론을 잘하고 못 했나 판정하는 강력한 권한을 주었다. 자유롭게 먹을 거 먹으며 토론하라고 과자를 접시에 담아 두었는데 가장 많이 먹은 사람은 역시 판결권을 가진 리더였다. 실컷 먹고 부스러기도 마구 흘리고, 트림도 하며 거들먹거리고, 리더가 되기 전과 비교해 태도가 완전히 달라지는 현상을 보였다.

연구진은 권력을 주면 3가지 변화가 발생한다는 결론에 도달했다. '자기가 하고 싶었던 것에 집중한다.' '아래 사람들이 원하는 것에 둔감해진다.' '자신과 측근들은 규율을 지키지 않아도 다른 사람들은 모두 잘 지켜야 한다고 생각한다.'

이것이 지도자가 권력을 쥐면 빠지는 심리적 함정들이다. 지도자는 지혜와 통찰력을 가져야 한다. 그러나 하루아침에 과외 공부로 되는 것은 아니니 그걸 가진 사람들에게 귀를 기울이면 된다. 그게 어려우면 민심을 살피고 좇으면 된다. 그러나 이것만은 알아두자. 그것은 자신이 그리 현명한 건 아니라는 엄정한 주제 파악이 이뤄져야 시작할 수 있다.

간신배는 왜 나올까?

인품보고 직감으로 찍은 게 달랑 윤창중?

윤창중 전 대변인 사건은 해명 기자회견 내용마저 하나 둘 거짓으로 밝혀지며 박근혜 대통령의 신뢰에 큰 충격을 가했다. 인간은 위기 상황에 대처하고 해결해야 할 때 어느 정도 자신의 실수를 덮고 자신을 정당화하려는 절박한 본능을 보인다. 그래서 아 다르고 어 다른 경우가 생기는 것.

중국 송나라 역사를 기록한 송사의 유일지전劉一止傳에 "천하의 다스림은 군자가 여럿이 모여도 모자라지만, 천하를 망치는 것은 소인 하나면 족하다"고 하더니 윤창중 씨 사건이 딱 그 격이다.

박근혜 대통령이 한나라당 비상대책위원장 시절이던 2012년 1월, 방송 프로그램 〈힐링 캠프, 기쁘지 아니한가〉에 출연한 적이 있다. 진행자 이경규 씨가 박근혜 당시 위원장에게 충신과 간신의 구별법을 물었다.

> "정치 생활을 오래 하셨는데 충신·간신 구별법이 있지 않습니까?"
> "굉장히 많은 사람을 보면서 살았습니다. 저러던 사람이 이렇게 변하고 이런 사람이 저렇게 변하고……. 지금은 직감 같은 게 있습니다. 마음으로 '이럴 거야' 느끼는 게 있는데 가끔 맞는 것 같습니다."

17

옆에 있던 김제동 씨는 이런 질문을 했다.

"성향이 달라도 보좌관을 할 수 있습니까?"
"성향이 아니라 성품이 문제입니다."

그렇게 직감으로 성품 좋은 사람을 뽑아 곁에 둔 결과가 이거란 말인가? 윤창중 씨뿐만이 아니다. 박근혜 대통령이 총리·장관 후보자들을 고르고 인사청문회가 진행되면서 모두들 경악하지 않았던가. 윤창중 씨 사건은 그러기에 예견된 재앙이라는 비판을 받는다. 세월호 참사의 책임을 지워 총리를 사퇴시키고 나서 새로 내정한 총리후보도 청문회 전에 침몰해 버렸다. 아무래도 사람을 골라 쓰는 데 크게 부족함이 있는 듯하다.

옛날 왕의 덕목 중 하나가 인재를 가려 쓰는 것이었다. 그걸 돕기 위해 간신을 분별하는 기준인 '변간법'이라는 충고가 존재했다. 춘추전국시대의 병법서인 '육도六韜'나 '여씨춘추呂氏春秋' 등에 보면 못된 신하를 가려내기 위한 관찰법 내지는 시험법이 등장한다. 종합하면 아래와 같다.

- 몰래 사람을 보내 그 성실함을 살핀다.
- 그가 어떤 사람을 추천하고 데려다 쓰는지 살핀다.
- 실의에 빠졌거나 좌절했을 때 그의 지조를 살핀다.
- 권세를 누릴 때 어떤 사람을 접촉하는지 살핀다.
- 돈과 관련된 일을 주어서 청렴함을 살핀다.
- 술에 취하게 해서 솔직한 모습을 살핀다.
- 여자를 붙여주어 그 단정함을 살핀다.
- 위급한 상황을 알려 그 용기를 살핀다.
- 가난할 때 그가 무엇을 하고 무엇을 하지 않는지 살핀다.

간신배는 실패한 리더십의 근거

그리고 가까이 두어서 곤란한 신하로는 다음의 특질을 갖고 있으면 경계하라 한다.

- 콤플렉스가 심하고 사적인 감정과 이해관계를 따져 공무를 결정한다.
- 일정한 노선을 견지하지 않고 상황에 따라 변하며 지나친 아첨과 전횡으로 임금의 바른 정치를 막는다.
- 끼리끼리 어울린다는 말을 증명하듯 소인배들을 모아 소인의 당을 만든다.
- 화합과 상생이 아닌 분열과 배제의 정치를 추구하며 남을 모함한다.
- 부도덕하고 교활한 꼼수를 자주 써 정면 대결을 피하고 은밀한 수를 써서 상대를 넘어트린다.
- 물욕과 색욕이 많고 사생활이 패륜적이고 비윤리적이다.

그렇게 구분해 낸 못된 신하의 유형은 다음과 같다.

- 구신具臣 – 관직에 안주하고 녹봉을 탐하며 공직은 돌보지 않고 사리사욕을 채운다.
- 유신諛臣 – 군주에게 아부하여 군주의 눈과 귀만을 즐겁게 한다.
- 간신姦臣 – 군주로 하여금 신하에 관한 판단을 잘못하게 하여 인사와 상벌을 그릇되게 한다.
- 참신讒臣 – 말과 글솜씨로 사람들을 어지럽혀 서로 등지게 하고 조정을 피곤케 한다.
- 적신賊臣 – 권세를 마음대로 휘두르고 사사로이 당을 이루어 재물을 쌓고 멋대로 군다.

● 망국신亡國臣 – 군주의 올바른 판단을 어렵게 만들어 군주가 온 나라에 욕을 먹게 만든다.

사람들은 윤창중 사건을 보며 '왜, 어떻게 저런 사람이 권력 핵심부에 들어가 자리를 잡게 될까?'라는 물음을 떠올렸다. 정치적으로 통치자 최측근에게서 사고가 발생하는 것은 통치자의 권력과 보필하는 신하의 권력 사이에 균형이 깨질 때 생긴다고 본다.

통치자가 주변의 의견을 존중해 합리적인 결정을 내리지 않고 독단적일 때 측근에 못난 신하가 자리 잡는다는 것이다. 반대로 통치자가 레임덕을 겪거나 허약해 신하 중 특정인에게 권력이 쏠리면 당연히 고위관리의 못난 짓이 나타나기도 한다. 아니면 통치자가 강력한 권력을 휘두르는데 특정인을 너무 가까이 해 권력이 쏠려도 간신배가 등장한다는 게 역사의 충고이다.

불편한 진실을 이야기하자. 대통령 측근 고위공직자의 실책이나 부패는 그저 생긴 일이 아니다. 정치적ㆍ사회적 산물이다. 못난 신하, 못된 신하는 있을 수 있다. 하지만 문제는 남들은 뻔히 아는 데 통치자가 구별해내지 못한다는 것이다. 그런 점에서 이번 사건은 분명코 실패한 리더십의 결과로 받아들여야 한다.

권력 시스템의 허점을 파고들어 간신ㆍ구신들이 자리를 잡으면, 그들은 거꾸로 그 취약한 시스템을 다시 이용해 시대와 제도를 더 왜곡시킨다. 그래서 간신배의 횡행은 전염성이 강하다. 특히 권력 체제가 큰 변화를 겪거나 사회 질서가 문란해지면 야심 가득한 사람들이 기회를 노려 뛰쳐나온다. 이들이 권력의 한 자리씩을 차지하고, 저마다의 야심과 목적을 이루려 종횡무진하면 감독 기관이 마비되고 조직의 신뢰와 도덕 수준이 떨어짐은 당연한 귀결이다.

역사 속에서 간신배는 조정의 기강과 근간을 흔들고 전염되어 사회를 어지럽혔다. 결코 정신 나간 개인의 해프닝이라 치부해선 안 된다. 그들은 사회의 부조리와 인간의 욕망, 그리고 통치자의 부실을 대변하고 있다. 역사의 교훈은 그것을 놓치면 되풀이된다.

박근혜 정부 들어 간첩 신고 5만 건, 반공인가 파시즘인가?

2013년 어느 날의 신문 기사이다.

> "국정원에 따르면 올해 1월부터 지난달까지 국정원이 111 전화 신고
> 와 홈페이지를 통해 받은 간첩 신고는 4만 7천여 건. 지난해 4만여 건
> 이 접수된 것을 볼 때 크게 늘어난 수치다. 노무현 정부 때 간첩 신고
> 는 5천 865건(한 해 평균 1천 173건)이 접수됐고 이명박 정부(2008~지
> 난해) 때는 8만 6천 332건(한 해 평균 1만 7천 266건)의 신고가 들어왔
> 다."

  남북정세를 감안할 때 김대중 · 노무현 정부 때보다 이명박 정부 때 간
첩 신고가 많았으리라는 건 짐작이 가지만 2013년에 부쩍 늘어난 이유는
뭘까? 신문 보도 내용은 전문가 분석을 인용해 다음과 같이 설명한다.

> "이석기 통합진보당 의원의 내란예비음모 사건, 국제 해커 조직 어나
> 니머스Anonymous에 의한 북한의 대남 선전 사이트 '우리민족끼리' 회원
> 아이디 9001개를 공개한 사건이 올해 간첩 신고를 결정적으로 늘린
> 배경이 됐다."

이 분석은 타당하다. 이 사건들로 '일간베스트(일베)' 등 보수 성향 인터넷 사이트에서는 간첩 자수 기간 캠페인이나 간첩 신고 붐도 일었다. 우리민족끼리 회원 정보를 근거로 신상 털기를 하고 간첩이라고 신고를 하는데 아예 '죄수번호 0000 간첩 000를 신고한다'는 식의 간첩신고도 비일비재했다(0000의 숫자는 우리민족끼리 회원 정보 공개 때 순번).

간첩 신고 5만 건, 간첩 검거 4건… 당황하셨어요?

간첩 신고가 5만 건이라고 기사를 썼으면 실제로 확인되거나 적발된 간첩은 몇 명인지 알려줘야 하는데 기사 내용에는 그런 게 없다. 다만 밑에 공안사범 검거 실적이 나온다.

> "공안사범 검거 실적은 김영삼 정부 때 149명이던 것이 김대중 정부 112명, 노무현 정부 50명으로 줄었다. 이명박 정부 들어서는 다시 194명으로 늘었다."

왜 간첩 통계에서 공안사범 통계로 초점을 바꾼 것일까? 올해 초《연합뉴스》보도에 따르면 검찰과 공안당국이 밝힌 간첩 검거 숫자는 이명박 정부에서 총 25명이다. 참여정부 시기인 2003년부터 따지면 모두 49명의 간첩이 구속됐고, 이 중 42퍼센트인 21명은 탈북자로 위장해 국내에 잠입했다 검거됐다. 박근혜 정부에서 검거된 간첩은 4명, 모두 탈북자 위장 간첩이다.

《중앙일보》는 2013년 간첩 신고 건수 4만 7천 명에서 간첩 검거 4명으로 옮겨가기가 부담스러웠나보다. 그것보다는 숫자가 큰 공안사범 검거로 얼버무렸다.

수만 건에 이르는 간첩 신고에는 다양한 사연들이 담겨 있다. 지난 10

월 충북 청주에서는 한 알코올 중독자가 고정간첩인데 자수하겠다고 해 공안당국이 총출동하기도 했다. 대학 수업 중에 반자본주의·반미를 가르쳤다는 이유로 1학년 학생에게 신고당한 강사도 있다. 수업과목은 '자본주의 바로 알기'였다. 고려대에서는 학교 내 성추행 사건 문제로 토론이 번지다 반대 의견 학생의 신상털이를 해 '붉게 물든' '투쟁' 등의 단어들을 사용한 적이 있으니 간첩이라고 신고하기도 했다. 울산에서는 청년들이 영화 〈은밀하게 위대하게〉 흉내를 내며 북한 말투로 대화하는 걸 여중생들이 간첩으로 오인해 신고했다. "동무, 얼른 자결하라우"가 영화 대사를 흉내 낸 대화의 내용. 강원도 영월에서는 빈 집을 세트장으로 삼아 영화를 찍고 있던 제작진이 영화에 사용한 김일성·김정일 사진을 방치했다 MT왔던 대학생들에게 간첩으로 신고당했다.

다시 번지는 21세기의 메카시즘·파시즘

적성국의 간첩을 적발하고 검거하는 데 협조하는 건 시민의 책무이다. 문제는 '간첩 같다'가 아니라 진보이념을 종북으로 몰고, 더 나아가 의도적인 간첩 신고가 집단행동화 하는 현상이다.

민주 사회에서 사상의 자유는 기본이고 사회주의에 대한 진지한 토론과 연구도 필요한 것인데 좌파·사회주의·마르크스라는 글자만 들어가도 좌빨, 종북으로 오해받고 준간첩처럼 인식되는 쪽으로 우리 사회가 가고 있다.

우리 사회가 북한에 대한 경각심을 지켜나가는 건 문제될 게 아니다. 하지만 반공이념과 제도가 국민 감시 장치로 작동하는 게 문제이다.

국민은 간첩과 아무런 상관이 없어도 '나도 언젠가 간첩으로 오해받아 신고당하면 끌려가 조사받게 될 수 있지'라는 생각에 오해받을 행동을 지극히 자제하며 살아간다. 수십 년을 반공구호, 간첩 신고 구호와 함께 살아온 세대는 더욱 그렇다. 권위주의 정권 시대의 자기검열이 몸에 각인되어 있는 것이다.

이런 상황에서는 지배권력에 대한 비판이나 잘못된 사회구조에 대한 저항 등도 함께 감시당하고 검열받고 자기검열에 의해 수그러든다. 그런 두려움을 뚫고 거리로 나서서 시위를 하거나 노동운동을 벌이면 그것은 국가혼란 야기, 불순책동, 북한에 동조, 국가안보 불안조성 행위와 동일시되면서 반국가 공안사건으로 공권력의 탄압을 받는다.

과거에는 권위주의 정권과 공안당국이 강제로 주입하는 형태였다면 이제는 극우적 보수단체나 수구보수언론이 집단적 최면에 나서고 정부가 이를 두둔하는 형태를 띠고 있다. 21세기에 접어들어 우리 사회는 민주주의의 발전이 아니라 퇴행을 겪고 있다. 모든 형태의 비판과 저항, 기득권 체제에 대한 개혁 요구와 도전, 진보적 이념과 시도가 부당한 대우를 받는다. 이것은 가히 파시즘의 양상이라 부를 만하다. 그 파시즘은 외부로부터 강요되고 우리 안에 있던 과거의 트라우마에 의해서 증폭된다.

대통령 선거에 무려 국정원과 군부대가 개입하고, 관련 수사마저 파행을 겪으며 검찰·경찰이 수모를 겪어도 우리 사회가 이리 편안하다. 그러면서 '간첩 통계'도 아닌 '간첩 신고 통계'를 슬그머니 흘리며 국민 여론을 잠재우려 한다. 은밀하고 거대한 21세기 한국사회의 파시즘이 우리를 옥죄고 있다.

대처리즘에 한복 대신 군복을 입히다니

'스스로 헤엄을 치거나 못하겠거든 가라앉으라'

우리에게 영화와 뮤지컬로 소개된 〈빌리 엘리어트〉는 박근혜 대통령도 감동적으로 봤다고 소개한 작품이다. 가난한 시골 광산촌 소년의 발레리노로의 성공기를 다룬 이 영화는 시대적 배경이 남달라 영국민의 사랑을 받는다. 그 작품의 배경은 1984년에서 1985년에 걸쳐 벌어진 마거릿 대처 수상의 탄광 폐광과 대대적인 구조조정, 그리고 이에 맞서는 탄광노동자들의 파업투쟁이다.

대처는 국영기업인 석탄공사가 운영하던 탄광 중 수익성이 나쁜 광산을 정리해버리기로 하고 노조와의 전면전을 준비한다. 파업의 요건을 까다롭게 한 뒤 절차를 어긴 파업장에는 대규모의 경찰 병력을 보내 진압했고 파업노조와의 대화는 거부했다. 광산 지역 경찰은 노동자들의 사정을 봐줄 거라며 도시의 경찰을 시골로 보내 진압시키기도 했다. 그렇게 노조가 무너지고 구조조정과 정리해고가 잇따르던 시절이 〈빌리 엘리어트〉의 시대적 배경이다.

영국의 보수정권은 대처리즘에 힘입어 구조조정과 민영화를 추진했고 막강한 노조를 물리치며 공공부문의 방만함을 정리하는 데 일정 부분 성공을 거둬 영국 경제를 살려냈다고 스스로를 평가한다.

그러나 노조만 무너졌을까? 아니다. 탄광은 그저 기업주의 사업장이 아니라 인간의 존엄이 깃든 노동 현장이고 영국인의 마음의 고향이었다. 그리고 영국인은 커다란 가족이었다. 효율과 성과를 앞세운 구조조정은 결과적으로 영국 사회의 공동체 기반을 약화시켰다. 그 이후 영국은 공무원에 이르기까지 혹독한 구조조정을 겪었고 국가 경제는 강해졌다고 하나 인플레이션과 세금은 치솟고 복지 혜택은 급격히 축소되었다.

영국 석탄 산업에는 25만 명이 일하고 있었다. 배를 만들어 수출하는 조선업도 있었고 철강과 자동차, 의류산업도 나름 버티고 있었다. 대처리즘의 대공세 이후 25만 명이 일하던 석탄 산업은 있는 듯 없는 듯 무너졌고, 조선·철강·자동차·의류산업까지 외국 자본에게 넘어갔다. 영국의 초콜릿은 미국 제과회사가 만들고, 런던의 상수도는 독일 회사가 운영하고, 런던의 전력은 프랑스 회사가 공급한다. 국민은 당혹스러워했고 이내 분노했다. 그리고 신경질적으로 변해갔다. 그 결과가 런던 폭력 시위였고 사회의 신뢰 프로세스 추락이었다.

대처는 문화 예술 분야에 대한 관심도 별로여서 정부 지원을 대폭 삭감했다. 예술가들도 다른 사람들처럼 '스스로 헤엄을 치거나 못하겠거든 가라앉으라'고 주장했다. 거기에 신자유주의적 경제 정책, 아르헨티나와의 포클랜드 전쟁 등이 겹쳐지자 음악가들은 '안티 대처' 운동을 벌였다. 그룹 잼, 영화 주제가 〈She〉로 유명한 엘비스 코스텔로 등 많은 음악인들이 여기에 참여했다. 영화 〈빌리 엘리어트〉에도 안티 대처 음악인들의 곡을 사용하고 있다. 음악뿐 아니라 미술 등 다른 예술 분야에서도 안티 대처가 번지며 엉뚱하게도 대처 집권기는 자유와 휴머니즘을 외치는 예술 문화의 번성기가 되어버렸다.

대처리즘에 한복 대신 군복을…

흔히 박근혜 대통령이 대처 수상을 롤 모델로 한다고 한다. 여성 지도자로서 원칙을 앞세워 강하게 밀어붙이는 스타일이 유사하다는 의미인 듯하다. 그러려면 대처리즘에 대해 좀 더 면밀히 살피고 우리 토양에 접목시키는 데 있어 유연할 필요가 있다.

영국 정부는 대처 이전에도 노조를 굴복시키고 방만한 국영산업을 정리하려고 시도했었다. 결과는 노동조합의 결속만 불러일으켜 실패였다. 이와 달리 대처는 디테일하게 접근했다. 노동조합의 권리는 그대로 둔 채 대신 노조지도부의 권한을 약화시켰다. 파업에 들어가려면 반드시 조합원 '비밀투표'를 거쳐 하도록 법을 바꿨고, 노사분규가 일어나면 노조 지도부를 상대로 손해배상을 청구하는 민사소송 대처법을 고안해냈다.

1984년 석탄광산에 대한 대대적인 구조조정과 광산노조의 파업에서 이 전략은 효과가 컸다. 비밀투표 조항을 지키다보면 파업투표에서 부결이 나오고, 사업주의 민사소송에 의한 배상금, 벌금 때문에 노조의 자금이 묶여버렸다. 이런 상황에서 무노동 무임금까지 장기화되니 노조는 위축될 수밖에 없었다(대처리즘의 이 전략은 지구촌 전체로 전파되어 흔히 쓰인다). 또 대처 정부는 1년 치 석탄을 미리 비축해 노조 파업의 파괴력을 낮추었고 노조원들에게 다른 탄광이나 직장으로의 취업을 알선하며 이탈의 통로를 마련했다.

정치에도 시장이 있고, 시장은 시장답게 예민한 생물로 다루어야 한다는 것이 대처식의 미시정치가 지향하는 것이었다. 곧바로 누르고 없애기보다는 다른 것과 바꾸자고 거래를 트고, 상대를 좁은 곳으로 유도해 힘을 쓰지 못하게 하고, 국민을 소비자로 보고 전략을 짜는 것이다.

대처는 광산노조와의 대결에서 구조조정과 민영화를 기치로 내걸되 하나하나의 수가 불러올 파장과 효과·부작용을 계산한 뒤 여러 개의 수를 조합해 판을 짜고 경찰력으로 승부수를 던졌다.

이른바 '정동 사태'에서 내보인 박근혜 정부의 전략은 다르다. '정동 사태'란 2013년 12월 22일, 철도민영화 반대 파업 중인 철도노조 지도부를 검거하겠다며 사상초유로 경찰이 민주노총 사무실에 강제 진입한 사건을 말한다. 절대 민영화는 아니니 걱정할 게 없다며 곧바로 부수고 들어갔다. 대처리즘보다 더 과격하고 디테일은 아예 생각하지 않는 듯하다. 정치와 정책과 철학이 조율되지 않고 눈앞의 목표물만 겨냥한다. 이것은 마치 대처리즘에 한복 대신 군복을 입혀 놓은 것처럼 거칠고 조악하다.

박근혜를 메르켈에 견줄 수 있을까?

2014년 5월 앙겔라 메르켈 독일 총리가 미국을 방문했다. 두 정상의 회담 내용을 소개한 독일 일간지 《프랑크푸르터 알게마이네 차이퉁FAZ》은 별 볼일 없는 만남이었다고 전한다. '양국간 스파이 활동 금지 협정 체결'은 무산됐고 '범대서양 무역 투자 동반자 협정TTIP' 문제도 슬쩍 언급만 하다 끝났다.

그러나 오바마 대통령은 백악관에서 앙겔라 메르켈 총리를 여러 차례 "가장 친한 친구, 파트너이자 동맹"이라고 부르며 친근함을 과시하려 몹시 애를 썼다. 박근혜 대통령을 만났을 때 'Poor'라는 형용사를 써가면서 내려다보던 것과는 대조적이다("Poor president Park doesn't remember what the other question is").

유럽 여성 파워의 선두 앙겔라 메르켈

독일 총선거에서 집권 기독교민주당-기독교사회당 연합이 압승을 거뒀을 때 독일 언론들은 보수 집권 여당의 승리가 아니라 전적으로 앙겔라 메르켈 개인으로서 거둔 승리라고 평가했다.

메르켈 총리는 1954년 독일 함부르크에서 출생해 동독의 브란덴부르크에서 성장했다. 브란덴부르크는 아버지의 고향. 아버지는 개신교 목사였다. 메르켈은 양자 물리학을 전공했고 물리학 박사이다.

20대 후반이던 1989년부터 동독 민주화 운동에 참여했고 독일 통일 직전에 보수 성향인 기독교민주당에 들어가 정치인으로의 길을 시작했다. 헬무트 콜 총리 내각에서 가족·노인·여성·청소년부장관과 환경·자원보존·방사능안전부장관 등을 역임했다.

독일 정계는 서독 출신의 남성 법조인 또는 젊은 시절부터 정당에 들어가 잔뼈가 굵은 정치인들을 주축으로 하고 있다. 그런데 메르켈은 동독 출신의 여성 물리학자에 정계 데뷔도 늦었다. 기독민주당은 가톨릭이 주류인데 메르켈은 개신교이다. 이혼도 했고 재혼했지만 자녀는 없다.

독일은 유럽국가 치고는 보수적이어서 기성 정치권에서 여성 파워를 발휘하기가 결코 쉽지 않다. 그런 독일에서 메르켈은 경쟁자들이 물고 늘어질 정치적 약점투성이임에도 거느린 조직도 없이 최초의 동독 출신 총리, 최초의 여성 총리에 올랐고 3번째 총리직을 이어간다.

독일 언론들이 전하는 메르켈 총리의 성공 요인을 열거해 보자.

1. '권력을 과시하지 않지만, 정책은 힘있다.' 이걸 총리 이름을 붙여 '메르켈리즘'이라고 부르기도 한다. 독일 국민들은 소탈하고 친근한 주부이자 어머니 같은 메르켈을 좋아한다. 독일에서 총리를 뜻하는 'kanzler'는 남성 명사이다. 여성 총리가 탄생하면서 여성 변화 어미를 붙인 'kanzlerin'이라는 새로운 단어가 만들어졌다. 그러나 독일 국민은 메르켈 총리를 '무티Mutti'라고 부른다. 어머니라는 뜻이다. 국민으로부터 어머니라는 별칭으로 불릴 정도라면 이번 총선의 승리를 메르켈 개인의 승리라 부르는 배경이 쉽게 이해가 된다.

2. 독일 이웃 나라에서 메르켈의 별명은 '프라우 나인'이다. '안 되는 건 안 된다'고 확실히 버틴다는 의미로 '안 돼요 부인'이라는 별명을 붙인

것. 메르켈은 기독민주당이 보수당이지만 정책이나 사고에서 진보적 입장을 선택하기도 한다. 그래서 보수주의자들로부터 배신이라는 비난도 받는다. 엄숙하고 권위적인 보수가 아닌 자유보수주의라는 평도 듣는다. 헬무트 콜 총리가 키워줬지만 재정 비리가 터졌을 때 콜 총리를 맹공격해 정치적 동료들로부터 원망을 사기도 했다.

3. 인간적으로 매력이 있다. 독일 여론은 잘난 척하지 않아 좋다고 한다. 사람들을 가르치려 들지 않는 것도 장점. 사람들이 상처받지 않도록 조심스럽게 말하고 행동하지만 확실하게 해야 할 때는 빠르고 분명하게 말하고 움직이는 것이 큰 능력이라고 평가 받는다.

4. 과학자답게 연구하고 분석해 결론을 내리는 스타일이다. 특히 사람을 쓰거나 만날 때 철저히 확인하고 함부로 가까이 두지 않는 걸로 유명하다. 항상 정치적 상황을 관찰하고 신중하게 판단함으로써 실수를 하지 않고 기회를 엿본다. 2002년 기민-기사당 연합 정권을 구성했을 때 메르켈은 형님뻘인 기민당 당수였지만 기사당 당수 슈토이버에게 총리 후보 자리를 양보했다. 연합 정권을 분열시키느니 자신이 양보하는 것을 택한 것. 그리고 아직 독일 정계나 여론이 여성 총리를 받아들이기는 너무 이르다고 판단했다. 섣불리 나섰다가 낙선하면 오히려 영영 기회를 잃게 된다고 본 것이다. 더 확실한 기회를 기다린 것이다.

5. 메르켈은 정치지도자로서 성공을 우선시 한다. 당연한 거 아닌가? 아니다. 대부분 거물 정치인들은 권력을 목표로 한다. 메르켈은 이와 달리 통일된 독일의 자유민주주의와 부흥이 자기의 성공이라고 여기고 이 둘을 일치시킨다.

박근혜 대통령과 메르켈 총리의 리더십을 비교하는 게 적절할지는 모르겠다. 정치 상황과 정치 진출의 과정이 전혀 다른 두 지도자이니 분명 나란히 놓고 따지는 '동격론'은 문제가 있다.

메르켈의 정치 리더십은 '화합과 통합'이다. 독일을 사회적 합의와 융합으로 이끌면서 유럽 최강국으로 이끌어 가고 있다. 국민 통합을 내세운 박근혜 대통령은 어떤가. 간단히 요약하면 '아버지 따라 하기'와 'MB 이어받기', 그리고 '그 두 가지로부터 적당히 거리두기' 사이에서 갈팡질팡하고 있다.

우리 사회의 진보를 위한 쇄신과 개혁도 사라지고 분열과 반목은 날로 커지고 있다. 좌와 우 진영을 발로 뛰어 설득하고 결합해 낸 메르켈 총리와의 비교는 어렵다. 그리고 국민과의 소통 이전에 집권 세력 내부에서조차 불통의 이미지로 비쳐지는 것이 작금의 현실이다.

박근혜 대통령에게 우호적이고 힘이 되어 주는 것은 숫자이다. 국정 지지율은 여전히 과반을 넘는다. 그토록 무능한 모습을 보였는데도 세월호 참사에 57.9퍼센트란 지지율을 보인다. 그 숫자는 미스터리이고 지지율의 이유와 근거를 대기 어렵지만 힘은 힘이다. 그러나 박 대통령의 민낯은 세월호 사고에서 그대로 드러나고 말았다.

스스로를 '위기에 강한 리더십'이라고 강조한 박 대통령은 그 위기가 한나라당, 새누리당의 위기이지 국가의 위기를 뜻함이 아니었음을 보여 줬다. 세월호 사고 수습에서 국민이 목격한 것은 '책임 회피와 떠넘기기의 리더십'이었다. 모든 것이 자신의 책임이 아니라 '과거로부터 겹겹이 쌓여온 적폐'와 '오래 고착화된 비정상적 관행'이라는 것이었다. 그러면서 국가 개조를 다짐한다. 그러나 고착화된 비정상, 깨뜨려야 할 적폐는 박근혜 대통령과 새누리당 정권을 탄생시킨 수구기득권에 몰려 있다고 해야 할 것이다.

그녀의 리더십은 당원용?

박근혜 대통령의 '위기에 강한 리더십'은 왜 집권 정치 세력의 위기에서 발휘될 뿐 국가 위기에서 발휘되지 않는 것일까? 박근혜 대통령이 최고 권력자로 군림한 아버지 박정희 대통령 곁에서 영부인 대역을 수행한 것은 형식적인 의전상의 역할이었지만 정치 수업으로서 상당히 가치 있는 일임은 부인할 수 없다. 다만 아버지에게서 배운 정치적 이념과 통치에 있어서의 행동 양식은 구시대의 것이다.

무릇 어떤 정치인이든 국가의 지도자로 나설 비전을 갖고 있다면 젊은 시절에 세계관과 신념 체계를 세우고 도전해가기 마련이다. 그리고 현실 속에서 자신의 신념과 가치관에 물음을 던지며 때로는 고치고 때로는 뒤엎으며 성장한다. 자신이 던진 물음에 하나씩 해답을 구하고 해답을 못 구하면 궤도를 바꿔 타기도 한다. 그렇게 장년이 되고 중년에 들어서며 정치와 통치의 이념을 나름대로 확립하는 것이다. 이런 예의 확실한 실례가 박정희 대통령이다. 식민의 설움과 분노를 넘어서는 강한 자아 성취 욕구로 지배국 일본군의 장교가 되고, 그 시각으로 시대를 바라본다. 해방의 격변 후에는 좌익의 자리에서 뒤집어 보고, 다시 우익 쿠데타로 권력을 쥐고 통치자가 된다.

이에 비해 박근혜 대통령은 시야와 경험이 훨씬 좁고 수구적일 수밖에 없는 배경을 갖고 있다. 아버지의 곁을 지켰지만 아버지의 치열하고 광오한 내적 세계를 물려받을 수는 없었다고 본다. 이미 장기 집권에 들어선 통치자로서의 아버지 곁에서 배운 것은 난세에 써먹을 통치 양식도 아닐뿐더러 시대에 맞지도 않는다. 그리고 그 후의 정치 여정에서도 뚜렷한 족적은 없다. 새로운 방식, 새로운 비전으로 새 시대를 열어야 하는 입장에서 치명적이다. 결론적으로 시대의 격변으로 고통은 당했지만 시대의 해법을 놓고 고민해 본 경험이 부족해 보인다는 것이다. 이럴 경우 비록

지도자이지만 외부의 요구나 외부의 시선, 외부의 역할에 자기를 수동적으로 맞추어나가는 수밖에 없고 생동감이 떨어지고 경직되기 쉽다.

이 같은 수동적 행동 양식이 오래 이어지면 당연히 분석적 사고와 종합적 판단에서 상대적으로 약해진다. 특히 사람을 고를 때 특징적인 몇 가지만을 가지고 높게 보거나 낮춰 보기 쉽다.

자기 주변 사람을 깊고 넓게 파악해 그들의 속내나 능력의 유무, 재능을 파악하기 어려우니 그들 사이에 벌어질 융화 내지는 불화, 즉 어울림과 갈등을 미리 읽어내는 데 약할 수 있다. 청와대 비서진이 벌인 엉뚱한 사고나 이어지는 사퇴는 거기에서 기인한 것으로 보인다. 결국 해결의 길은 자기 혁파를 통해 껍질을 깨고 나와 소통하는 것이다. 친정 체제 속에서 머물지 말고 다양한 그룹의 인재들을 만나고 등용하고 귀를 기울이는 것 외에 무슨 방도가 있겠는가.

위기란 어려움에 봉착하는 게 위기가 아니다. 되돌아가지 못하는 것이 큰 위기이다. 다시 설명하면 물에 빠졌기에 죽는 것이 아니라 나오지 못해 죽는 것이다. 약점이란 약한 곳을 고치지 않기에 약점으로 굳어지는 것이다. 더구나 지도자는 자신의 뒤에 냉철한 판단과 방향 제시를 기다리는 수많은 사람들이 있다. 지도자가 자기를 혁파하면 뒤를 따르는 이들도 쇄신에 임할 것이고 그들의 힘이 모여 국가는 개조된다. 국가 개조는 그렇게 이루는 것이다.

손해배상 청구, 노동 탄압의 정치사회학

힘 쓰지 말고 깔끔하게 돈으로?

동지헌말冬至獻襪이라는 풍속이 있다. '동지에 만들어 바치는 버선'이라는 뜻이다. 여인네들이 동지부터 섣달그믐까지 부지런히 버선을 지어 시어머니나 시고모 등 시댁 어른들에게 선물로 올리는 풍속이다. 풍년을 빌고 다산多産을 빈다는 뜻으로 '풍정豐呈'이라고도 했다.

2014년 새해를 맞으며 현대자동차 공장 구내식당에서 동지헌말 양말 좌판이 진행되어 왔다. 현대자동차 비정규직 노조가 사측으로부터 제기된 2백억 원 규모의 손해배상소송을 감당하기 어려워 소송 비용을 마련하고자 동지헌말 양말 판매에 나선 것이다.

한진중공업 노조도 최근 사측에게 59억 원을 물어주라는 판결을 받았고, 지난해에는 쌍용자동차 노조와 유성기업 노조가 각각 46억 원, 12억 원의 '손배 폭탄'을 맞았다. 철도노조는 코레일 측으로부터 영업 손실 152억 원을 배상하라고 소송 당했다. 코레일 브랜드 이미지가 나빠졌다고 10억 원 위자료도 내라고 한다. 예전에는 경찰·검찰·정보기관의 물리력으로 노조를 억누르더니 이제는 돈의 힘으로 무릎을 꿇리는 것이다.

손해배상소송의 효과를 높이는 방법으로 손배 가압류 조치를 선제적으로 취하기도 한다. 손해배상 청구 소송을 걸고, 가해자 개인들과 가족을 포함한 신원보증인들에게 급여와 부동산까지 가압류 조치를 취하는 방법이다. 노조로서는 수십, 수백억 원의 배상액에 대해 소송 비용만도 억대이니 감당이 어렵다. 재판을 포기하면 패소하는 것이니 배상금 폭탄이 떨어진다.

기관총 아니면 핵폭탄… 죽기는 마찬가지

1990년대만 해도 파업 주동자 고소 고발, 구속, 수배, 이런 것들이 파업 대책이었다. 손해배상 소송도 간간이 이뤄졌지만 노사가 타결을 지을 때 민형사상 책임과 소송을 취하하면서 악수하는 것이 일반적인 관례였다.

그러나 외환위기를 거치고 2000년대 들어서며 분위기가 달라지기 시작해 2002년 철도·발전·가스 공공부문 연대 파업 이후에는 청구 액수도 크게 늘고 손배 가압류라는 압박이 선호되기 시작했다.

2003년 1월 두산중공업 노동자 故 배달호 씨가 손배 가압류에 항의해 분신하면서 손배 가압류의 실태가 적나라하게 드러났다. 임금, 퇴직금, 부동산을 압류당하고 현장에 복귀해서도 6개월간 임금을 받지 못한 상태에서 그는 목숨을 끊었다.

그리고 나서 곧 한진중공업 노동자 故 김주익 씨의 죽음이 이어졌고, 사회 여론이 나빠지자 손배 가압류는 잠시 주춤했다. 가압류를 해도 최저임금은 보장하자 하고 사측도 평조합원에게나 신원보증인에게는 청구를 자제했다. 그때만 해도 돈을 가진 사용자 측이 돈 없는 노동자에게 돈 물어내라고 압박하는 것은 비신사적이라 여기는 양식이 있었던 셈이다.

그러다 2004년 '불법쟁의행위와 손해배상·가압류에 대한 연구'가 한국경영자총협회 부설 연구원에서 등장했고 손배 가압류는 본격화됐다. 노조 간부뿐 아니라 평노조원, 가족, 신원보증인 등 가리지 않는다. 집 날리기 싫으면 알아서 남편을, 아빠를, 친구를 노조에서 탈퇴시키라는 연좌제 압박이다. 손배 가압류는 노조를 압박하는 협상 카드에서 노조원을 노조에서 탈퇴시키는 공격적 수단으로 바뀐 것이다.

가난한 비정규직 노동자라고 해서 사정을 봐주지 않는다. 2007년 이랜드 노조파업 때 법원이 노조원 49명에게 54억 원의 가압류 조치를 승인했는데 이랜드 노동자들의 월급은 80만 원이었다.

폭탄이 노조에게만 떨어지는 것이 아니다. 앉아 쉴 곳도 없는 홍익대학교 청소노동자들이 손배 청구를 당했다. 밀양송전탑 사태에서는 주민들에게 시공사의 손배 소송이 투하되었다.

소송의 주체도 달라진다. 이제는 걸핏하면 국가기관이 손배 소송을 들이댄다. 노무현 정부 때와 이명박 정부 때의 차이가 이것이다. 2009년 쌍용차 사태에서 정부가 경찰 치료비와 경찰 위자료, 장비 손상에 대한 배상을 청구했다. 22억 원이다. 기업, 경찰 다 합치면 쌍용차 노동자들에게 물리려하는 보상 액수는 가압류 포함해 281억 원이다. 가난과 좌절을 견디다 못해 스스로 목숨을 끊고 병을 얻어 숨지는 사람이 이어지는데 돈 내고 죽으라는 건지는 몰라도 이건 아니다. 보다 못한 경기도의회 의원들이 법원에 탄원서를 냈다. 경기도의회 131명 제적의원 중 100명이 서명한 탄원서이다.

2011년 유성기업도 정부가 노조원에게 경찰 피해 및 장비 손상비 1억 1천만 원을 청구했다. 2009년엔 철도 가스 발전 공공부문 쟁의와 관련해 국무총리실이 대책을 주도하면서 민형사상으로 고소고발하며 적극 대처하라고 독려까지 했다.

그렇게 해서 철도 노조에 100억 원대 손배소송과 가압류가 단행됐고 200명 해고, 1만 3천 명 징계가 이어졌던 것. 철도 해고노동자 허 모 씨는 2011년 겨울 화장실에서 연탄불을 피우고 목숨을 끊었다. 노조로 인정도 못 받는 서러운 특수고용직 화물연대도 국가로부터 소송을 당했다. 노조원들이 가장 많이 흔들릴 때가 바로 회사 측이 손해배상을 청구하겠다고 나설 때이다.

'법대로 하자'가 가장 흉포해

국민의 세금으로 존재하고 임금을 받는 경찰 등 국가기관이 국민에게 손
해배상을 물려야 하나? 이제부터 경찰을 상대하는 모든 국민 개개인은
경찰에게 공손히 대해야 한다. 누구든 경찰에 손실을 입히면 소송일 테니
말이다.

　어떤 사람들은 이걸 효과적이고 효율적인 수단이라고 부른다. 법은 효
과를 위해 만든 것이 아니다. 헌법으로 노동 3권을 보장하고 노동법으로
노동자에 대한 보호 장치를 마련한 국가적 취지가 무엇인가를 생각해 볼
일이다. 이렇게 적군을 소탕하듯 땀 흘려 일하는 사람들을 흩어버리는 것
이 국격인가?

　노조의 쟁의에 대처하는 것과 노조를 말살하려 하는 것은 다르다. 정부
와 사법부가 이 정도를 구분 못하고 법의 취지를 이해 못하리라 생각지
않는다. 결국 뻔히 알면서도 법을 악용하는 것이고, 법을 기계적으로 적
용하는 무책임함 때문이다. 그래서 역사적 경험을 토대로 우리는 이 말이
변하지 않는 진리임을 되새기며 분노한다. '힘을 가진 자가 법대로 하자
고 하는 것이 가장 교활하고 잔인한 때라고……'

나무는 쓰러진 뒤에야 크기를 아는 법

5월은 노무현이다

세월호의 참사 와중에서 사람들의 가슴에 남은 지도자는 노무현 전 대통령이었다. 현직의 박근혜 대통령도 직전의 이명박 대통령도 그리고 여야의 대표들도 아닌 노무현 전 대통령인 까닭은 뭘까? 아마도 사람 냄새 나는 눈물을 흘릴 줄 아는 지도자라는 이미지 때문인 듯하다.

여론조사기관 '리서치뷰'가 5월 들어 박정희, 김대중, 노무현, 이명박, 박근혜 5명의 전·현직 대통령들에 대한 선호도 조사를 실시한 결과도 비슷하다. 노무현 전 대통령이 38.3퍼센트의 지지를 얻어 26.4퍼센트에 그친 박정희 전 대통령을 훌쩍 앞섰다. 그 뒤를 현직인 박근혜 대통령이 12.9퍼센트로 따르고 있고, 12.8퍼센트의 김대중 전 대통령이 그 뒤이다. 이명박 전 대통령은 2.3퍼센트 지지로 체면을 구겼다.

한 달 전에도 같은 형식의 조사가 진행됐다. 2개의 조사를 비교하면 노무현 전 대통령은 31.5퍼센트에서 38.3퍼센트로 급등했고, 박정희 전 대통령도 23.2퍼센트에서 26.4퍼센트로 올라선 반면 박근혜 대통령은 21.7퍼센트에서 12.9퍼센트로 추락했다. 세월호 참사에서 국민들은 지도자의 공감하는 능력이나 위기관리 지휘력을 갈구했던 모양이다.

아주 낯설고 어색한 풍경은 아니다. 해마다 "5월은 노무현입니다"라는 말이 우리 사회에서 통용되어 왔다. 노무현 재단에서 서거 1주기에 내걸었던 이 슬로건은 5월이면 되살아났다.

나무는 쓰러진 뒤에야 크기를 잴 수 있다

우리의 대통령들은 이런 나라가 또 있을까 싶을 정도로 퇴임 후가 순탄치
않다. 미국도 대통령에 얽힌 스캔들이 난무하고 대통령이 도중에 물러나
는 등 어지럽지만 전직 대통령에 대해선 꽤 그럴듯한 구석들이 있다. 자
기 임기 중에는 욕깨나 먹고 정책을 엉망으로 펼쳐 국민들의 원망과 조
롱을 들었어도 전직 대통령으로서는 꽤 그럴듯하게 활동다운 활동을 펼
치기도 한다. 미국 대통령들은 임기 후 대부분 자기 출신지나 정치적으로
기반이 된 곳에 돌아간다. 그리고 꾸준한 정치 사회적 활동을 이어간다.

가장 대표적인 활동은 역시 자서전이나 관심 분야에 대한 연구 저술,
그리고 지역 봉사활동 등이다. 그런가 하면 민간 외교사절이 되어 지구촌
을 누비기도 하고 주요 정책에서 현직 대통령의 자문도 한다. 어떨 때는
전직 대통령이 현직 대통령보다 더 돋보이는 활동을 해 국민에게 이미지
를 더욱 부각시키고 존재감이 뚜렷해지는 경우도 있다.

후버 대통령 같은 이는 '후버위원회' 위원장으로 정부의 행정개혁을 지
원했고 제퍼슨 대통령도 퇴임 후 17년 간 공익적인 활동을 펼쳤다. 지금
의 버지니아 대학교가 제퍼슨에 의해 세워진 학교이다. 존퀸시 애덤스 대
통령은 퇴임 후 연방하원의원으로 17년 간 의정활동을 폈다. 국회 연설을
준비하다가 심장마비로 사망한 것으로 유명한 인물. 하원에서 탄핵당했
다 상원에서 부결돼 목숨을 건진 앤드루 존슨대통령은 상원의원이 되어
일했다.

미국의 전직 대통령들도 흔히 자신의 기념 도서관을 세운다. 대통령 재
임 시의 기록이나 경험은 국가의 공적 자산이라고 여겨 자신의 활동내역
을 정리해 후대에 남기는 것이 목적이다. 자기의 위세를 과시해 퇴임 후

에도 영향력을 유지하려는 정치적 목적이 담긴 것들이 아니어서 미국 연방정부도 기념관 건립을 지원하고 국민의 거부감도 없다. 정치적 논란과 국민의 반발을 항상 불러일으킨 우리와는 상당히 다른 모습이다.

미국 전직 대통령들의 행적 중 흥미로운 것은 자신의 마지막을 국립묘지로 하지 않고 고향으로 하는 경우가 대부분이라는 점. 윌슨, 케네디 두 대통령 빼고는 모두 고향에 묻혔다.

한편 전직 대통령으로 세계에서 가장 오랫동안 추앙받는 인물은 누굴까? 터키의 무스타파 케말 아타투르크를 꼽을 수 있다. 터키를 둘로 쪼개 지배하려던 미국과 유럽 강대국의 야욕에서 나라를 지킨 군사전략가이고, 대통령이 되어선 이슬람 전통을 과감히 개혁해 터키를 현대화시킨 인물이다.

그의 무덤이 보존된 기념관을 들른 국민 참배객 수는 2007년 한해 2,500만 명을 기록해 화제가 됐다. 1938년 사망해 70년이 지나도록 참배객이 몰려들고 있는 것이다. 터키 헌법의 전문前文에 "불멸의 지도자요 전대미문의 영웅"이라고 못 박혀 있고 그를 폄하하는 행위는 형법상 범죄이다.

물론 아타투르크에 대해 너무 신격화하는 것 아니냐는 자제의 요구가 없는 것은 아니나 사후에도 언제나 터키가 국가적 어려움에 처하면 아타투르크가 국가 통합의 중심이 된다.

나무는 쓰러진 뒤에야 그 크기를 알게 된다고 한다. 권력의 최고 정점에 올라 있을 때야 누구나 허리를 굽히고 옳소이다, 외치니 그 사람의 진정한 가치와 덕망을 헤아리기 어렵다. 하지만, 내려오거나 죽고 난 뒤엔 제대로 된 평가들이 모습을 드러낸다는 뜻일 게다.

로또 조작설로 살펴 본 정치적 오만과 편견

무더기로 쏟아진 로또 당첨자들

2013년 5월 18일에 추첨한 로또 546회 추첨에서 1등 당첨자가 30명이 나온 걸 두고 조작설이 등장했다.

'로또 1등 30명… 이게 가능해?' '로또 1등 당첨자 30명…조작설, 음로론 등 제기' 등의 언론 보도 내용을 살펴보면 제대로 취재해 쓴 기사는 없다. 내용은 조작가능성이 없다는 쪽인데 제목은 선정적으로 붙이고 뒤에다 '그래도 사람들은 조작된 건 아닐까 고개를 갸우뚱하고 있다'면서 무책임하게 조작의혹설을 퍼뜨리고 있다.

1등이 여러 명 나온 복권추첨이 화제가 된 적이 있다. 독일에서는 1997년에 1등이 137명, 일본에서는 2005년에 1등이 167명이나 되는 진기록이 나왔다. 우리도 2004년 4월, 23장의 당첨복권이 최고 기록이었다. 그리고 로또 당첨 번호의 조작은 현실적으로 불가능하다고 감사원의 조사 (《노컷뉴스》 5월 20일자 '로또 조작하려면… 15분 안에 시스템 4개 동시에 뚫어야' 참조)까지 이뤄진 바이다.

때를 맞춰 미국에서는 어린 나이에 세상을 떠난 딸이 숨지기 전 아버지에게 복권을 사라고 해서 사 모았던 복권 중 하나가 54억 원에 당첨됐음이 확인돼 화제가 되고 있다.

텍사스에서는 쐈다하면 10점 만점에 10점?

심리학에는 '텍사스 명사수의 오류'라는 것이 있다. 언제나 과녁 한가운데 만 맞추는 명사수가 있다. 어떻게 가능할까? 그것은 쏘고 난 다음에 가서 과녁을 그리는 것이다. 우연히 발생한 사건을 놓고 적당한 이야기들을 주위에 그려나가면서 커다란 의미를 부여할 때 오류가 생긴다는 연구이다.

지난 3월 15일 미국 NBC뉴스는 교황 프란체스코 1세가 선출될 때 천사구름이 하늘에 나타나 온라인이 떠들썩하다고 보도했다. 천사구름이라 치자. 그러면 왜 천사구름은 교황이 있는 바티칸, 교황의 고향 아르헨티나에 뜨지 않고 아무 관련도 없는 미국 플로리다 웨스트 팜비치에 뜬 걸까?

사람들이 아무런 관련없는 현상이나 정보에서 어떤 연관성을 찾아내고 의미를 부여하려는 경향을 '아포페니아apophenia'라고 한다. 특히 우연한 형상이나 소리 등에서 의미를 발견하려고 기를 쓰는 심리현상을 '파레이돌리아Pareidolia'라고 한다. 하트 모양의 섬, 한반도 모양의 바위, 13일의 금요일도 그런 유형이다.

특히 우연하게 벌어진 일, 어쩌다 보니 그리 된 일이 평소보다 정도가 심하면 아포페니아 현상을 일으킨다. 이번 로또 1등 당첨도 5명이나 10명이면 조작설이 나오지 않았을지 모른다. 30명이나 되니 등장한 것인데 그렇다면 몇 명부터 조작설이 나오게 되는 걸까?

미국의 케네디 대통령이 암살당한 날짜에 숨진 역사 속 인물들을 모아 보니 유명한 사람들이 부지기수이다. 그 날짜는 무슨 특별한 것일까? 아무런 날도 아니다. 누구든 1년 365일 중 하루를 잡아 세상을 떠난다. 지금까지 살다 죽은 인류는 수백억 명일 것이다. 그걸 365로 나누면 하루에 죽은 사람은 수억 명이다. 그 중에 훌륭한 사람과 유명한 사람을 추려내면 날짜에 얽힌 전설의 괴담이 만들어진다.

오류와 착각에 빠져 살다간 한 방에 훅 간다

인간의 의식은 혼란을 피하기 위해 어떻게든 원인을 찾아내려 하고, 그런 것을 근거로 일정한 패턴을 만들어 불안한 내일을 예견해 보려 한다. 심리학에서는 '귀인현상'이라고 부르는 것이다. 모르면 모르는 것으로 놔두든지 확실하게 알 수 있을 때까지 기다리면 되지만 사람들은 조급해서 뭐든 빨리 원인을 찾아보려 한다.

못 찾으면 남는 방법은 조작이라고 믿는 것뿐이다. "1등이 30명? 내 살아생전 이런 일은 본 적이 없어"라고 한다면 몇 십 년밖에 안 살아서 그런 것이다. 이런 것에 관심을 갖기 시작하면 신기하게도 자꾸만 눈에 띈다. 그러다가 보고 싶은 것만 보고 생각하고 싶은 대로만 생각하고 나머지는 외면하는 '확증편향의 오류'에 빠질 수도 있다.

반대로 자신이 복권 당첨에 영향력을 미칠 수 있다고 믿는 사람도 있다. 특정 복권 판매소를 꼭 가거나 복권 사러 가는 날 목욕재계를 하는 사람이 이런 경우에 속한다. 자신이 어쩔 수 없는 것인데도 조종이나 영향력이 가능하다고 믿는 걸 '통제력 착각'이라고 부른다.

통제력 착각은 사회 현실 속에서 엉뚱한 모습으로 나타난다. 권력을 쥐거나 높은 지위로 뛰어오르면 자신의 능력이 출중하고 사람 볼 줄도 알아서라고 생각한다. 웬만한 건 자기 뜻대로 조종할 수 있다고 생각하는 경향이 강해진다. 이런 경향은 '나는 운명도 사회적 장벽도 얼마든지 극복할 수 있다'는 긍정적 자존감으로 나타나기도 하지만 실수를 일으키기도 한다. 안 되는 것은 안 되는 것인데 그쯤은 내 통제력 아래 있다고 착각하는 것이다.

청와대 윤창중 대변인이 잘 나가다가 인턴 성추행으로 추락한 것도 그러한 '통제력 착각의 오류'로 볼 수 있다. 힘이 세면 가능성이 많아지긴 하지만 모든 걸 통제하고 예측할 수는 없는 것이다. 현실감을 놓치면 빗

나가고, 빗나가면 수습할 방법이 없는 건 누구라도 마찬가지이다.

　사회적으로 가장 위험한 것은 오류가 다수의 편견으로 굳어지는 것이다. 유대인들은 남의 나라 떠돌이 신세였지만 자신들의 고유한 문화나 전통을 지키면서 살아남기 위해 똘똘 뭉치고 악착같이 벌었다. 화교나 우리 교민들도 마찬가지였을 것이다. 그러나 지구촌엔 그들이 음모를 꾸미는 흉물이나 악다구니처럼 소개된다. 그런 편견은 그 사람들을 더욱 똘똘 뭉치게 만든다. 우리의 영호남 지역갈등과 지역주의도 그 뿌리는 결국 이런 오류와 편견의 구조화이다.

　그런 점에서 인터넷 언론들이 조작이 아닌 줄 알면서도 '로또 조작일까?'라는 자극적 제목을 달아 손님을 끄는 것은 오류와 편견을 구조화시키는 위험한 행위이다. 2013년 채널A와 TV조선에서 '5·18은 북한군 소행'이라는 황당한 내용을 무책임하게 방송한 것은 위험이 아니라 참극에 가깝다. 사람들은 자극적인 음모론에 귀가 솔깃하고, 그런 자극적인 선동을 기다리기도 한다. 거기에 불을 붙이는 행위는 '역시 그랬구나'라는 오류와 편견 속으로 사람들을 더욱 밀어넣을 것이다. 잔혹하고 무책임한 '조작질'이자 반민족 행위이다.

　종편채널들은 이미 스스로가 '통제력 착각'에 빠져 있다. 자기네 신문과 방송에서의 '조작질' 정도면 우리 사회를 이념대결의 수렁으로 밀어넣어 수구 장기집권을 꾀할 수 있다고 자만하고 있는 것이다. 대형 신문과 방송을 갖고 있으니 그 능력이 클 수도 있다. 하지만 능력이 큰 만큼 오류도 크고 종말은 더 처참할 수 있음을 알아야 한다.

기모노에 얽힌 내 안의 전봇대

한국 사회의 절망과 희망을 말하다

기모노에 얽힌 내 안의 전봇대

기모노는 통과, 한복은 입장 불가

세월호 사고로 중등학교의 수학여행이 줄줄이 취소됐다. 그러면서 수학여행이 일제의 잔재라는 비판도 등장했다. 수학여행의 기원에 대해 2가지 설을 이야기한다. 하나는 유럽 귀족 자제들이 '유럽 대륙 순회 여행Grand Tour'을 벌인 것에서 유래했다는 것이다. 그러나 엄선된 특권층 자제들이 1년씩 심신을 수양하는 여행을 한 것과 오늘 우리의 수학여행 모습은 차이가 크다. 그 다음이 일본 근대화 과정에서 생겨나 우리에게 전해졌다는 설이다. 메이지 유신 이후에 수학여행이라는 걸 만들어 조선이나 만주, 중국을 다녀오는 보름 가까운 여행수업이었다. 아마 1970년대 교련 수업의 일부로 치러진 병영집체훈련과 모습이 비슷할 거라는 생각도 든다. 엄격한 통제 아래 규율 잡힌 집단생활을 익히는 게 주된 목적이었을 것이다. 조선학생들은 일본으로 수학여행을 가야 했는데 1920년대에 수학여행 거부 학생동맹사건이 벌어지기도 했으니 그 내용을 짐작할 수 있다. 그러고 보니 우리 주변에 의식하지도 못한 채 널려 있는 일제의 잔재는 무척 많고도 다양하다. '퐁당퐁당' '우리 집에 왜 왔니…' '아침 바람 찬 바람에…'와 같은 어린 시절 구전으로 배운 동요들도 일본의 잔재라고 한다.

엉뚱한 오해나 소동도 있다. 벚꽃이 일본 국화國花라고 벚나무를 베러 다니는 사람들도 있었다. 최근 벌어진 일제 잔재 논란 중 가장 이슈였던 것은 신라호텔의 기모노 사건으로 기억된다. 행사장에 한복을 입은 한복 디자이너의 출입은 막고 기모노 입은 일본 여성들은 입장을 허락했다는 사건이다. 그 다음에는 신라호텔 유카타 사건도 있었다. 신라호텔이 귀빈 객실에 일본 전통 유카타를 비치해 놓았다는 주장이었다. 호텔 측은 일본인 투숙객이어서 비치해 놓았다고 해명했다.

하필 신라호텔이 자리한 곳은 이토 히로부미 사당인 박문사博文寺가 있던 자리이다. 박문사를 만들기 위해 장충단 숲 4만 평을 파헤쳤다. 그리고 광화문 석재를 뜯어내고, 경복궁 선원전 등을 헐고, 경희궁 정문을 뜯어다 건축자재로 쓴 것으로 알려져 있다.

일본 기모노에 대한 몇 가지 오해

신라호텔 기모노·유카타 소동으로 인터넷에는 엉뚱한 이야기도 나돌았다. 일본이 전국시대 오랜 전쟁을 치르며 인구가 줄어들자 통치 차원에서 인구를 늘리려고 여성을 공유재산으로 인정했다는 근거 모를 내용이다. 남성들에게 언제 어디서나 어떤 여성과도 잠자리를 같이할 권리를 주어 아기를 많이 낳도록 정책을 썼고 그래서 속옷을 입지 않고 등허리에 담요를 말아 붙인 기모노란 옷이 나왔다는 억지스런 이야기이다.

기모노, 한자어로는 '착물着物'이니 그냥 '입을 것'이란 뜻이다. 기모노 Kimono는 중국의 파오袍식 옷에서 비롯됐다고 알려져 있다. 발목까지 길게 내려오고 소매도 길고 넓다. 목 부분이 브이V자로 패여 있고 단추나 끈이 없이 왼쪽 옷자락으로 오른쪽 옷자락을 덮어 허리에 오비帶를 둘러 묶는다.

오늘날 우리가 흔히 생각하는 장식과 무늬가 화려한 여성복 기모노는 17~18세기의 일본 장인들이 만들어 낸 작품이다. 아주 오래 전에는 천에

다 목 부분에 구멍을 뚫어 뒤집어쓰던 데서 점점 옷 모양을 갖추고 옆을 갈라 입기 편하게 만든 뒤 끈으로 동여맨 것이 기모노의 옛날 모습이다. 당나라의 불교와 함께 전해진 옷과 염직 기술의 영향을 받은 것으로 알려져 있다. 그 후엔 네덜란드나 포르투갈 사람들에 의해 여러 가지 옷감이 전달되고 나염 기술이 전해지면서 더욱 화려해졌다.

일본 사람들이 입는 옷을 통틀어 기모노라 하기 때문에 기모노의 종류는 무척 다양하다. 우리가 한복을 이야기할 때 치마저고리를 흔히 떠올리지만 사실 마고자, 배자, 두루마기, 활옷, 원삼 등이 있는 것과 마찬가지이다.

유카타는 여름철에 가볍게 입을 수 있는 기모노이다. 기모노의 여름옷이자 일종의 잠옷이기도 하다. 또 목욕 후 물기를 말리기 위해 입기도 하는 간편한 목욕가운이기도 하다. 그래서 속옷을 안 입는 경우가 있는데 이것을 기모노 입을 때는 속옷을 안 입는다고 오해하면 곤란하다.

기모노 속에 아무 것도 입지 않는다고 하지만 겉으로 자국이 드러나지 않을 정도로 속옷을 받쳐 입는다. 오래전에도 헐렁한 속바지 같은 것이 있었다고 한다. 그리고 섹시함 어쩌구 하는데 서양처럼 몸매의 굴곡이 글래머러스하게 드러나는 건 촌스러운 것이고 굴곡 없이 완만하게 내려가는 밋밋한 선이 기모노의 더 멋진 옷맵시이다. 기모노의 매력은 슬쩍 젖혀진 어깨와 목 뒤로 드러나는 목선에서 느껴지는 에로틱함인 듯하다.

허리에 두르는 띠 오비*도 그전에는 끈 수준이었지만 에도^{江戸}시대 중기에 가부키가 유행하면서 여자 역을 맡은 남자배우가 여성다움을 강조하기 위해 폭이 넓은 띠를 등에 묶다가 여성들의 폭발적 인기를 얻어 무늬 매듭 등이 화려해졌다 한다. 기모노는 그렇게 가부키 배우에서 멋지게 변하기 시작해 부유층으로 번져나간 것이지 남성이 자유롭게 소유하고자 만들어졌다고 하는 것은 남의 문화를 일방적으로 폄훼하는 것이다.

남의 눈 티끌보다 '내 안의 전봇대'

한편으로는 그런 오해가 빚어질만한 일본의 성 풍속을 곳곳에서 찾을 수 있다. 일본의 성문화는 개방적이다 못해 우리와는 몹시 달라 선뜻 이해가 가지 않는 것도 많다. '요타카ょたか'란 옛날 먹고 살기가 어려울 때 깊은 밤에 가난한 여성들이 밤거리로 나가 성매매를 해 목숨을 부지하던 풍습이다. 아주 어린 소녀부터 노인까지 성매매에 나섰다고 하는데 따로 방이 마련된 것이 아니니 바깥 어디서나 성매매가 이뤄졌고 손님을 끄는 데 입을 옷을 빌려주는 전문대여업이 생겨났다 한다.

이 의상대여업은 결국 포주 격인 '요타카야'라는 집단으로 발전했다. 이 때 성매매에 나선 여성들(요타카)이 거적 같은 것을 갖고 다녔다 한다. 거적이라도 갖고 다니면 그나마 형편이 좀 나은 편이었다고. 이들은 '아소비메あそびめ'라는, 유곽이라는 정해진 장소에서 성매매를 하던 여성과 구분해 부른다. 여기에서 유래되어 전쟁 중인 일본군에게 끌려 다닌 종군 성노예 여성들도 거적이나 모포를 소지했다고도 하고 우리 사회에도 해방 이후 상당 기간 흔히 '모포부대'라고 불린 성매매 여성들이 존재했었다.

'와카모노렌주わかものれんじゅ'는 청년들이 단합해 일하고 공동체를 이끌던 마을 모임인데 마을 여성을 공동재산으로 삼으면서 다른 마을 청년들에게는 배타적이었다는 풍습이다. 이밖에도 마을에서 소년이 성년이 될 때 성매매 여성에게 데려가 성을 가르치는 풍습 등도 있었다 한다. 우리 사회도 일제강점기에 이것을 그대로 배웠는지 '딱지 떼 준다'는 명목으로 성매매를 하는 풍습이 있었다.

그러고 보면 좋지도 않은 일제의 잔재를 꽤나 끈질기게 보존하고 있는 셈이다. 근거도 없이 기모노를 흉보기보다는 우리 안에 잔존하는 흉한 일제 잔재부터 털어버려야겠다.

텐프로 오브 텐프로, 룸살롱의 정치사회학

2013년 국회기획재정위원회에서 국세청의 '법인 접대비 지출현황'이 공개됐다. 최근 5년 간 접대비로 지출한 금액은 37조 원이며 그 중 룸살롱 등 유흥업소 접대비가 7조 1천 585억 원에 이르는 것으로 나타났다. 특히 룸살롱 등 유흥업소에서 사용한 금액 7조 1천 585억 원에 비해 문화 접대비는 총 181억 원을 기록해 전체 접대비의 0.05퍼센트 수준이다.

룸살롱^{roomsalon}은 사전적으로는 칸막이가 있는 방에서 술을 마실 수 있게 된 술집이다. 폐쇄적인 구조의 방 안에서 비싼 술을 마시고 주로 여성 접대부들이 손님 접대를 하는 곳이다.

최근 서울 강남구 청담동 일대에 마련돼 있다는 고급 룸살롱이 사람들의 관심을 끌기도 했다. 정치인, 재벌가 인물 등 최고급 손님만 회원제로 예약을 통해서 가려 받고 마시면 일단 기본이 천만 원은 넘는다고 한다.

권력이 사랑한 은밀한 그곳

고급 룸살롱을 흔히 '텐프로'라 부른다. 어원이 뭔지는 불확실하다. 술집에 돈을 댄 물주는 따로 있고 매니저 노릇하는 마담이 있어 매출의 10퍼센트를 떼어간다고 해서 텐프로라는 설이 첫째고, 룸살롱 중 상위 10퍼센트 안에 드는 고급 룸살롱이라 해서 텐프로라는 설도 있다. 그런데 텐프로 중에서도 상위 10퍼센트 안에 들면 텐프로 오브 텐프로, 줄여서 '일프로'라고 불린다는 이야기도 있다.

요정料亭은 고급 음식점을 일컫는 말로 과거 '요릿집'이라고 부르던 곳이다. 요정은 일제 강점기에 일본의 '료테이りょうてい'라는 요릿집(요정)이 바다를 건너와 자리 잡은 식품접객업소이다. 일본의 료테이는 손님을 귀한 요리로 접대하는 것에 초점을 맞추고 있지만 당시 요정은 남자들이 여자들의 접대를 받으며 음식을 먹고, 잠자리까지 서비스 받을 수 있는 곳이었다고 한다.

1907년 조선시대에 이어져 온 관기 제도가 폐지되면서 정리해고 된 기생들이 관청에서 풀려나와 요릿집에서 일했다. 기생 조합인 '권번券番'이 있어 요정이 연락하면 필요한 기생을 보내 흥을 돋우게 하는 형태였고 이후 요릿집에 전속계약으로 소속되어 일하는 기생들도 생겨나게 되었다. 이런 형태는 오늘날에도 비슷하다. '보도방'이 있어 접대여성들을 룸살롱에 공급하는 인력송출 영업을 맡거나 룸살롱에 전속되어 있거나 한다.

1950년대 말 서울의 북악산에 '요정 3각'이라 불리는 3대 요정이 유명했다. 청운각, 대원각, 삼청각이다. 청운각에서는 1956년 한일회담이 성사되었고, 성북동 삼청각은 1972년 남북조절위원회와 남북적십자회담에 사용되었다. 정치권력이 은밀히 애용했다 해서 드라마에도 흔히 등장하곤 한다. 서울시 최초의 음식점인 오진암은 1972년 이후락 중앙정보부장과 북한 박성철 제2부수상이 만나 7·4 남북공동성명을 논의한 곳으로 유명하다.

박정희 대통령이 요정 애호가여서 안가를 요정화해 연예인 등을 불러들여 술 접대를 시킨 건 다들 아는 일이다. 그런데 박정희 대통령은 아예 '관광요정'이라는 것을 제도로 만들었다. 군사쿠데타 이후 군사정권의 고민은 자금이었다. 그래서 대규모 투자 없이도 달러를 쉽게 벌 수 있는 방법이 관광, 조금은 부도덕한 관광임을 간파하고 '기생관광'을 부분적으로 추진했다. 특정 지역과 특수 관광호텔에서 외국인을 상대로 성매매 영업을 하는 여성에게는 윤락행위 방지법으로 처벌하지 않는 방식이었다. 1962년부터 시행된 제도이다.

룸살롱의 원산지는 프랑스? 아니다, 일본 료헤이

1970년대 들어서 국가부채가 늘고 무역적자가 커지자 짧은 기간에 많은 외화를 벌 수 있는 방법으로 기생관광을 전면에 내세웠다. 무엇보다 현금 회전이 좋고 영업 성격이 은밀한 만큼 비자금으로의 전환과 비축이 쉬웠기 때문이다. 그래서 관광 진흥법에 근거를 두고 있는 국제관광협회에 '요정과'가 설치되었다. 관광협회 요정과는 관광기생들에게 증명서를 발부해 호텔 출입을 자유롭게 하고 통행금지령의 저촉을 받지 않도록 했다. 사실상의 24시간 성매매 허가증을 공기관이 발행한 것이다.

1970년대 후반 들어서 기생관광을 목적으로 하는 외국인 관광객 1백만 명 돌파가 이뤄졌고 관광요정들이 성업을 이뤘다. 이 요정들은 1980년대로 넘어와서는 내국인들까지 영업에 끌어들여 호황을 이어갔다. 박정희 정권 시절 관광요정이 10개로 시작했는데 최전성기에는 200여 개에 이르렀다고 한다. 이때가 바로 '호스티스hostess' 전성기이기도 하다. 이른바 영자의 전성시대이다. 오죽하면 서점가에는 호스티스 관련 책들이 즐비하고 영화도 호스티스 영화에 관객이 몰려들고 했을까.

이러한 기생관광의 성장이 이후 룸살롱, 단란주점과 같은 술과 성 접대를 연계시킨 유흥산업의 대규모 확산을 가져 왔고 전국 도시·농촌 가릴 것 없이 번져가며 10대 어린 소녀들을 서비스 걸service girl로 끌어들였다. 룸살롱이 '은밀한 접대'라는 사업부문을 떼어가자 룸살롱에 밀린 관광요정은 결국 음식을 전문으로 하는 한정식집으로 바뀌었다.

룸살롱의 정치 사회학

조금 더 정치적인 흐름으로 보자면 일제 강점기에 친일파가 총독부 등 일본 측 '갑甲'을 접대한 곳이 요정이고, 해방 후엔 군정을 맡은 미군을 불러 접대했다. 5·16 군사 쿠데타 이후엔 군사정권이 즐기고 국가적 돈벌이와 비자금 통로로 이용했다. 이런 요정이 비즈니스 호화 룸살롱으로 발전해 대통령 측근과 재벌 총수가 만나 즐기며 우애를 돈독히 했다는 의혹이 터지기에 이른 것이다.

한국 사회의 특징 중 하나가 밀실 문화이다. 중앙 정치권력, 자본권력, 언론권력, 지방자치단체와 토호세력 등이 투명하고 공정한 시스템, 공공제도에 의해 움직이지 않고 별도의 꿍꿍이 내막들에 의해 움직인다. 그래서 자기들끼리 은밀히 만나야 하고 갑을 관계에서 접대도 해야 한다. 은밀한 접대는 밀실이 필요하고 보안과 방음이 잘된 밀실을 룸살롱이 제공한다. 룸살롱의 가장 큰 장점은 그런 밀실을 음습하지 않게 화려하고 우아하게 꾸몄다는 점이다. 또 도우미의 성 접대를 함께 받으면서 공범의식을 통해 서로를 더 친밀한 관계로 이끌어 주는 장점(?)도 있다. 거기에다 룸살롱에서의 접대는 조직과 사회에서 업무 수행으로 관행으로 인정을 해준다.

룸살롱에 가면 통한다는 비즈니스 관행과 "룸살롱이야 이제는 우리의 일상이 아니냐"는 허술한 우리의 도덕의식이 전국 어디에나, 중국에도, 북한에도 룸살롱을 퍼뜨리고 여성들을 접객부로 또 손님으로 끌어들이고 있다. 이것도 한류라 부를 수 있을까?

21세기엔 달이 해를 품는다

처가살이의 유구한 역사

요즘 신新 모계사회라는 말을 쓰고들 있다.

그 대표적인 현상으로 남성의 처가살이 증가를 꼽는다. 처가살이 하는 남성이 늘고 시집살이 하는 여성은 줄고 있다. 처가살이 하는 남성은 최근 20년 만에 3배로 늘었다. 1990년 1만 8천 명에서 2010년에는 5만 3천 700명으로 늘었다(통계청 인구센서스).

그렇다면 시집살이 하는 여성은 얼마나 줄었을까? 1990년 44만 4천 700명에서 2010년 19만 8천 700명이니 절반 이하로 뚝 떨어졌다.

남자대학생에게 '처가살이 할 의사 있느냐?'고 물으니 64퍼센트가 예스! 여대생에게 '시집살이 할 의사 있느냐?'고 물으니 36.5퍼센트가 예스! 맞벌이 늘고 육아부담 커지면서 친정이 옆에 있는 게 좋고 처가살이에 대한 거부감은 남성들에게서 옅어지고 있다.

흔히 우리나라의 전통은 남성 위주의 가부장제라고 여긴다면 오해이다. 우리나라는 오래 전에는 모계에 가까웠다는 것이 정설이다. 그 후 남녀 양측균형을 맞춘 사회를 거쳐 가부장 사회로 건너왔다.

모계의 예로 꼽는 것이 고구려의 서옥제壻屋制이다. 서옥은 사위가 머무르는 집이다. 남녀가 약혼을 하면 신부네는 본채 뒤에 작은 별채를 짓고 결혼식을 기다린다. 결혼식 날이 되면 신랑이 해 질 무렵에 신부집으로

와 절을 하고 지참금 폐백을 전한 뒤 신부와 잠자리를 하게 해달라고 간청하고 신부집에서 허락하면 마련해 둔 별채 – 서옥婿屋에 든다. 이 과정을 동네 사람들이 구경하며 응원을 보낸다. 그렇게 결혼을 하고 이 처가네 사위집에서 아이를 낳고 아이가 자라고 재산을 마련하면 독립해 나가거나 본가로 돌아가는 제도이다.

고구려의 췌서제贅婿도 있다. '췌서'란 처가에서 데리고 사는 사위, 즉 데릴사위이다. 오래된 제도이다. 박혁거세와 석탈해 모두 데릴사위 아닌가. 예전의 데릴사위제는 자식 중 아들이 없고 딸만 있는 집에서 하는 게 아니라 아들이 있어도 사위를 집으로 데려왔다고 한다. 솔서제는 자식 낳을 때까지만 한시적으로 처가에 머무는 제도이고 예서제는 결혼 전에 미리 처가에 들어가 처가 일을 거드는 제도를 말한다. 이런 제도들이 즐비한 것만 봐도 부계 못지않게 모계도 중시했음을 알 수 있다.

조선왕조실록에도 "우리나라에서는 처가살이를 하기 때문에 한 어머니의 자손들이 한 집에서 살게 되니 서로 화목한 바 그 풍습이 대단히 후하다"고 기록돼 있다. 세종실록에도 "우리 풍속은 처가에서 처가살이를 하게 되면 아내의 부모 보기를 자기 부모처럼 하고 아내의 부모도 역시 그 사위를 자기 자식과 같이 봅니다"라고 묘사하는 대목이 있다. 또 '사양자'라는 제도도 있었다. 사위 겸 양자로 들인다는 뜻이다. 입장가入丈家, 장인 집에 들어간다라는 말도 있는데 '장가간다'라는 말은 여기서 비롯된 것으로 본다.

시집살이는 뿌리 깊은 나무가 아니다

시집살이는 중국의 전통이다. 중국은 철저히 부계친족 중심으로 가계를 계승한다. 고려 때까지만 해도 남녀·부모의 균형을 맞추다가 조선이라는 새로운 나라를 세우면서 부계로의 급격한 방향전환이 이뤄진다. 태조 이성계는 부인이 6명이고 8남 5녀를 두었다. 허약한 통치기반을 강화하기 위한 정략적인 결혼들도 있다. 그런데 왕의 부인 쪽 외척들이 세도를 부리고 갈등을 일으키면 통치가 어려워진다.

조선조 개국공신으로 대신들을 이끌던 정도전이 중국의 통치철학인 성리학을 받아들여 국가를 개조하면서 결혼에 관한 습속들도 바꾸기 시작한 것으로 전해진다. 정도전은 "처가살이 혼속 때문에 여자들이 자기 부모 세력을 믿고 남편을 무시하고 교만하게 군다"면서 중국과 같은 친영제親迎制 ─ 시집살이로 결혼제도를 바꿀 것을 주장했고 왕들도 외척들의 세도를 누르기 위해 솔선수범했다.

사대부 남자들을 중심으로 한 가부장적 양반사회가 본격적으로 시작된 것이다. 아이들이 외가에서 자라니 벼슬에 진출해 자리를 잡으면 당연히 외가 쪽의 삼촌들과 가깝고 휘둘리기도 한다. 그래서 시집살이로 바꾸며 외척 세력에 대한 견제를 강화해 나간 것이다. 그런데 사대부 양반들의 권력이 커지며 왕을 누르자 개국공신들을 처단해 왕권을 강화하기도 한다. 이 과정에서 벌어지는 복수극을 그린 드라마가 〈뿌리 깊은 나무〉이다. 소재는 한글 창제이지만 갈등의 구조는 사대부가 유학정신을 기반으로 해 왕을 견제하고 백성에 대한 사대부의 통치권을 강화해 나가려는 음모이다.

인기 드라마 〈해를 품은 달〉도 마찬가지. 궁궐의 가장 큰어른, 대왕대비가 권력을 장악하고 그 외척들이 세도를 부리고 왕과 왕자가 여기에 맞서 왕권을 회복하려는 과정이 등장한다. 이 배경이 바로 모계에 의한 처가살이이다.

최근 인기몰이를 한 드라마 〈정도전〉에서 처럼 국가 통치이념을 성리학으로 바꾸고 굳히는 과정에서 사회는 큰 변화를 겪는데 처가살이 같은 모계사회의 유산들은 계속 위축되었다. 17세기 중반 이후로 접어들면 시집살이가 확실히 대세로 자리 잡고 여성의 지위도 하락했다. 재산도 아들에게만 칼 같이 상속되고 그것도 장자, 장손 위주로 굳어진다. 여기에서 남아선호사상이 시작되고 고부갈등이 사회적 전통이 된다. 여성에게는 거대한 벽 같은 가부장제지만 400년밖에 안 된 전통이다.

21세기, 달이 해를 품다

여성의 사회 참여와 지위가 높아지면서 다시 모계적 성격이 강해지는 건 당연한 귀결이다. 이것을 우리집의 문제나 요즘 세상이 변했다는 정도로 생각하면 이해와 소통이 어려워진다.

아직도 우리의 이데올로기는 부계적 시집살이다. 그러나 가부장적 이데올로기는 큰소리는 치지만 현실에서는 저항에 부딪혀 당황하고 있다. 사회경제적 필요에 따라 친정까지 거리가 가까울수록 좋고 핵가족에서 다시 가까이 모여 사는 수정된 대가족이 많아지고 그 대가족은 모계 위주로 만들어지는 중이다. 이런 상황을 남녀노소가 함께 이해하고 대화로 공감대를 넓히는 게 중요하다.

1990년대 말부터 큰아들집으로 모두 집합하는 부계 위주의 가부장제는 껍데기만 남았다. 부모가 자녀의 집을 향해 이동하는 역귀성은 애들이 맞벌이로 바쁘고 애 키우기 힘드니 부모가 도와주는 21세기의 명절 지내는 풍속이다. 하지만 그 속에 흐르는 흐름을 들여다보면 한반도의 부계모계 균형 잡힌 친속제도(양계제)가 중국에 예속된 통치철학과 지배체제를 거치며 철저한 가부장제가 되었다가 전쟁과 산업화를 통과해 신자유주의 시대에 이르러 새로운 시대정신을 소화해내고 있는 시대 적응의 한 단면인 것이다.

텔레토비, 뽀로로에는 가족이 없다

한국 사회가 가부장적 부계의 성격을 덜고 모계의 성격을 되찾아가는 것이 최근의 흐름이라고는 하나, 모계가 무조건 좋기만 하다는 이야기는 결코 아니다. 한국 사회는 고부갈등이 이혼의 주된 이유 중 하나지만 남녀평등이 진척된 서구 사회에선 전통적으로 사위와 장모 갈등이 주요 이혼 사유 중 하나이다. 어느 길이 옳으냐의 문제가 아니라 어느 길을 선택하든 길을 제대로 갈 수 있느냐가 역시 중요한 것이다.

결혼이 미친 짓이라고?

결혼과 가족의 구성은 예나 지금이나 인간이 정서적으로나 사회적으로 취할 수 있는 가장 안정된 삶의 형태이다. 그러나 결혼과 가족 역시 시대적 산물이다. 시대상황과 시대 정신을 읽으며 삶과 가족의 문제를 함께 고민해야 갈등을 해소할 수 있다.

한국 사회에서 결혼은 특히 중요하다. 가족을 단위로 하고 가족을 중심으로 꾸려온 사회이니 그렇다. 결혼이라는 걸 표현할 때도 시집, 장가娶嫁 이런 식으로 뒤에 집과 가족을 붙여 표현하지 않는가.

그렇게 결혼은 개인적인 문제가 아니라 사회가 그 사람을 판별하는 강력한 기준이 된다. 기혼, 미혼으로 구분해 부르는 것도 결혼했다, 아직 안했다가 아니라 엄밀히 따지면 '해야 할 결혼을 한 사람' '해야 할 결혼을 아직 못한 사람'이라는 규범의 뜻을 담고 있기도 한 것이다. 하고 싶지 않아 결혼을 안 하는 사람에 대해서 '비혼'이라는 말을 쓰지만 최근에 시작된 일이라 사회에 통용되고 있지도 않을 정도이다.

그런데 결혼을 지극히 정상적이고 꼭 해야 하는 삶의 방식이라고 생각하다보면 거기서 벗어난 것을 불완전하고 모자라게 여기는 함정에 빠진다. 결혼을 거부하거나 못한 사람, 결혼을 했으나 이혼과 사별 등 사유가 있어 혼자 살게 된 사람, 심지어는 한 번 했냐, 두 번이냐 등 따지는 기준은 많고도 복잡하다.

이것이 집단적으로 나타나면 사회의 규율이 된다. 여럿이 모이면 위압적이고 당하는 입장에서 폭력처럼 느껴지기도 한다. 노총각 노처녀에게 '너는 뭐하냐' '네가 뭘 알겠냐' 등등 말을 함부로 한다. 법적결혼이 아닌 상황에서 태어난 아이, 그 부모, 결혼을 더 이상 끌어가지 못하는 사람도 낮추어 보고 차별한다. 고아, 소년소녀 가장, 미혼모, 이혼녀, 조손가정, 기러기 아빠, 주말부부 모두 차별적인 관념을 속에 담고 있는 언어들이다.

흠 없이 정상적인 가족이란 뭘까? 남성이 여성보다 약간 많은 나이에 서른다섯 살 전에는 결혼했어야 하고, 둘 다 초혼이고 혼인신고를 마친 뒤 한집에서 아이를 낳아 매일 가족이 모여 오순도순 살면 정상적인(?) 가족이다. 그런 가족이 세상에 얼마나 되겠나? 세상의 상황에 따라 얼마든지 다른 형태의 가족이 존재할 수 있는데 가족이 변형되는 걸 인정 못하면 갈등과 차별의 원인이 되는 것이다. 실제로 그렇게들 살기 어려운 것이 우리네 형편이었다.

일제강점하의 강제징용, 징병, 남북분단, 전쟁으로 인한 피난, 산업화에 따른 도시 이주, 직장인의 지역순환근무, 아이들 유학, 이혼과 사별…….그렇게 살고 싶어도 살지 못했기에 그 간절함이 담겨 있는 것인지도 모르겠다.

더 이상 필수가 아닌 '가족'

우리가 텔레비전을 통해 즐겨 보던 만화를 떠올려 보자. 1960~1970년대 만화들 주인공은 가족이 온전치 못하다. 그러나 반드시 가족이 중요한 만화의 구성 요소로 들어가 있다.

〈들장미 소녀 캔디〉〈그레이트 마징가(주인공 철이는 고아)〉〈플란다스의 개(주인공 네로는 할아버지와 산다)〉〈은하철도 999(주인공 철이가 엄마를 찾아 우주를 헤맨다)〉〈엄마 찾아 삼만 리(주인공 마르코의 엄마 찾아 방랑기)〉〈요괴 인간(요괴가 주인공이지만 남과 여, 꼬마가 등장하는 가족 구성〉〈타이거마스크(고아원 아이들을 돕는 레슬러)〉……. 주로 일본 만화들이었지만 한국과 일본이 근대화 과정에서 공통의 경험이 많아 모두 아무런 거부감 없이 받아들였다. 전쟁 직후 산업화 과정에서 깨어지고 헤어지는 가정이 많았으니까 어려움 속에서 용기를 내 삶을 개척해 나가는 주인공들에게 지지와 격려를 보낸 것이다.

1980~1990년대에도 가족이 등장하는데 전쟁의 상처와 빈곤을 극복해낸 안정된 가족들이 등장한다. 〈달려라 하니〉〈영심이〉〈피구왕 통키〉〈아기 공룡 둘리〉〈요술공주 밍키〉〈개구리 왕눈이〉……. 상당히 건강해진 가족 구성이다.

20세기 말에 접어들어 만화영화는 다시 달라진다. 〈텔레토비〉〈뽀로로〉〈뿡뿡이〉〈기관차 토머스〉……. 이들 만화영화에는 부모·형제라는 가족 개념이 등장 하지 않는다. 친구와 동료가 등장할 뿐이다.

만화가 바뀐 것은 세상이 그렇게 바뀌어 있어 그렇다. 가족이 없어도 친구와 컴퓨터, 게임기가 있으면 아이들 세상은 돌아간다. 가족 없이는 존재할 수 없다는 생각을 아이들은 예전처럼 심각하게 받아들이지 못한다. 어쩌면 가족은 성가신 존재다. 그래서 〈짱구는 못 말려〉처럼 어른들이란 존재가 모순덩어리에 성가시게 표현되더니 기어코 사라져버린 것이다.

〈엄마 찾아 삼만 리〉〈영심이〉를 보고 자란 부모와 〈텔레토비〉〈뽀로로〉를 보고 자란 세대는 가족의 문제를 어떻게 합의해 나갈 수 있을까? 우리에게 던져진 커다란 숙제이다.

저출산 사회가 아니라 저책임 사회

한국 인구가 드디어 5천만 명을 돌파해 세계에서 7번째로 '20-50 클럽'에 가입하게 된다고 한다. '20-50 클럽'은 1인당 국민소득 2만 달러, 인구 5천만 명이 넘어야 가입할 수 있으며 현재까지 이 조건을 만족한 나라는 1987년 일본, 1988년 미국, 1990년 프랑스, 이탈리아, 1991년 독일, 1996년 영국뿐이다. 특히 제2차 세계대전 이후 신생독립국가 중에서 이 클럽에 가입한 나라는 우리가 처음이다.

5천만둥이? 기록도 없이 사라진 아이들은 어쩌고…

'20-50 클럽' 가입은 국내총생산, 시장규모 차원에서 상당히 의미 있는 성장을 이뤘다는 긍정적 의미도 있지만 복지비용의 증가 등 부담도 늘어난다. 결국 꾸준한 성장과 균형발전, 양극화 해소가 병행되어야만 그 의미가 퇴색되지 않고 다음 '30-50'으로의 발전을 기약할 수 있다.

우리나라 인구는 2030년 5천 216만 명을 최고점으로 해 줄어들기 시작하고 2045년에 다시 5천만 밑으로 내려올 것으로 예상하고 있다.

5천만둥이 김태양 군이 대한민국 5천만 명 째라는 건 물론 증명할 길이 없다. 통계청이 주민등록상 등재된 대한민국 인구와 인구증가율을 바탕으로 추산해 지난 2012년 6월 23일 오후 6시 30분쯤 태어나는 아기가 5천만둥이가 될 거라고 했던 것. 통계청 인구시계로 1시간당 52명이 태어나고 31명이 사망해 1시간에 21명씩 인구가 늘고 있으니 3분에 1명꼴로 인구증가가 이뤄지고 있다는 식의 계산으로 뽑은 상징적 의미로 보면 될 듯하다.

그러나 그것도 태어나 기록이 되는 생명을 기준으로 따진 것이다. 아기가 태어나지 않는다고 나라에서 저출산 고령사회 대책까지 세우고 있지만 낙태로 숨겨가는 생명들을 따지면 계산은 전혀 달라진다. 낙태 추방 운동 단체들은 매년 수십만의 죄 없는 생명이 죽어간다고 생명 경시 세태를 고발한다. 영아유기 사건, 영아살해 사건도 1년에 100건 안팎이라 한다. 차라리 산모가 양육을 포기할 경우 법적 처벌 없이 아기를 위탁할 수 있는 제도를 도입하면 어떻겠냐는 의견도 그래서 나온다.

낳아서 외국에 내보내는 해외입양도 따져 볼 문제이다. 고아 수출국이란 부끄러운 이름을 어떻게든 떼어내려고 2007년부터 쿼터제를 실시해 해외입양 상한선을 낮춰 가고 있다.

2006년 1천 899명에서 1천 264명을 거쳐 2011년 916명까지 내려와 있다. 세계 해외입양 아동 상황을 보면 중국, 에티오피아, 러시아, 한국의 순이다. 중국은 2천 600명 수준으로 970인 우리나라의 3배 정도. 중국 인구는 우리의 20배인데 해외입양은 3배이니 우리나라가 얼마나 해외입양을 많이 내보내는지 짐작할 수 있다.

어떻게든 국내에서 처리하고자 해도 아직 입양에 대한 의식이 개선되지 않아 국내입양은 2006년 1천 332명에서 1천 388명을 지나 2011년 1천 548명으로 좀처럼 늘지 않는다. 2006년에서 2011년까지 5년간의 해외입양 감소와 국내입양 증가를 비교해 보면 해외입양은 1천 명 정도 줄었는데 국내입양은 220명 정도 늘어난 걸 알 수 있다. 그런데 입양을 맡기는 숫자는 줄지 않았다. 그러면 어떤 일이 벌어지고 있을까?

1년에 해외로 입양되는 숫자는 쿼터로 묶여 있고 입양 대상자 전체 규모는 줄지 않고 국내 입양도 빨리 늘지 않았으니 관련시설에서 입양을 기다리는 대기자가 늘어나고 대기 기간도 길어진다. 분유 먹다 이유식, 아예 밥까지 먹으면서 기다려야 자기 차례가 돌아온다. 쿼터제 이전에는 돌이 되면 양부모에게 안겨 떠났는데 이제는 자기 발로 걸어서 나가고 있다.

해외입양 대기 기간이 예전 12개월에서 지금은 20개월 정도 걸린다고 한다. 특히 장애아동 해외입양이 늦어지고 국내 장애아동 입양은 제자리걸음이니 장애아동 위주로 시설에 남겨진다.

저출산이 아니라 저책임이 문제

불쌍한 버려진 아이를 선진 외국으로 보낸다는 인도적 차원 말고 다른 측면에서 비판적 시각으로 따지면 해외입양은 국가가 기획한 사회적 실종이다. 우리가 낳은 아기들을 우리가 키우지 못하고 해외에 수출하듯이 내보내는 것이 OECD 선도국가, G20 의장국, 녹색성장 선도국가라고 자랑할 수 있을까? 미국인이 한국 고아 입양에 지불하는 비용은 2만5천 달러에서 3만 달러로 알려져 있다(『인종 간 입양의 사회학』 참조).

재외동포 가정으로 입양되는 아기라도 해외입양 쿼터 계산에서 빼자는 의견도 나오고 있지만 무엇보다 버려지는 아이, 살해당하는 아이들을 구해낼 방안이 더 탄탄하게 마련되고 해외입양의 국가적 도덕성 문제도 함께 고려해 방안이 마련되어야 한다.

저출산·고령화 사회의 본질은 아이를 낳지 않아서가 아니라 키울 사람들은 낳지 않고 키울 수 없고 책임 못 질 사람들이 계속 낳는 게 또 다른 문제일 수 있다. 입양아 생모의 90퍼센트는 미혼모인 것이 이를 반증한다.

미혼모 문제의 해결은 교육, 청년고용, 부의 양극화 해소, 보편복지의 확대와 맞물려 있다. 결국 우리나라는 출산율이 최저가 아니라 자신들의 아이를 책임지는 사회의 육아책임비율이 최저인 것이다.

교회, 빛과 소금이 되랬더니 빚지고 소금 쳐야 할 판

한국 교회의 미래를 걱정하는 목소리가 교계와 사회 속에서 높아진다. 그 과제를 해결하기 위한 포럼이나 세미나의 빈도가 높아지는 걸 보니 모두 위기를 인식하고 있나 보다. 정말 한국 교회가 신뢰와 공적 역할에서 위기를 맞아 탈출하고 싶다면 방법은 의외로 간단하다. 목사가 별도의 직업을 갖고 교회에서는 최소한의 목회활동비만 받으면 된다. 그것이 어려우면 교회를 운영하는 CEO로서 세금을 내면 된다. 가난한 교회의 목회자는 당연 면제이다.

2012년 서울시가 체납 세금 독촉에 나섰는데 교회가 그 주요 대상 중 하나였다. 현재 서울시에 등록된 종교 단체의 체납된 세금은 모두 백여 건, 53억 원 규모이다. 대부분이 기독교이다. 교회 체납 세금이 50억 원에 이른다.

사우나, 식당… 임대 사업하는 교회?

세목 상으로는 80퍼센트가 부동산 취득세·등록세이다. 교회가 들어설 목적으로 건물이나 땅을 사면 당연히 부동산세는 면제된다. 그러나 부동산을 매입해 목적에 맞게 활용하지 않으면 나중에라도 세금을 내야 한다.

서울시는 교회들이 비과세 조항을 악용하고 있다고 지적한다. 강서구 모 교회는 지난 2006년 340억 원 규모의 건물과 토지를 사들여 비과세

적용을 받았다. 그러나 지하 1층에 사우나, 지상층의 식당은 개인사업자에게 임대 등 다른 용도로 사용하다 발각됐다. 내야 할 세금이 18억 원이었으나 미루다가 가산금이 붙어 지금은 27억 5천 700만 원이 됐다고 한다.

세금 낼 돈은 없어도 새 예배당 건축에 들어가 150억 원 예산을 들이고 있고 목회자들 사택으로 쓰는 빌라도 10채가 있다한다. 거의 부동산개발업자 수준으로 자금과 부동산을 돌리고 있는 듯하다.

서울시는 체납액 규모가 큰 교회들부터 재산을 압류하고 공매에 붙이는 등 강력하게 대응해 나가는 데 헌금을 압류하는 방안도 검토하고 있다는 소식이다.

세상의 빛 되랬더니 빚이 되고 있어

지난달 금융감독원이 상호금융권(농수축협, 새마을 금고)에 대한 감사를 벌이다 보니 교회에 대출해 준 현황이 밝혀졌다. 4조 9천억 원 규모이다. 1금융권도 조사했더니 4조 원대라고 한다. 합치면 금융권 교회대출 규모는 9조 원에 이른다. 제3금융권까지 합치면 규모는 훨씬 커질 것이다.

한 달에 성도들 헌금 중에서 금융권 이자로만 600억 원 이상이 빠져나가는 셈이다. 교회 신도들이 은행들 먹여 살리려고 헌금하는 게 아니다. 교회 재산은 비영리단체로 공익적 성격이 강해 담보를 잡아도 처분하기 난감하다. 그래서 시중은행들은 담보대출을 꺼리는데 상호금융은 장로 등 교인들 연대보증과 교인들 규모를 보고 대출을 해준다. 교인들이 담보인 셈이다.

교회가 대출받는 이유는 주로 교회 건축이다. 무리하게 대출받아 건물 짓고 원금 이자 갚기 어려우니 선교 사역이 제대로 이뤄질 리 없다. 부도·경매·매매 사례도 많이 나오고 있다고 한다. 헌금 강요나 특정 목적의 헌금 관리 문제로 분규를 겪는 교회도 생긴다. 꼭 건물을 지어야 할 교회도 있지만 성장 극대화를 위한 수단이나 이웃 교회와의 경쟁심으로 크게 짓는 건 좋게 봐주기 어렵다.

더 늦기 전에 교회에 소금 뿌려야

세금을 내고 안 내고의 문제를 떠나 정말 중요한 문제가 있다. 교회에 깊게 뿌리 내린 '천민자본주의'를 털어내는 일이다.

교회 세습을 생각해 보자. 교회를 아들에게 물려주는 세습 풍조가 어디서 왔을까? 재벌들이 편법으로 재산을 상속하는 과정 그대로이다. 우리가 흔히 봐 온 재벌들이 편법 상속 행태로 '자식을 고속으로 승진시켜 사장으로 만드는 방법' '돈을 빼내 문화예술 공익재단을 만들어 가족들을 앉히는 방법' '계열사를 떼어주거나 협력기업을 만들어주고 특혜수의계약 등으로 키우는 방법' 등을 떠올릴 수 있다.

교회도 마찬가지이다. 담임 목사가 카리스마를 발휘해 비판 여론을 무시하고 교회를 직접 물려주기도 하고, 물려주기 곤란하면 재정을 지원해 새로 만들어주기도 하고, 복지재단을 만들어 가족들이 자리를 차지하고 앉고, 일간 신문사를 만들어 교회가 지원해 키운 뒤 회장·사장 자리를 물려주는 방법 등 대기업의 행태를 그대로 추종하고 있다.

또 하나는 정치권력과 자본의 결합이다. 장로교 모 교단의 예를 들자면 아들에게 교회를 물려준 대형교회가 4곳인데 공통점은 그 목사들이 모두 그 교단의 최고 지위인 총회장 출신이라는 점이다. 다른 교단도 마찬가지이다. 결국 대형 교회의 자금력을 바탕으로 교단의 실세가 되어 교단 교권을 장악하고 다시 그 교권을 바탕으로 교회를 자식에게 세습하는 금권유착 세습이다.

세습이 아니고 대를 이어가며 선교사역에 헌신하는 거라면 농촌의 가난한 교회를 아들에게 물려주며 여기서 가난한 이웃들과 살며 죽기까지 충성하라고 상속했다는 사례도 나와야 한다. 왜 꼭 도시 대형교회에서만 상속이 되는 걸까?

담임 목사만 우대해 원로 목사제를 두고 은퇴 후에 퇴직금, 승용차, 주택까지 지원하지만 전도사는 어느 때고 고용과 해고가 가능한 비정규 계약직으로 불안한 신분에 묶어두고 있다. 담임 목사에게 쓰이는 일부를 떼어 부교역자들의 안정된 자립을 넉넉히 지원할 수도 있건만 저임금 보조 역할로 떠밀어 놓는 것도 자본주의 속에서의 고용차별 체제와 흡사하다.

80퍼센트에 이르는 미자립 교회와 전국 곳곳에 체인망처럼 지교회를 늘려가는 대형교회의 양극화도 대기업과 중소기업의 불공정 구조나 마찬가지이다. 왜 자본주의의 폐해를 교회가 가져다 쓰는가?

「마가복음 6장 7절」에는 예수 그리스도가 사역을 떠나는 제자들에게 직접 당부하는 장면이 있다. "여행을 위하여 지팡이 외에는 양식이나 배낭이나 전대의 돈이나 아무 것도 가지지 말며 신만 신고 두 벌 옷도 입지 말라 하시고……."

이 말씀에서 한국 교회가 얼마나 자신의 본분에서 멀리 떠나왔는지 스스로를 돌아봐야 한다.

대물림되는 가난과 질병, 그리고 죽음

병고, 빈고, 고독고, 무위고의 사슬

홀로 사는 노인들을 전교생이 나서 챙기는 대학이 있다. 부산의 동명대이다. 독거노인 가구 46세대와 1대1방식으로 결연해 '가족'이 되어드리는 활동이다. 이 소식에 기관과 기업들이 생활필수품을 지원도 한다. 무료로 진료를 맡는 병원도 생겼다. 학교와 학생들의 돌봄이 없다면 이들 노인 중 상당수는 홀로 세상의 끝날을 맞이할 것이다.

고독사하면 흔히 노인 고독사를 떠올린다. 고독사로 홀로 세상을 떠나는 노인은 꾸준히 늘어 2015년이 되면 7천 800명 선을 넘길 것으로 전망된다. 죽음 후에도 연고를 찾지 못하는 무연사無緣死는 2009년 587명, 2010년 636명, 2011년 727명, 2012년 810명으로 지난 3년간 25.2퍼센트 증가했다.

경기개발연구원에서 「한국 노인의 사중고四重苦, 원인과 대책」이라는 보고서를 내놓았다. 여기서의 4중고는 병고病苦, 빈고貧苦, 고독고孤獨苦, 무위고無爲苦이다. 이 사중고는 각각의 고통이 아니라 이어져 있다. 가난하니 사는 게 힘들고, 사는 게 힘드니 건강이 나빠지며 병에 걸리고, 대물림된 가난 때문에 자식의 보살핌을 끝까지 받지 못해 고독사로 생을 끝내는 것이다.

마약, 비만, 정신질환… 모두 불평등의 결과

문제는 이것이 노인의 문제가 아니라 가난한 계층의 중년, 장년층으로도 얼마든지 확대될 위험이 있다는 것. 고독사만 해도 노인에게만 해당된다고 여기면 오산이다. 60세 이상의 노인이 절반쯤이고 중장년층이 절반이다.

우리 사회 계층에 따른 건강 불평등은 어느 수준일까? 국제구호개발기구 월드비전의 최근 발표를 보면 전 세계 176개 국의 '건강불평등 격차'에서 우리나라는 33위를 차지했다. 일본은 17위. 유럽 복지국가들의 성적이 역시 좋다.

건강불평등을 보여주는 연구들을 찾아보자. 2008년 암 사망과 건강불평등 구조를 연구한 논문(손미아, 강원대)에 따르면 암은 맨 위 잘사는 계층과 가난한 아래 계층에서 많이 발생했다. 그런데 암 사망에서는 다르다. 월수입 335만 원 이상 계층에서 100명이 암으로 사망한다 치면 월 100만 원을 못 버는 계층에서는 125명이 사망에 이른다. 최저생계비도 못 버는 계층에서는 147명으로 늘어난다.

보건복지부의 건강불평등 보고서(「건강 불평등 완화를 위한 건강증진 전략 및 사업개발 용역 보고서」)를 보면 각종 질병에 관한 격차가 드러난다. 남성들의 고혈압은 빈부격차가 없는데 여성은 가난하면 고혈압이 3배 더 높아진다. 당뇨는 남녀 모두 학력이 낮으면 발병 가능성이 4배 높아진다. 가난하면 여성의 당뇨 발병이 높아진다.

월드비전 건강불평등 격차 보고서에서 드러나는 또 다른 현상은 불평등에 의한 격차이다. 소득 수준이 낮은 나라 중에서 쿠바가 건강불평등이 적다. 오히려 미국은 46위로 우리보다 한참 아래다. 중국은 65위로 더 아래다.

'부유하면 수명이 길고 가난하면 짧다'로만 볼 것이 아니라 불평등 역시 수명이 짧아지는 원인이 된다는 추론이 가능하다. 불평등 1위인 포르투갈 사람들이 수명이 짧은 것도 이것을 뒷받침하는 사례이다.

불평등은 비만과 정신질환을 높인다. 마약도 불평등한 나라가 많다. 호주에 마약이 많고 일본·스웨덴·핀란드는 역시 적다. 돈과 재산을 남들에게 과시하고 그것에 가치를 두는 사회에서 개인은 더 우울하고 불안하고 인격 장애를 겪는다. 미국 비만율은 30퍼센트, 일본은 2.4퍼센트로 나타난다. 일본의 식습관만 갖고 이런 차이가 나는 것이 아니라 사회 불평등 수준과 관련이 있다고 학자들은 판단한다.

평등이 답이다

2005년 발표된 「2000 우리나라 성인 자살자의 인구 사회적 특성(김창엽, 서울대)」을 보면 대졸 학력에서 10만 명 당 자살자가 8명이라면 초등학교 졸에서는 121명, 15배 차이가 났다. 20대 젊은이들에게서도 대졸자와 초졸자는 7.4배의 차이가 났다.

직업에서 남성의 경우 공무원이나 회사 간부가 10만 명 당 2.3명인데 농민은 56.5명이다. 20배 넘게 차이가 난다. 여성도 정도의 차이는 있지만 자살로 인한 죽음에서 가난한 사람이 훨씬 많다.

자살자 400명의 유서와 수사기록을 분석한 논문(「자살, 차악의 선택」 박형민, 서울대)을 보면 경제적 어려움이 가장 큰 이유였는데 사업실패가 105건, 빚이 91건, 실직 45건, 생활고 45건의 순이었다.

리처드 윌킨슨(영국 노팅엄 대학교)은 『평등이 답이다』라는 저서에서 세계 각국의 사례에 대한 연구 결과를 내놓는다. 결론은 불평등이 커질수록 경쟁이 커지고 불평등은 사회정책에서 더 확대되는데 사회적 약자에 대한 예산을 줄이면 사회적 약자는 자존심이 손상되고 자신보다 더 낮은 계층을 차별할 위험이 커지며 사회가 위험에 처하게 된다는 것이다.

공정한 경쟁, 기회의 균등, 각종 차별의 감소, 그리고 자신의 처지를 하소연할 수 있는 소통 채널의 확보가 필요하다. 그리고 그것은 국가와 사회가 맡아 처리할 시급한 과제이다. 가난한 이의 질병, 건강의 불평등은 우리 사회에서 상식의 문제로 볼 게 아니다. 그것은 우리 사회의 양식의 문제인 것이다.

동물 학대의 시간이 쇼 타임이라구?

자학과 살상으로 저항하는 동물들

동물에게 필요한 것이 무어냐 물으면 으레 먹을거리라 할 것이다. 그러나 살아 숨쉬고 움직이는 동물에게 필요한 것은 공간이다. 걷고 뛰고 날고 헤엄칠 공간이 필요하다. 특히 야생의 동물은 신체리듬과 계절에 따라 멀리 이동하고 긴 시간 쉬는 것이 필수적이다.

동물이 우리에 갇히고 줄에 묶이는 것은 그 자체가 비정상이다. 그런 상황에서 동물은 비정상 행동을 보인다. 머리를 아래 위, 좌우로 흔들고 종종거리며 맴돌고 마구 핥아대고 물어뜯는다.

우리는 동물은 으레 그러나보다 여기며 지나친다. 갇혀 있는 동물은 언제나 비정상 상태이다. 크든 작든 비정상적인 행동을 늘 보이고 있는 중이다. 사람을 다치게 하거나 자학행동으로 동물 스스로가 다쳐야만 비정상 행동으로 보는 것은 인간중심의 사고이다.

그런 상태에서 동물이 인간을 살상한 사례는 무수히 많다. 사망 사고만 간추려보자. 2009년 시월드에서 범고래가 공연 중에 조련사를 수조 속으로 끌고 들어가 숨지게 했다. 2008년 4월 영화 출연을 위해 회색곰을 훈련시키다 조련사가 목숨을 잃었다.

서커스의 호랑이가 공연 중 조련사를 숨지게 한 사고는 2003년, 2001년, 2000년, 1998년 미국과 인도 등에서 발생했다. 2007년 호주에서, 그리고 2005년 1월 인도에서는 코끼리가 조련사를 밟아 숨지게 했고, 1994년에 같은 유형의 사고를 일으킨 코끼리는 경찰이 쏜 총알 80여 발을 맞고서야 숨졌다. 이것들을 야생동물들의 야만스런 비정상 행동이라고 할 수 있을까?

학대 현장 관람이 교육적일까?

인간이 오락과 관광산업을 위해 펼치는 비동물적인 수법들을 살펴보자 (로브 레이들로 저, 『동물쇼의 웃음, 쇼동물의 눈물』 참조). 인도의 거리에서 펼쳐지는 뱀 쇼. 뱀은 피리의 진동 때문에 위협을 느껴 본능적으로 반응하는 것일 뿐이다. 송곳니를 빼 독의 위험을 없앴지만 독사가 독이 없다면 쇼에서 버려졌을 때 먹이를 구하지 못하고 굶어 죽을 수밖에 없다. 인도 정부는 코브라 쇼를 법으로 금지하고 있다.

인도의 춤추는 곰 쇼는 곰의 코를 뚫어 고삐를 채우고 발톱·이빨을 뽑은 채로 뜨거운 철판 위에 올려놓고 훈련시킨다. 뜨거우니 두 발로 서고 경중경중 춤추듯 움직여 동작을 익히게 된다. 곰은 이렇게 춤 아닌 춤을 추며 몇 년 돈을 벌어주다 숨진다.

뉴질랜드에는 가재 뽑기 오락이 있었다. 우리들 인형 뽑기 기계처럼 수조 속 가재들을 기계로 잡아 올리는 경품놀이이다. 가재들은 하루에도 수십 번 잡혔다 풀려나기를 반복하다 최근에 해방됐다.

돌고래는 야생 상태에서 쇼에 팔아넘기기 위해 포획된다. 가족생활을 하는 돌고래가 사로잡혀 격리된 채 지내는 것 자체가 고통이다. 잡히는 과정에서 숨지고 잡혀 옮겨지다 숨지는 비극이 이어지고 간신히 살아남은 돌고래가 무대에 오른다.

물고기 몇 마리 얻어먹겠다고 사람들을 등에 태우고 반복해 하늘로 치솟아야 한다. 작은 수조에 가두는 것 자체가 엄청난 가혹행위이다. 사람들은 돌고래가 늘 웃으며 즐거워한다고 착각하지만 돌고래는 얼굴 근육을 움직일 수 없어서 늘 그 표정으로 지낼 뿐이다.

뱀과 같은 파충류는 인간이 만지면 신체기능이 정상으로 돌아올 때까지 푹 쉬어야 할 정도로 민감한 동물이다. 고통스러워도 짐승처럼 울부짖거나 격한 행동을 보이지 못한다. 그런데 텔레비전과 쇼 무대에 등장하고 사랑한다며 몸에 감는다.

동물이 순종하며 따르는 건 말을 안 들으면 무슨 일이 벌어지고 어떤 고통이 따를지 알기 때문일 뿐 결코 자신의 삶을 그리하도록 동의한 바 없다. 이것을 보여주는 게 아이들에게 교육적일까?

개싸움을 불법적으로 벌여온 사람들이 최근 무더기로 구속됐다. 동물을 학대하며 돈벌이를 하는 것 중에 가장 참혹하고 야비하다 비난받는 종목이 투견이다. 싸움도 처참하지만 투견들은 싸움에 나서기 전 훈련 과정에서 더 가혹한 행위를 겪는다. 공격성을 키우려 굶기고 물어뜯는 연습을 하라고 작은 개를 우리에 넣기도 한단다. 이겨서 돈을 벌어주든 져서 불구가 되든, 그들의 마지막은 식당 주방이다.

투우는 스페인, 포르투갈, 멕시코, 베네수엘라 등에서 벌어지는데 해마다 약 25만 마리 수소가 희생된다고 알려져 있다. 중앙아메리카, 필리핀에서는 투계, 닭싸움이 유명하다. 사슬에 묶인 곰을 개들이 달려들어 물어뜯는 베어 베이팅bear baiting, 즉 곰 괴롭히기는 영국에서 시작된 것인데 지금은 파키스탄에서 행해진다고 한다. 말싸움도 있다. 필리핀에서 수컷 두 마리가 발정기 암컷 한 마리를 두고 싸우는 경기를 지역 방송사들이 중계방송도 한다고 한다. 물론 법으로는 금지돼 있다.

죽음을 부르는 철망 속의 동물과 사람

살아있는 동물을 이용한 오락과 관광은 사라져야 한다. 구경하지도 말자.

동물에 대해 최소한의 예의와 존중을 갖춘 합법적인 동물원, 그 이상은 중지하자. 야생동물은 잡아서 곁에 두지 말고 자유롭게 살게 하고 멀리서 바라보는 걸로 만족하자. 궁극적으로 우리가 유지시켜나가야 할 것은 동물원이 아니라 동물의 세계이다.

동물은 아파도 하고 편안함에 잠겨들기도 한다. 삶에서 '지각력'을 발휘하고 감성에 의해 느끼는 것이다. 그러니 삶의 주체이고 행복할 권리를 지닌다. 물론 이것마저도 인간 중심의 사고이다. 행복하든 불행하든 그들이 그들 방식대로 살 수 있게 인간은 그들의 영역을 침범해선 결코 안 된다는 더 적극적인 생태주의적 관점도 있다. 동물을 억압하고 그들의 생태계를 파괴하며 충족되는 인간의 욕망은 이제 정당치 못한 것으로 비난 받아야 하고 지속되어서는 안 된다.

이런 바탕에서 사육사의 안타까운 죽음을 다시 생각해보자. 동물을 야생으로부터 강제로 끌고 나와 학대를 불러일으키는 야만적인 산업은 어디에서 시작된 것일까? 왜 동물은 미쳐가고 사육사와 조련사는 그 앞에서 희생되어야 하는 걸까? 과연 사육사의 죽음은 관리가 잘못된 탓일까? 아니면 죽음을 부르는 철망 속에 동물과 함께 갇혀 지내야 했던 그 직업의 숙명 탓일까?

장애등급은 운명의 등급이 아니다

장애인 차별에 맞선 시민 의식

2013년 11월 미국 필라델피아 공항에서 벌어진 사건이다. 시각장애인 한 명이 안내견과 함께 국내선 작은 비행기에 올랐다. 여객기에 시각장애인 안내견이 동행할 경우에는 안내견이 장애인 좌석 앞에 앉거나 엎드리는 게 룰이다.

그런데 작은 여객기인 탓에 동행인 좌석 앞에 그럴 공간이 없어 안내견을 약간 떨어진 곳에 앉게 했다. 공항사정으로 이륙이 늦어지며 2시간여를 기다리면서 초조하고 당황한 안내견이 주인 곁으로 가려고 애를 썼고 승무원은 개를 제자리에 얌전히 앉아있게 하라고 장애인에게 연거푸 요구하다보니 서로 목소리를 높이며 다투게 됐다.

비행기 안에서 말싸움이 벌어지자 기장은 비행기를 게이트로 되돌린 뒤 공항 안전요원을 불렀고 안전요원은 장애인과 안내견을 비행기에서 내리도록 했다. 그러자 승객들 전체가 들고 일어나 승무원을 다른 사람으로 바꿔 태워야 왜 시각장애인을 내리게 하느냐며 모두 함께 내리겠다고 항의했다.

결국 그 비행편은 취소되었다. 시각장애인과 안내견을 비롯한 승객 모두는 장거리 버스로 옮겨 타고 목적지로 이동했다. 비행기로 1시간이면 도착할 거리를 긴 소동 끝에 4시간 걸려 갔지만 더디 가도 더불어 함께 한 그 시간은 결코 더디지 않았고 미국 사회에 큰 반향을 남긴 의미 있는 시간이 되었다.

우정, 우산도 함께 쓰고 비도 함께 맞는 것

이 소식을 접하며 떠올린 것은 서울 광화문 지하 광장이다. 광장 통로 한쪽에는 장애인 농성장이 있다. 이곳을 지나다니는 사람들에게는 익숙한 모습이다. 얼마 동안 이곳에서 신문고를 두드리고 있었기에 눈에 익은 풍경이 되어 버렸을까? 올해로 들어서며 500일을 넘겼다.

장애인들은 500일 넘도록 차가운 광장 바닥에서 정부의 장애인 정책이 진정성을 갖고 추진되기를 촉구했다. 장애인들은 정부가 맞춤형 복지를 하겠다고 하지만 오히려 빈곤층의 권리를 무너뜨리고 있다고 항의한다.

박근혜 정부의 국정과제 안에는 '장애인의 권익보호 및 편의증진'을 과제로 해 이런저런 내용이 가득하다. 장애등급제 폐지 등 장애인 권리 보장, 중증장애인 상시 보호를 위한 통합 돌봄제공체계 마련, 발달장애인법 제정 추진……. 막상 내용을 들여다보면 새롭고 한층 진전된 것들은 찾아보기 어렵다. 그런데 그마저도 추진이 더디다.

장애등급제 폐지는 목숨을 앗아가는 사고까지 유발할 수 있는 심각한 문제이다. 장애로 거동이 불편하면 그에 맞게 활동보조서비스를 받지만 장애 3등급 이하는 활동보조서비스를 받을 수 없다. 꼭 필요한 서비스라 해도 등급이 낮아 못 받는다는 것이 합리적일까? 2012년, 2013년 거동이 어려운 장애인이 화재 때 활동보조인이 없어 숨지고 마는 안타까운 사고도 잇달았다.

장애의 등급은 단지 의료의 관점에서 편의상 차이를 구분해 놓은 것일 뿐 장애인의 삶과 운명의 등급일 수 없다. 장애인이 처한 실제 상황과 장애의 특징에 따라 서비스를 판단해 삶의 고충을 해결해야 한다. 장애등급

제10회 전국 장애인 대회에서 '장애인 차별 철폐 운동 투쟁단 출범식'이 열리고 있다. 이날 모인 장애인들은 장애등급제, 부양의무제 폐지와 발달장애인법 제정, 장애이동권 보장 등을 촉구했다.

을 이유로 복지를 잘라내고 부양가족이 어딘가 있지 않느냐는 이유로 복지를 차단하면 어쩌자는 건가?

발달장애인법 제정 문제도 심각하다. 2012년 5월에 발의가 된 법이 겨우 공청회 한 번 열리고 지금껏 상임위에 묶여 있다. 새누리당 김정록 의원이 '발달장애인 지원 및 권리보장에 관한 법률안'을 대표 발의했을 때 그 내용은 학계나 장애계에서 상당히 진전된 법률안으로 환영받았다. 그래서 제19대 국회 1호 법안으로 국회에 올라갔고, 총선·대선 공약이 되었고, 복지부 장애인정책 1순위가 되었다. 이렇게 몇 번을 약속하고 문서로 만들어졌는데도 장애인과 멀리 떨어져 묶여 있다. 장애인에게 다가가 자기 책임을 다하려 해도 못 가게 가로막힌 안내견처럼 그렇게 묶여 있는 것이다.

애타는 발달장애인 부모들이 집단 삭발도 했다. 그랬더니 그 법률안보다 훨씬 못한 새로운 발달장애인법안이 새누리당의 다른 국회의원 이름으로 발의됐다. 겉으로는 국회의원 이름을 빌렸지만 정부 시책을 베껴 늘어놓은 걸로 보아 정부가 주문한 법률안이다. 애초 법안은 비용이 많이 든다며 외면하더니 결국 이렇게 나오는 게 장애인정책의 수준이다.

개를 묶으면 벌금 100만 원, 사람을 묶으면 70만 원

최근 중증 지적장애인 4명을 2005년부터 2009년간 손목과 발목에 천으로 만든 밴드를 감고 그 위에 애완용 개줄을 건 뒤 침대에 묶어 학대한 전북 완주군의 장애인 시설에 대한 사법부의 판결이 있었다. 그 원장에게 내려진 처벌은 벌금 70만 원, 간병인 2명은 벌금 20만 원이다.

존엄과 자유를 헌법으로 보장받은 인간을 몇 년씩이나 개줄로 침대 다리에 매어놓는 행위가 벌금 70만 원, 20만 원이면 양형이 합리적일까? 동물학대 행위의 벌금도 100만 원이다. 죄수도 개줄에 묶이지 않는데 사회복지법인이 보호해야 할 장애인을 묶는다. 변명은 늘 뻔하다. 장애인이 난폭하거나 비정상적인 행동을 보여 관리와 보호를 위해 어쩔 수 없었다는 것일 게다.

누가 나를 개줄로 하루를 묶어놓았다 상상하면 나는 묶였을 때, 그리고 풀려난 뒤 어떤 행동을 할까? 자기가 도와 줄 장애인으로부터 잠시 떨어져 지켜보던 안내견마저도 애가 타 몸부림치는데 같은 사람끼리 이럴 수 있다니 사람 사는 세상이 무서워진다.

2014년 9월 우리나라는 유엔장애인권리협약에 따라 장애인에 대한 문명적 정책을 운영하고 있는지 심사를 받는다. 그 민간보고서에 위의 내용이 실릴 것이다. '이 나라에서 장애인의 한 표는 소중해도 장애인은 전혀 소중하지 못하다.'

또한 장애인은 그 죽음마저 차별받는다. 세월호 참사 희생자를 위한 서울광장 합동분향소의 횡단보도 건너편 국가인권위원회 앞에 작고 초라한 분향소가 하나 차려져 있다. 활동보조서비스를 받지 못해 숙소에서 번진 불길을 피하지 못하고 생명을 잃은 고 송국현 씨의 분향소다. 서울광장 세월호 분향소 옆에 나란히 차려 조문객을 맞으려 했지만 경찰이 철거하겠다고 나서는 바람에 횡단보도를 건너가야 했다.

세월호 사고로 2014년 4월 20일 장애인의 날은 장애인 인권을 위한 큰 소리 한 번 외치지 못한 채 지나갔다. 시설에 가두고 줄로 묶고 그래도 밖으로 나와 '여기 사람이 있다'고 외치는 장애인이 있다면 그들을 맞이하는 건 경찰이 쏜 최루탄과 폭언이다. 차가운 대한민국이다.

보호기둥이 차별기둥으로, 우리의 볼라드

보행자 위협하는 거리의 흉기

볼라드bollard는 자동차가 인도人道에 들어오지 못하도록 막기 위해 차도와 인도 경계면에 세워 둔 구조물을 가리킨다. 이밖에 운반용 손수레나 유모차가 들어가지 못하도록 지하철, 백화점, 마트 등에 설치한 기둥 모양의 구조물도 볼라드라 부른다. 우리말로 바꾸자면 '보호기둥'이다. 볼라드의 기원은 배를 묶어 두기 위해 부두에 설치한 기둥이다.

우리나라에서는 2004년 '교통약자의 이동 편의 증진법 시행규칙'을 만들어 볼라드 설치기준을 밝혔다. 높이는 80~100센티미터 내외, 재질은 보행자가 부딪혀도 다치지 않도록 충격을 흡수할 수 있는 재료를 써야 한다.

볼라드의 간격은 휠체어가 다닐 수 있도록 1미터 50센티미터 이상 너비를 두어야 하고, 볼라드 전방 30센티미터에는 시각장애인이 알아차릴 수 있도록 점자형 블록을 설치해야 한다. 그러나 우리가 만나는 볼라드들은 돌이나 금속으로 만든 것이 많고 볼라드 앞에 점자형 블록을 두어 시각장애인을 보호하는 건 보기 드물 정도이다. 모두 위법한 볼라드들이다.

'보호기둥'이 '차별기둥'으로

대전에서 휠체어 장애인 최모 씨는 2009년 둔산동에 있는 한 대형마트에서 높이 40센티미터쯤 되는 대리석 말뚝이 마트 출입구를 빙 둘러 막고 있는 탓에 한참을 들어가지 못하다 시민들이 대리석으로 만들어진 무게 100킬로그램 가량의 볼라드를 밀어 길을 내준 덕에 겨우 들어갈 수 있었다.

대형마트들은 손수레, 쇼핑카트가 빠져나가지 못하도록 출입구를 볼라드로 막아놓고 있다. 주 출입로가 1미터 50센티미터 이상 열려 있다면 나머지 부분은 볼라드로 막아도 법에 저촉이 안 된다는 해석이다. 그러나 '장애인·노인·임산부 등의 편의증진 보장에 관한 법률' '소방법' '건축법' 등을 종합해 볼 때 대형마트의 볼라드는 여러 가지 문제점을 안고 있다.

첫째는 장애인 차별의 문제이다. 장애인도 비장애인과 마찬가지로 최단 거리로 이동할 수 있도록 해야 한다. 장애인이 멀리 돌아가거나 다른 출입구를 찾느라 헤매게 하는 것은 불평등의 조장이다.

그 다음은 장애인의 불편을 없애기 위해 도로 턱을 없애고 계단을 경사로로 바꾸는 마당에 진로를 막고 시각장애인의 사고위험을 높이는 것 역시 불평등의 조장이고 시대적 역행이다. 만약 화재 등의 재난이나 긴급한 사태가 발생할 경우에는 장애인의 신변이나 생명이 위험에 처할 수도 있다.

또 유모차의 통행을 방해하고 모든 고객을 잠재적인 손수레(카트) 절도 용의자로 간주하는 문제 등을 안고 있다. 재래시장을 고사시키며 손님을 빨아들이는 대형마트가 자기네 손수레를 지키기 위해 이런 장애물을 설치해도 되는 것인가? 아르바이트 직원을 고용해 친절하게 안내도 하고 손수레 유출도 얼마든지 막을 수 있는데 말이다.

이 사건으로 대전 지역 16개 장애인 단체가 참여한 볼라드 철거 공동연대가 결성됐고, 볼라드 철거운동으로 대형마트 2곳이 볼라드를 완전히 철거했다.

안산에서는 시각장애인 김모 씨가 길에 설치된 볼라드에 걸려 넘어지며 전치 10주의 부상을 입었다. 높이도 낮고 화강암으로 만들어져 위법한 구조물이었다. 안산시를 상대로 손해배상청구소송을 제기했으나 1심 판결은 패소했다. 장애인 단체 등이 항소를 해놓고 있는 중이다.

볼라드는 자동차로부터 교통 약자들을 보호한다는 취지인데, 가장 약자인 시각 장애인에게 이동권과 신체를 위협하는 도구가 되고 있는 것이다. 심지어 시각장애인용 보도블록 위에 설치된 볼라드가 송파구 횡단보도에서 발견되기도 했다. 복지사회로 가자며 안전하게 길 걷는 것마저 막아서면 어쩌자는 것인가?

십자가는 나무 기둥만이 아니다

길과 건물 입구에 세워진 기둥만이 볼라드는 아니다. 장애인과 우리 사회 약자들의 삶을 어렵고 아프게 만드는 모든 것이 볼라드이다. 충주 시각장애인 거주시설에선 시각장애 학생 12살 김모 양이 의자 등받이와 팔걸이 사이에 목이 낀 채로 숨진 채 발견됐다. 부모는 집근처에서 시각장애 딸을 교육시킬 곳을 찾지 못해 멀리 있는 합숙학교로 보냈다 딸을 잃고 말았다.

장애 이웃은 배움이 더욱 필요하고 배려를 받아야 하지만 교육제도와 예산은 대학입시만 바라보고 있다. 장애 학생들이 비장애 또래들과 함께 배울 수 있는 학교가 필요하고, 특수학교도 지역마다 더 세워야 한다.

최근에 장애인 시설에서 벌어진 인권침해를 고발하는 증언대회가 열렸다. 오랫동안 벌어져 온 법인의 비리와 인권침해를 직원들이 양심의 가책을 이기지 못해 고발하면서 실태가 드러났다. 그러나 양심선언 직원들은 즉시 해고됐다. 관련기관은 감사에 들어갔고 경찰은 수사에 들어갔다.

왜 미리 보호하지 못하는 걸까? 장애인 보호시설에서 벌어진 인권침해는 어떤 것일까? 증언에 따르면 소변을 많이 본다고 물을 안 주고, 묶고 때리고 목욕탕 욕조에 남녀 장애 어린이 23명을 한꺼번에 몰아넣고 20분 내로 목욕을 끝내라 윽박질렀다 한다. 사람들이 오가는 공개된 장소에서 중증장애인을 알몸인 채로 목욕을 시키기도 했다. 장애인이면 수치심이 없다고 생각한 것일까, 수치심을 배려해 줄 가치도 없다고 생각한 것일까?

때로는 정부의 장애인정책도 볼라드가 되고 만다. 지난해 10월 뇌병변 장애인이면서 장애인들을 위해 활동가로 일하던 김모 씨가 서울 행당동 원룸형 숙소에서 불이 나 119에 신고하고 빠져나오려 했으나 원격조종기로 문을 열지 못해 숨졌다. 밤시간 숙소에서 보살펴주는 활동보조인이 퇴근하고 3시간 뒤였다. 장애인 활동보조인제도는 예산을 줄이기 위해 24시간 도움이 필요한 사람에게도 축구경기처럼 타임아웃을 적용한다. 망가진 볼라드이다.

장애인의 30퍼센트가 하루하루 생계를 꾸리기조차 힘든 처지이다. 장애인 연금만이 그나마 이들이 기댈 수 있는 안전망이다. 새누리당은 새정부가 출범하면 장애인 연금을 기초연금화해 지급액을 현실에 맞게 대폭 인상하겠다고 공약했다. 이 공약 제대로 지켜야 한다. 공약을 던져놓고 지키지 않으면 그 공약 때문에 다른 복지혜택이 막힌 채 시행되지 않는다. 그것도 볼라드이다.

장애 이웃들이 가야할 곳에 가지 못하도록, 누려야 할 자유와 권리에 접근 못하도록 막아선 볼라드들은 사회 곳곳에 무수히 꽂혀 있다. 그리고 이런 볼라드에 관심 두지 않으면 우리 스스로도 망가진 볼라드로 굳어버릴지 모른다.

기후변화, 브레이크 밟을 때가 됐다

기후변화가 아니라 기후붕괴 수준

환경부가 '기후변화에 관한 정부 간 협의체^{IPCC}' 5차 보고서의 내용을 공개했다. 2014년 3월 일본 요코하마에서 38차 총회가 열리고 여기에 참석한 정부대표들이 논의하고 승인한 제5차 평가보고서이다. 이번 평가보고서 작성에는 약 6년간에 걸쳐 130여 개 나라에서 2,500여 명의 과학자가 참여했다.

'기후변화에 관한 정부 간 협의체^{IPCC}'는 1988년 유엔 세계기상기구와 유엔 환경계획이 지구의 기후변화 문제에 대처하기 위해 각국의 기상학자, 해양학자, 빙하 전문가, 경제학자 등 3천여 명의 전문가로 구성한 협의체이다.

세계 최고의 기후과학 집단으로 지구환경 보전을 위해 애써 온 이 단체는 2007년 노벨평화상을 수상했다. 특히 지구 온난화의 원인으로 지목되는 온실가스 문제에 주목해 2012년부터 온실가스를 본격적으로 줄여나가야 한다고 강조해 왔다. 문제는 기후변화협의체가 이전에 예상했던 것보다 온실가스 배출 정도가 3배는 더 빠르게 늘어나고 있고 이에 대한 대책활동은 예상보다 더디다는 것.

IPCC$^{Intergovernmental\ Panel\ on\ Climate\ Change}$는 7년마다 보고서를 제출하는데 올해 보고서는 2007년 4차 보고서보다 그 내용과 양에 있어 큰 차이를 보인다. 간단히 표현하자면 이번 보고서는 요약본에만 '위험'이란 단어가 230번 들어갔을 정도로 상황이 나빠졌다고 한다. 7년 전 발표된 보고서 요약본에는 '위험'이란 단어는 40번이었다.

지구의 기후시스템 문제는 요약하자면 기후변화로 가뭄이 심해지고, 폭우가 쏟아지고, 뜨거운 열파와 산불이 강해지고, 빙하와 빙상이 줄면서 영구동토층이 녹고 있다는 것이다. 이것은 기후변화가 아니라 기후붕괴로 불러야 한다는 주장이 설득력 있을 정도이다. 이런 지구의 기후붕괴가 영향을 미치면서 호수와 강이 말라붙고, 논밭이 황무지나 사막으로 변하고, 숲과 산도 줄어들고, 바다도 변하면서 어장의 생산성과 물고기의 종류가 감소한다는 것이다.

당연히 인류는 물 부족과 식량생산의 감소로 굶주림과 가난, 온갖 질병의 확산을 겪게 된다. 또 여러 차원에서의 불평등, 집단적인 폭력과 지역분쟁에 휘말려 빈민과 난민을 쏟아내게 된다.

7차 보고서의 가장 주목할 대목은 '바닷물이 육지로 올라오고 있는데 점점 빨라진다'는 것과 '지구의 평균기온도 계속 상승하고 있다'는 것. 이대로 계속 올라 평균기온이 2도만 높아져도 그로 인한 피해는 1천 500조 원이 될 거라는 추산이다. 대책마련과 실천이 지연될 경우 몇 십 년 안에 벌어질 일이다.

가장 풀기 어려운 문제는 폭풍, 해일, 연안의 홍수로 저지대나 섬나라 땅이 쓸려 내려가 살 터전이 사라지고 갈 곳이 없어지는 사람들이다. 2100년까지 수억 명의 이재민이 생겨나지만 머무를 땅도 없고, 식량도 부족하고, 전염병으로 죽어가고, 폭력사태나 내전이 벌어지겠지만 해결책은 찾기 어렵다. 모두 함께, 지구의 오염을 줄여나가는 것 외에 방법이 없다. 가장 기본적인 것은 탄소배출을 줄이는 것. 가솔린을 태우면 이산화탄소가 나온다. 가솔린 1리터를 태울 때마다 이산화탄소를 처리하는데

20센트 정도의 비용을 투입해야 한다는 게 전문가들의 견해이다.

문제는 美 보수정치인과 대기업 로비다

지구의 기후붕괴와 그에 따른 공동의 대처에서 가장 힘든 부분은 뭘까? 최강국이자 최대 오염원 발생국가인 미국의 보수정치와 대기업의 로비이다. 지구온난화에 대한 본격적인 대책 논의가 무르익을 무렵 미국 대통령은 조지 부시였다. 석유산업으로 돈을 번 사업가이자 자본가. 부통령 딕체니도 석유기업 출신. 백악관 환경위원회 담당 수석보좌관은 석유기업 로비스트 변호사출신인 필립 쿠니. 이들은 새로운 에너지정책 태스크포스 팀을 꾸리면서 환경단체 출신들을 완전 배제하고 개발과 석유에너지 중심정책으로 밀고 갔다. 반면 정부 간 기후변화협약의 의장을 맡아 지구온난화 위기를 부르짖던 로버트 왓슨 같은 인물들은 자리에서 물러났다. 오죽하면 지방정부 즉 주정부들이 부시의 연방정부를 상대로 환경보전과 이산화탄소 배출 감소를 위해 소송을 벌였을까. 그렇게 부시 집권 8년 간 지구촌의 기후대책은 진전이 더디다 못해 후퇴하기도 했다.

　2008년 4월 지구의 날 연설에서 부시는 '지금 온실가스를 당장 줄이려 하지 말고 2025년부터 온실가스 증가율을 줄여 나가자'고 천연덕스럽게 주장한다. 다수 언론과 여론은 '지구가 해물찜이 된 다음 온실가스 줄이자는 거냐'라며 맹공을 퍼부었다. 2008년 이 황당한 발언이 사람들의 경각심을 일깨웠는지는 몰라도 환경보전 쪽으로 여론이 기울기 시작했다.

　시작은 종교계였다. 유대인 공공정책위원회, 미국 가톨릭주교협의회가 나섰다. "미국은 자신만의 이득을 챙길 게 아니라 인류의 미래 이익에 기여할 대응책을 준비하고 주도해야 한다"고 선언한 것이다. 보수적인 개신교 복음주의협의회까지 동참해 하나님이 창조하신 세상의 타락을 막기 위해 과학과 종교가 협력해야 한다고 선언했다. 결국 정치권이 적극적으로 변하기 시작했다. 민주당의 오바마 대선 후보는 지구환경보전을 강하게 역설했고, 존 매케인 공화당 대선 후보마저 온실가스 감축을 지지했다.

결국 오바마 대통령이 당선돼 연방정부를 이끌어가고는 있지만 미국의 석유기업, 유정개발기업, 석탄기업에 시멘트, 철강, 석유화학 분야의 강한 로비와 여론 조성에 행보가 쉽지만은 않다. 그들의 로비를 받는 보수정치 그룹들도 역시 힘든 상대이다.

지구온난화 대책을 늦추며 흔히 내세우는 명분은 당장의 경제성장과 일자리의 감소이다. 물론 성장과 고용에 변수로 작용할 수는 있지만 문제는 선택과 결단의 순간이 코앞이라는 점이다. 인류의 건강하고 지속가능한 미래를 위해서는 지금도 늦었다. 본격적인 실천이 이뤄지고 초기의 결과가 나와 봐야 식량위기, 에너지위기, 경제위기, 기후위기를 균형을 맞추며 동시에 해결하는 새로운 길도 모색할 수 있다. 브레이크는 앗 하는 순간에 밟는 것이지 두루두루 따져보고 밟는 것이 아니지 않는가.

자살과 폭력, 문제는 해결하려는 정치적 의지이다

폭력에 신음하는 학교

4행시 경연대회에서 1위를 차지한 고교 1년생의 시 한 수를 보자.

> 학 – 학교는 폭력으로부터 학생을 지키고 싶지만
> 교 – 교실의 용기 없는 학생들은 침묵을 지킨다
> 폭 – 폭력이란 끝없는 절망의 시작을 끊을 수 있는 건
> 력 – 역시 우리 학생의 손길이다.

2014년 5월 경남 거제경찰서가 주최한 학교폭력 4행시 공모전의 수상작이다. 학교폭력으로 고민하던 학생이 스스로 목숨을 끊는 사건이 이어지고 학생이 교사를 폭행하는 등 학교가 신음하고 있다. 학생이 학생을 숨지게 하는 사건도 벌어지고 그것도 여학생 사회에서 벌어질 정도이니 학교폭력으로 인한 피해자가 얼마나 더 쏟아져 나올지 걱정이다.

자살은 개인의 정신적 문제이고 폭력은 개인의 윤리적 결함 때문이다. 과연 그것이 전부일까? 우리 모두는 그것만은 아니라고 여길 것이다. 비슷한 형태의 사건이 반복되며 전염병처럼 번진다면 그것은 사회구조적 원인이 있다는 반증이기 때문이다. 감기야 언제고 존재하지만 유행성 독감이 번지는 것은 다른 문제인 것과 같다. 그러니 사회적 · 환경적 원인이

나 위험요인을 찾아 차단하는 노력이 필요하다.

1등만 챙기는 세상이 수치심을 부른다

학교에서의 폭력과 자살은 교육제도와 사회환경, 가족 등이 얽혀있는 구조적 문제이다. 심성이 나쁜 아이들이 일탈행동으로 폭력을 행하고 약한 아이들이 숨지는 구조는 분명 아니다. 그렇다면 학교생활과 학교교육의 틀을 근본적으로 바꿔야 한다.

어린 나이부터 과도한 경쟁에 내몰리고, 교실에서 승자와 낙오자로 나뉘고, 학습을 즐기는 게 아니라 학습결과에 의해 서열이 정해진다. 우리나라는 세계에서 아이들이 가장 오래 공부하고 가장 공부를 싫어하는 나라가 되어 버렸다. 이런 교육현장은 폭력을 유발할 수밖에 없다.

자살과 폭력의 여러 요인 중 정신의학 전문가들은 수치심을 주목하기도 한다. 모욕이나 굴욕으로 인해 생기는 수치심은 누구나 겪고 싶지 않다. 그런데 의외로 수치심을 간파하지 못하고 놓친다. 그 이유는 수치심을 느낀 사람은 자신이 수치스럽다는 걸 어떻게든 숨기려 하기 때문이다.

수치를 느낀다는 것 자체가 수치스러우니 그렇다. 그리고 수치심 때문에 고통스러우면 그 수치심을 남에게 떠넘기고 대신 자신은 빠져나가고 싶어 한다. 나보다 더 약하고 못난 존재가 있다는 걸 보여서 자존감을 회복하려는 변칙적인 일탈행위이다.

일본에서는 '에타'와 '히닌'이라는 신분이 있었다 한다. '에타'는 더럽다는 뜻이고 '히닌'은 사람도 아니라는 뜻이다. 이것은 농민사회에서 번졌던 풍습이다. 농민보다 아래인 천민집단이 에타와 히닌이 된다. 무사계급에게 착취와 핍박을 받던 농민들이 자기들보다 더 아래 계급인 에타와 히닌이란 천민계급을 두고 그들을 괴롭히면서 대리만족했던 것이다.

자살 중에는 죄의식으로 자기가 자기를 꾸짖고 수치심을 못 이겨 저지르는 자살이 있다. 수치심을 남에게 떠넘기고 싶지만 자신의 죄의식은 그런 공격을 강하게 차단하고 끝내 자신에게 터뜨리는 것이다. 더 헝클어지면 남을 죽이고 자신도 목숨을 끊는 경우도 발생한다.

폭력해결의 방법 중 수치심을 증폭시키는 방법은 그래서 하수 중 하수이다. 학교에서 아이들에게 벌을 줄 때 수치심을 가하는 방법도 그래서 초기에 어느 정도 효과가 있을 수도 있다. 교사는 교무실로 데려가 훈육하려 하고 학생은 교무실만큼은 가지 않으려는 것도 그런 까닭일 것이다. 하지만 수치심이 과하게 가해지면 폭력을 유발하니 신중히 접근할 필요가 있다.

자살과 폭력, 문제는 해결하려는 정치적 의지

원인과 이유가 파악이 되는데 해결이 진척되지 않는 이유는 무엇일까? 사회구조적으로 너무 복잡하게 얽혀 풀기가 어려운 경우도 있다. 한편으로는 방법을 몰라서가 아니라 폭력을 발생시키는 제도와 문화를 바꿔야겠다는 정치적 의지가 부족하기 때문이기도 하다.

몇 가지 예를 들어보자. 술은 폐해가 대단하지만 합법이고 많이들 사마시라고 텔레비전 광고도 한다. 약물 중에서도 가장 중독성이 높은 것 중 하나여서 끊기 어렵고 몸에 해로운 것이 담배지만 합법이다. 미국은 총으로 학교에서조차 사람을 마구 죽이고 자살도 하지만 총을 만들어 팔도록 허가한다. 약한 사람이 강도나 폭력배로부터 스스로를 보호해야 한다는 이유이다.

뒤로는 미국총기협회가 정치권을 후원하고 정치권이 총기협회를 옹호한다는 정치적 이유가 있는 건 물론이다. 우리 사회도 최근 학생인권조례를 만들자는 데 대해 '학생이 교사를 팰 것이다'로 시작해 좌파교육감 우파교육감 논란이 일었다. 심지어 학생 동성애까지 거론되며 어른들이 정치적으로 법석을 피우지 않았던가.

미국의 제임스 길리건이라는 정신의학자는 하버드 의대 법정신의학연구소장으로 교도소 정신건강서비스를 감독하며 연구한 결과를 내놓았다. 교도소 수감자들이 자살하거나 폭력을 휘두르지 않고 출소해 사회에 100퍼센트 적응하는 엄청난 효과를 보인 프로그램이 있다고 한다. 그것은 교도소에서 공부해 학위를 따는 것이었다.

지역의 대학 교수들이 25~30년간 교도소에 자원봉사로 수감자들을 가르치고 학사·석사 과정을 이수하도록 했더니 메사추세츠 주 교도소에서 25년간 300여 명이 학위를 따고 나가 재범률 0을 기록했다고 한다. 30년으로 늘려 잡았더니 2명이 다시 잡혀 들어왔다. 재범률이 30년에 0.75퍼센트이다. 미국 재소자들의 재범률은 3년에 65퍼센트이니 30년에 0.75퍼센트면 1000분의 1에 육박하는 성공적인 수치이다.

물론 교도소 안에서 공부하겠다고 나선 사람들이면 이미 교육수준이나 정신적으로 다른 수감자와 다른 수준에 있기 때문에 이것을 감안하고 따져야 하지만 대단한 효과였던 것은 분명하다. 인디애나 주, 캘리포니아 주 등 곳곳에서 비슷한 효과가 나타난 것으로 전하고 있다.

사실 보스턴 대학 교수들이 25~30년간 교도소를 드나들며 자원봉사로 재소자를 가르친다는 사회시스템만으로도 경이롭다. 우리나라 서울의 명문대학이나 지역 국립대학들에서 이런 일이 가능할까? 미국은 교도소에 교수들을 보내는데 우리나라는 중고등학교에 경찰을 보내 해결하겠다고? 이 나라는 도대체 무엇을 하는가?

그러나 다음에 벌어진 일도 흥미롭다. 연구 결과를 받아 든 정치권에서 평범한 사람들은 대학 가기 힘들어 죽을 지경인데 죄 지은 사람은 교도소에서 공짜 밥 먹으며 일류대학 교수들에게 편히 배워 학사·석사 따는 게 말이 되느냐, 다들 교도소로 몰리면 어찌 되겠냐 논란이 일더니 확대는커

녕 하던 것도 없어졌다고 한다.

어느 것이 옳을까? 미국의 통계분석을 보면 1900년부터 2007년까지 살인율과 자살률은 함께 늘거나 함께 줄었다고 한다. 정신적·심리적 문제로 자기 스스로 목숨을 끊는 것과 범죄적 동기로 남을 죽게 만드는 것이 어떻게 함께 진행이 될까?

그것은 사회정책과 사회풍토가 자살과 폭력의 원인임을 보여주는 통계분석이다. 사람들을 강한 수치심과 모욕감에 노출시키는 제도와 정책들은 열패감과 열등감을 조장하며 타인을 무시하고 경멸하도록 부추긴다. 어떤 제도가 필요하고 어떤 제도가 고쳐져야 하는지는 누구나 생각해 보면 알 일이다. 문제는 그래서 정치적 의지인 것이다.

식탁 위의 정치, 식탁 위의 윤리

조리방법에도 신토불이가 있다

라면 스프에서 발암물질 벤조피렌이 검출됐다는 식약청 책임자의 발언으로 시끌벅적했다. 제조회사 측은 인체에 무해한 수준의 극히 미미한 양이라고 반박하고 나섰다. 그러면서 덧붙이는 말이 "고기 구워 먹을 때 발생되는 노출량이 라면의 노출량보다 1만 6천 배 더 높다"는 주장이다.

문제가 된 제품들은 유통과 소비가 빠른 라면의 특성을 감안하면 이미 다 끓여 먹었거나 진열대에서 내려졌을 것으로 보인다. 그러나 소비자는 소비자대로 불안하고, 대만과 홍콩의 한국 라면들이 수난을 당하고, 라면 업계 전체와 스프 재료인 가쓰오부시로 불똥이 튀고 있다.

벤조피렌은 육류를 굽거나 연기로 그을릴 때 발생한다. 라면의 1만 6천 배라는 수치의 신빙성 문제가 있지만 고기를 태우면 심하게 발생한다는 것은 분명해 보인다. 도대체 그런 걱정 다 하다보면 뭘 먹으라는 거냐는 사람도 있고 검게 탄 부분을 열심히 잘라내며 먹는 사람도 있다.

이것을 신토불이 차원에서 생각해 보자. 먹을거리의 문제가 아니라 먹는 방식에도 신토불이가 있다. 우리 조상들은 과식을 피하라고 충고해 왔다. 그리고 지나친 향료나 기름진 음식을 고량진미라 하여 삼가도록 했다. 음식이 곧 약이 되고 독이 된다는 생각에서 바이오 식탁을 생각한 것이다. 그런 전통 속에서 우리 음식조리문화는 푹 삶거나, 뜨거운 열로 고

거나, 증기로 찐다. 그리고 효모로 떠우는 방식이 많다. 조리방식 상 느림의 습식문화이다. 반면에 서구식 조리방법은 센 불로 빠르게 구워서 내놓거나 튀기거나 연기로 쐬우거나 태우는 방식이다. 속도를 빨리하는 건식문화다. 그러나 우리의 조리문화는 서구식 조리에 밀려났고 그 이후 우리 식탁에는 여러 부작용과 논란이 일었다.

먹는 것뿐이 아니다. 주거환경과 방식도 마찬가지. 1960년대까지 우리나라에는 흙집이 많았다. 그러나 새마을운동으로 흙집과 초가지붕이 낡고 가난한 것의 상징이 되면서 모두 허물어버리고 콘크리트집을 짓기 시작했다. 산과 들을 파헤치고 시멘트, 아스팔트로 덮어버렸다. 흙 없이 인간이 존재할 수 있을 것인가?

이렇게 우리는 우리 스스로 파괴한 환경과 우리가 저버린 전통방식으로 인해 환경의 역습을 받고 있다. 실내공기, 새집증후군, 향수알레르기……. 이것들은 우리가 수많은 화학물질에 늘 노출되어 살면서 그것들이 몸속에 축적될 경우 발생하는 화학물질과민증이다. 증상은 두통, 매스꺼움, 알레르기 등 수많다.

세상의 과학기술들은 돈벌이 또는 힘을 목표로 개발된다. 그러다 부작용이 커지면 그때서야 인간을 생각한다. 인간을 위해 개발된 기술도 돈벌이와 힘을 위해 쓰이면서 인간을 다시 위협한다. 전쟁은 중요한 원인 중하나이다. 전쟁으로, 전쟁 후의 가난으로 아빠 엄마 모두 집을 비워야 하니 아이들을 위해 빠르고 쉽게 만들 수 있는 음식이 필요해졌다. 냉동햄버거, 냉동감자칩이 나오고 적군 비행기를 탐지하는 레이더라는 전쟁기술을 빌려다 전자레인지를 개발했다. 그 외에도 항공모함에서 전투기를 덮어씌워 소금기와 습기로부터 보호하던 비닐물질은 식품포장용 랩이 되었고, 원자폭탄을 만들던 원자로를 포장하던 테프론은 프라이팬 코팅물질이 되기도 했다.

현대 식품의 기원, 전투식량

먹을거리 이야기로 다시 돌아와보자. 고기를 훈연하고 조리해 만드는 것이 햄이고 햄은 깡통 속으로 들어가 보급됐다. 이것 한 통에 들어있는 지방과 나트륨은 어른 하루 섭취량의 3분의 1이나 된다. 자주 먹으면 당연히 혈압이 오르고 비만에 걸린다. 왜 이런 걸 만들어냈을까? 전쟁용으로 만든 것이다. 전투식량이니 칼로리도 높아야 하고 오래 보존할 수 있게 화학물질로 처리해야 했다. 여기에 쓰여 온 합성첨가물은 합성아질산나트륨과 합성착색료, 합성착향료, 합성보존료, 전분, 에리쏘르빈산나트륨 등이었다(물론 최근에는 이것들을 상당수 뺀 제품도 등장했음을 밝혀둔다).

현대사에서 전쟁을 많이 치른 나라가 이런 음식들을 발전시켜나가는 것은 당연하다. 미국이 대표적인 예다. 미국 국내에서 팔리던 콜라가 전쟁터로 갔다. 유럽 전선에서 전쟁을 치르는 미군병사는 번거롭게도 물을 정수해 마셔야 했다. 그것도 급히 약으로 정수한 물을 마시면 그 맛은 수영장 물을 퍼마시는 것과 비슷하다. 그러니 치열한 전투 후 살아남아 쭉 들이켜는 물보다 값싼 콜라 한 잔의 맛이 얼마나 기가 막히겠는가. 미국의 콜라는 그렇게 전쟁터로 갔고 전쟁 중 전 세계에 퍼졌다. 그리고 오렌지주스도 전쟁을 위해 개발된 식품이다. 오렌지즙을 가루로 만들어 분말주스로 만들었다가, 다시 농축액주스가 되고, 요즘은 생 오렌지주스로 발전했다. 공정과정에서 손실된 맛을 보충하고 유통기간을 늘리기 위해 감미료, 보존료 등 여러 가지 물질을 섞어 만들었다. 냉동감자튀김은 뜨거운 기름이 물 분자를 증발시키면서 그 물이 있던 자리에 기름이 배어들어가 맛이 좋아지는 것인데 이 튀김 기술은 후에 라면으로 이어진다.

식탁은 정치이자 윤리이다

전쟁을 위해 발전한 식량기술은 전투만을 목표로 한다. 새로운 방부제,

첨가물, 향료, 색소를 마구 쏟아부어 만드는 것은 당연했다. 이런 식품과 식품기술들은 전쟁을 통해 전 세계에 퍼져나갔다. 햄버거 · 냉동피자 · 감자칩 등 튀기고 굽는 방식의 패스트푸드들은 그렇게 아시아 아프리카로 퍼져나가며 그 나라 전통방식의 건강한 음식들을 소멸시켰다.

전쟁 후에도 현대인이 바쁘다며 자꾸 재촉하고 귀찮은 걸 싫어하니까 식품회사들은 패스트푸드, 냉동식품을 개발해 내놓았다. 그 안에는 화학물질이 들어갈 수밖에 없고 거기에 맛을 더하려면 튀기고 구워야 하는 악순환이다. 어떤 물질이 얼마나 해롭고 어느 선까지 인체에 해를 끼치지 않는가에 대해서 연구하고 규제하는 것도 중요하지만 다른 과제도 있다. 10년, 20년 꾸준히 그 물질들을 섭취할 경우 그 물질이 사람 몸속에 쌓이면서 벌어지는 현상과 그 물질들끼리 만나 결합할 경우 생기는 현상에 대해서도 연구가 필요하다.

무엇보다 위험한 물질에 의존하는 우리의 삶의 방식을 바꿔야 하는 것은 우리 각자의 몫이다. 그런데 사람들은 이익과 편리만 따진다. 이익과 편리를 위해 사람 몸에 화학물질을 섞는 것이다. 그리고 그런 물질로 가득한 공장에서 일하다 노동자는 병을 얻는다. 이런 비극에서 벗어나는 길은 '식탁이 정치외교이며 윤리의 문제'라는 인식이 우리 사회에 보편적으로 통용될 때 찾을 수 있을 것이다.

젊은 노인, 끈질긴 청춘이 정치를 바꾼다

투표장의 실버 파워

미국을 중심으로 세계 경기가 조금씩 풀리는 기색이다. 물론 아직 소비자들의 지갑은 쉽게 열리지 않는다. 부채에 시달리는 서민들의 아우성도 어디에서나 높다. 기업들은 50대 이상의 베이비부머 세대를 주목하며 전략을 짜고 있다. 특히 경제권을 쥔 여성들이 강력한 소비층이다.

우리 사회는 '고령화 사회(65세 이상 인구가 총인구의 7퍼센트 이상을 차지하는 사회)'에 진입했다. 당연히 노인우대정책이 쟁점이 되고 핵심정책이 되어간다. 18대 대선에서 후보들이 내세운 공약만 봐도 대단한 규모다. 박근혜 대통령이 후보로서 내건 공약들은 방향을 제대로 잡았다. '실버 세대'와 '여성'을 핵심 공략층으로 삼고 있다. 그 결과 '5060세대'로부터 몰표를 받아 당선에 이르렀다는 분석이다. 당시 50대 투표율은 82.0퍼센트로 가장 높았고, 60대가 80.9퍼센트로 2위였다. 박근혜 대통령은 후보 공약을 내놓으며 "어르신들이 이 가난한 나라를 (선진국으로) 만드는 데 고생을 많이 했고, 돌아가시기 전에 우리가 사회적으로 보답할 도덕적 의무가 있다"고 말했다. 제대로 공약을 지켰는지 판단은 생략하자. 어쨌거나 이번 지방선거에서는 50세 이상 유권자가 42퍼센트 안팎에 이를 테니 정당마다 노인 유권자에게 매달릴 것이고 실버 파워는 더욱 강력해질 것이다. 만약 청년이 노인에게 떠밀려 정책에서 대우받지 못한다고 여긴다면 투표장으로 나오는 것 외에는 방법이 없다.

미국의 회색거인, 전미퇴직자협회

미국도 우리와 마찬가지로 20대 청년층의 투표율이 낮은 것이 특징이다. 오바마는 2008년 "우리는 각자가 아니고 '우리'이다"라며 젊은이들의 가슴을 뛰게 만들었고 투표장으로 가게 만들었다. 오바마는 압승을 거뒀다.

그로부터 2년 뒤 벌어진 중간선거에서 오바마의 민주당은 참패했다. 왜 그랬을까? 정치보다 당장 먹고 사는 게 힘들어진 청년들이 투표장에 가질 않은 것이다. 왜 가지 않았을까? 오바마 정부가 계속해 전쟁에 국가재정을 쓰면서 교육예산은 늘지 않았고 청년실업은 해결되지 않아 청년들의 삶이 고단해지며 실망했기 때문이다. '역시 정치인들은 젊은이들 편이 아니야' 라는 자괴감이 젊은이들을 덮어버렸다.

젊은이 편이 아니면 노인 편이다. 왜 노인들 편을 들까? 힘이 세니 그렇다. 얼마나 힘이 센가? 미국의 《포춘Forture》지가 미국의 권력자 서열을 꼽았는데 거기서 2위는 전미퇴직자협회AARP의 사무총장이다. 직장을 그만둔 나이 50세 이상의 고령자가 가입하는 미국퇴직자협회는 회원 수가 거의 4천만 명에 이른다.

미국 최대의 이익단체이다. 별명이 '미국의 회색거인'이다. 미국의 정치인들 누구도 퇴직자협회를 무시하지 못한다. 퇴직자협회는 막대한 재정을 바탕으로 로비스트를 고용해 미국의 정책을 움직인다. 절대 노인에게 불리한 법이나 정책이 만들어지지 못한다.

살아있는 한 정년은 없다

미국에서는 나이가 얼마 이상 되었으니 직장에서 나가라는 정년퇴직 규정은 법에 어긋난다. 일부 직종에만 정년퇴직이 허용된다. 공식적인 정년퇴직이 없으니 직장인 평균퇴직연령이 65.8세이다.

유럽은 61.8세이고 우리나라는 53세이다. 미국에서는 공식적인 정년퇴직이 없다. 간호사라는 직업을 예로 들면 평균 연령은 45~50세라고 알려져 있다. 60세 넘어 간호학을 공부해 취업하는 사람도 있을 정도. 병원도 싫어하지 않는다. 숙련된 간호사들이 모자라기 때문이다.

누가 노인들의 정년을 없애버렸을까? 바로 미국퇴직자협회이다. 퇴직자협회는 1978년 〈고용에 있어서 연령차별금지법〉을 뜯어고쳐 '살아있는 한 정년은 없다'로 바꿔 버렸다.

"네 시작은 미약하나 나중은 창대하리라"

1958년 고등학교에서 아이들을 가르치다 퇴직한 여교사가 건강보험에 문제가 있다는 생각을 했다. 모든 국민이 가입해 조금씩 부담하고 혜택을 누리는 공적의료보험이 없다는 게 퇴직 후의 삶을 어렵게 만들고 있는 것이었다. 결국 민간보험을 들어야하는데 민간보험은 비싸고 혜택도 광범위하지 않았다. 그래서 '퇴직자건강보험조합을 만듭시다'라며 사람들을 모은 것이 협회의 시작이다.

건강보험조합을 만들기 위해 모인 퇴직자들은 일자리를 떠난 고령자에 대해 사회가 어떤 편견을 갖고 있고 어떻게 차별하는지 인식하게 됐다. 또한 그런 문제들에 대해 어떤 문제제기도 하지 않고 자포자기 상태로 지내 온 자신들에 대해 반성도 했다.

건강보험사업은 성공적이었다. 개인이 민간보험을 들면 보험료가 비싸지만 공동으로 가입하면 보험료는 내려가고 혜택은 늘어난다. 회원들은 모여들었고, 대규모 회원이 모여들자 금융기관들이 자기네와 하자고 손을 내밀었다. 퇴직자협회는 고령자 여행사업을 추가했다. 이것 역시 대규모 인원이 고객인 만큼 여행사들이 투어비용을 낮춘 질 좋은 여행상품들을 들고 찾아왔다. 다양한 노인우대 서비스사업이 확대되어 갔고 회원은 늘어갔다.

1987년 2천 600만 명, 2003년 3천 600만 명……. 미국인구의 13퍼센트에 해당하는 규모이다. 이제는 직원이 1천 800명, 자원봉사자가 20만 명이다. 1년에 우리 돈으로 2만 원 정도의 회비만 내면 된다. 건강이나 세금문제, 재산관리, 주택, 취업알선 등 언제든 상담해 준다. 그리고 값싸고 좋은 상품이 실린 회원용 잡지(《모던 매추어리티》《워킹에이지》)와 뉴스레터가 배달된다.

상품정보가 실린 2개의 회보는 발행부수가 2천 200만, 뉴스레터는 4천만이다. 내용이 푸짐하고 알차니 미국인들은 이 회보들을 늘 뒤적인다. 기업들은 이 회보에 광고를 실으려고 애쓴다. 그래서 광고 수익은 연 7천만 달러에 이른다. 사업 매출액은 300억 달러 정도이다. 협회는 정치활동에 연간 예산의 10퍼센트를 사용한다.

정치토론모임을 통해 정부정책을 비판하고 퇴직자에게 유리하도록 정치권에 압력 넣는 것이 주된 정치활동이다. 지역별로 나눠 주의회, 하원, 상원을 압박하고 로비스트를 고용해 활동한다. 선거가 다가오면 회원들에게 관심 가는 공약들을 묻고 정리해서 후보자들과 인터뷰를 가진 뒤 회보에 싣는다. 노인들의 삶과 권리에 관한 내용들이라 신뢰와 집중도가 TV토론보다 높다. 선거 후에도 공약의 실천 경과와 결과가 추적취재를 통해 회보에 계속 실린다. 이것으로 노인들은 정치화 과정을 밟고 있는 것이고 선거 때면 뭉쳐 힘을 발휘하는 것이다.

구경꾼에겐 그들만의 역사가 없다

뭉쳐서 거리로 쏟아져 나오면 힘이 된다. 조직력으로 뭉쳐도 정치적 힘을 갖는다. 불타는 청춘들만 혁명을 일으키는 게 아니고 젊은 노인들이 뭉쳐도 혁명이 가능하다. 그런데 왜 미국 정치인들은 불타는 청춘들에게 집중하지 않고 냉정한 노인들에게 집중했을까?

다시 강조하지만 그것은 바로 투표 때문이다. 젊은이들은 거리로 뛰쳐나가 외친 결과가 바로 나오지 않으면 포기하고 중단하는 경향이 강하다. 불신과 자괴감, 냉소주의가 빨리 번진다. 젊으니까 기회가 많아서일까? 그러나 노인들은 포기하지 않는다. 끈질기게 관심을 갖고 투표를 한다. 그렇게 '은발의 거인'이 된다.

여기서 한 가지 짚고 넘어갈 것이 있다. 정치적 시각을 남녀노소의 구분에서 넓히기를 권하고 싶다는 것이다. 반값 등록금은 20대를 위한 정책이고 기초연금은 노인우대정책이라고 여기는 건 적확하지 않다. 등록금이 내리면 대학생 자녀를 둔 50대 60대에게도 짐을 더는 좋은 소식이다. 기초연금제도는 지금의 40대 50대에게는 곧 만나게 될 제도이다. 노년층 일자리가 늘어나도 노인을 필요로 하는 직종과 청년을 원하는 직종은 크게 겹치지 않기에 청년 일자리를 빼앗는다고만 울상 지을 일은 아니다.

그렇다면 남은 문제는 뭘까? 그것은 약속하고도 지키지 않고, 약속을 지키지 않아도 유권자로부터 응징되지 않는다는 불편한 사실이다.

세습 공화국, 돈과 지배 권력의 사회학

왜 우리에게는 졸부들이 많을까?

재벌가 어린 자녀들이 속속 억대 부자로 등극하고 있다는 소식이 어린이 날 특집 기사로 전해졌다. 재벌·준재벌 부자의 대물림이 3대, 4대로 이어지고 있음을 보여준다. 재산 물려받은 어린이야 행복할지 모르지만 거기에 얽힌 우리 사회의 그늘들을 들여다보면 심각한 문제가 얽혀있다.

빈부격차와 불평등이야 어느 나라나 있다. 미국, 스웨덴만 해도 계층 간 소유자산의 쏠림과 불균형은 우리보다 심하다. 그런데 왜 우리는 더 답답하고 속이 부글거릴까?

그것은 땀 흘리지 않고 부자가 된 비율이 상대적으로 훨씬 높아서이다. 미국의 400대 부호 중 70퍼센트는 스스로 돈을 번 자수성가형 부자다. 우리는 어떨까? 개인재산 1조 원을 넘는 부자 25명 중 19명이 재벌가 후손들이다. 세습 부자인 것이다.

워렌 버핏이 재산의 대부분인 370억 달러(당시로 44조원)을 자선재단에 기증했을 때, 그 아들 피터 버핏은 "그렇게 많은 돈을 자식에게 물려주는 건 미친 짓이죠"라고 무덤덤한 반응을 보였다.

피터 버핏은 혼자 힘으로 공부해 음악가가 됐고, 자서전에서 아버지의 생각을 이렇게 전한다.

"아버지는 아무 대가 없이 부를 물려주는 건 젊은이의 열망과 열정을 고갈시키며 자신의 길을 찾지 못하도록 가로막는 부적절한 선물이라 여겼다."

일제강점과 한국전쟁으로 지배계급 상류층이 무너지면서 다들 그 자리를 노리며 뛰었다. 발 빠르고 눈치 빠른 사람들이 정치·사회·경제계에서 새롭게 우리 사회의 주류세력이 되었다. 오랜 노력과 정당한 노력 끝에 부자다운 부자가 형성되는 과정이 생략된 것이다.

가족 내에 일제 지배와 전쟁을 겪은 할아버지, 독재와 산업화를 겪은 아버지, 외환위기를 겪은 아들·딸이 함께 모여 있다. 서구의 수백 년 근대화 과정을 수십 년에 압축하다보니 '시민 민주주의'와 '가진 자의 사회적 책임의식'을 가르치고 배우고 체득할 기회가 없었다.

거기에다 식민지, 전쟁, 권위주의 통치 등으로 사회가 혼란스러워 정직하게 땀 흘린 만큼 성공한다는 기회의 평등이 자리 잡지 못했다. 결국 가족의 유대감과 단결력이 커지고 가족에 의지하는 것이 유리하니 가족끼리 챙기고 지키고 물려주려는 성향도 강해진다.

세습되는 건 돈이 아니라 지배 권력

그런데 세습이 그저 재산에서만 이뤄진다고 여기면 큰 오산이다. 대기업 직원도 신분계급이 엄연하다. 오너의 자식이면 당연히 성골이고, 임원이나 대주주 같은 외부 유력인사의 자식이면 진골쯤 된다. 당연히 해외유학, 연수, 승진과 보직에서 차이가 난다. '현대판 음서제도'인 '임원 자녀 우대 프로그램'이라는 것이 대기업 그룹 내에 엄연히 존재한다. 장기근속자 자녀에게 가산점을 주자고 정규직 노조도 동의하는 세상이다.

의사면 다 의사가 아니다. 부모나 처가가 병원 하나 차려 준 유복한 의

사가 있는가하면 병원 월세와 입주관리비 내는 것도 빠듯한 가난한 의사도 있다. 로스쿨 졸업하고 간다는 로펌도 마찬가지이다. 대기업 자제나 유력인사들의 자제를 가려 뽑는다고 한다.

한국개발연구원^{KDI}의 연구 결과를 보면, 부모의 월 소득이 100만 원 많으면 대학수학능력시험 영어 점수 백분위가 2.9단계 올라간다. 자녀의 토익 점수가 16점 높은 것으로 나타났다. 결국 재산의 세습은 신분의 세습이고 우리 사회 모든 기득권세력의 특권세습체제를 구축하는 기반인 것이다.

넘쳐 흐르는 인간의 욕망은 심지어 종교계에서도 발견된다. 교회의 자산이 커지자 '내가 목회했으니 내 교회'라며 아들에게 세습하는 말도 안 되는 모습을 보면, 우리 사회의 세습 문제에 교회도 책임이 있다는 생각이 든다. 우리 사회가 정녕 못난 세습들에 대해 눈감고 면죄부를 주는 그런 사회여야 할까?

노력해 봤자 소용없다… 절망의 사회

통계청 조사에서 '일생 동안 노력하면 본인의 사회·경제적 지위가 높아질 가능성이 있느냐'고 물었더니 국민 10명 중 6명(58.8퍼센트)이 "가능성이 낮다"고 답했다. "가능성이 높다"고 답한 사람은 28.8퍼센트였다. 그렇다면 자녀 세대에 대해선 어찌 생각하고 있을까? "자녀 세대의 계층 상승 가능성이 낮다"는 답변이 42.9퍼센트였고, "가능성이 높다"는 답변은 41.7퍼센트였다.

노력해 봤자 소용없고 내 자식까지도 소용없다고 느끼는 사람이 점점 늘어 70퍼센트, 80퍼센트가 된다면 우리 사회는 어떤 모습이 될까? 불평등이 깊고 양극화된 사회에서 미래에 대한 희망 없이 사는 사람이 늘어난다면 경멸과 분노가 커질 것은 분명하다.

한 가지 놓치지 말아야 할 것은 사실 기업과 권력은 자기들 것이 아니라는 사실이다. 삼성 이건희 회장 일가의 삼성 지분율은 0.95퍼센트이다. 다른 대기업집단도 재벌 총수 일가의 지분은 4~5퍼센트 수준이다. 몇 퍼센트의 지분을 가지고 계열사를 지렛대로 이용해 기업 전체를 움직이는 것이다. 그러던 기업 그룹이 망한다 해도 거리로 나앉는 건 노동자이지 총수와 임원 가족은 아니다.

인간이 드러내는 욕망 중에 정복이 있고 독점이 있다. 그러나 인간은 유한한 존재이다. 주체하기 어려울 만큼 가지면 멈춰야 하고, 늙으면 일을 접고 물러나 쉬어야 한다. 권력과 재산이 자기 대에서 끝난다면 그리할 가능성은 높다. 그러나 권력과 재산을 자손 대대로 물려줄 것으로 여긴다면 욕망은 쉬거나 멈춰야 할 한계선이 사라진다. 사회가 세습의 욕망을 누르고 접게 만들어야 욕망도 멈추고 사회가 평등한 세상으로 나아갈 수 있다. 또한 그 욕망의 뿌리를 뽑거나 잘라줘야 할 책임은 우선 정부에 있다. 법과 제도로 세습을 강하게 통제해야 사회에서 얻은 부가 사회로 환원될 것이다.

명예박사는 명예롭지 않다?

명예박사의 수여 기준은 '사회 공헌도'

미국의 유명 방송진행자 오프라 윈프리(59세)가 하버드 대학교로부터 2013년 여름 명예법학박사 학위를 받았다. 그녀는 가난과 폭력을 극복하고 오늘에 이르렀다. 또 사재를 털어 자선재단을 만들고 전 세계 여성과 어린이 교육을 후원하고 있다. 모두가 그녀의 명예박사 학위를 축하하는 분위기.

네팔 출신 전설의 산사나이 아파 셰르파(53세)도 미국 대학에서 명예박사 학위를 받아 화제가 됐다. 12살부터 짐꾼으로 히말라야를 오르내린 아파는 등산가보다 먼저 산을 올라 밧줄을 깔아주고 짐을 날라주는 셰르파 일 외에 히말라야에서 숨진 사람들의 시신을 찾아 거두고 히말라야에 버려진 등산쓰레기를 수거하며 에베레스트를 21번 올랐다. 지금은 미국으로 이민 가 청소부로 일하며 비영리법인을 만들어 고국 네팔 어린이 교육을 후원하고 있다.

명예박사, 시류 따라 권력 따라

명예박사란 '학술이나 문화, 기타 부문에서 뛰어난 공적을 남겼거나 인류 문화 향상에 특별히 이바지한 사람에게 학위 논문에 관계없이 주는 박사 학위'이다. 우리나라 명예박사의 역사를 살펴보자.

우리나라 첫 번째 명예박사는 1948년 8월 서울대에서 명예법학박사 학위를 받은 맥아더 장군이다. 당시에는 주로 미국인들이 많이 받았다. 해방 직후에는 미국과 가까운 것이 성공의 발판이니 대학들이 신경을 썼지 싶다.

권위주의 정권 시대에는 정치인들이 많이 받았고 최근에는 경제인들이 많이 받는 추세이다. 1994년까지는 교육부 승인 아래 수여했지만 지금은 올해 몇 명에게 준다는 숫자만 통보할 뿐 대학들 마음대로 준다.

서울신문 집계에 따르면 해방 후 2004년 초까지 명예박사 1,421명 중 1,155명(81.3퍼센트)이 정관계 인사로 나타났다. 특히 정권이 바뀔 때 대통령 측근과 고위 요직을 차지한 실세들에게 박사 학위가 대거 주어지는 것을 알 수 있다.

이명박 정권이 출범하면서 명예박사 학위를 받은 사람들을 보면 박근혜 대통령을 포함해 김형오, 이재오, 홍준표, 강재섭, 안경률, 정의화, 정몽준, 최경환, 정해걸, 이종혁 의원 등이 줄줄이 박사가 되었다.

역대 대통령들도 모두 명예박사들이다. 윤보선 전 대통령은 법학명예박사 학위가 2개. 최규하 전 대통령은 법학·문학에서, 전두환 전 대통령은 정치학, 노태우 전 대통령은 정치학·법학, 김영삼 전 대통령은 정치학·철학·법학, 김대중 전 대통령은 민주화투쟁과 노벨상 수상으로 국내외 대학으로부터 무려 16개의 명예박사 학위가 주어졌다.

노무현 전 대통령은 정치학 박사학위가 3개. 이명박 대통령도 '명박 사랑'이라고 별칭이 붙을 만큼 여러 개 갖고 있다. 한국체육대학 명예이학박사를 시작으로 경제, 정치, 외교, 행정학에서 8개의 명예박사 학위를 갖고 있다. 가장 획기적인 것은 아디스아바바대학교 환경학 명예박사 학위.

박근혜 대통령도 4개를 갖고 있다. 이승만 전 대통령은 프린스턴대학교 국제정치학 박사이다. 명예박사 아닌 일반박사 학위. 박정희 전 대통령은 박사학위를 거절했다. 대통령이 일 열심히 하면 되는 거지 무슨 박사학위가 필요하냐는 것이 답변이었다고. 최고통치자로서 권력의 정점에서 별 의미를 두지 않은 듯하다.

정치인들의 명예박사 학위에 얽힌 사연들도 흥미롭다. 김영삼 전 대통령은 원불교에 원음방송을 허가해준 데 감사하다며 원광대가 명예정치학박사를 수여했다.

원광대는 김영삼, 김대중, 노무현 세 대통령에게 모두 학위를 수여한 특이한 경력(?). 영산대는 홍준표 경남지사 의원시절에 명예부동산학 박사학위를 수여했다. 반값아파트제도를 추진한 공로이다. 그런데 경남지사가 되어 그 지역으로 갔으니 영산대의 선견지명이다. 카이스트도 박근혜 대통령이 대선 유력후보이던 시절 명예이학박사 학위를 수여해 속보인다는 구설수에 올랐다.

최근에는 대학에 큰 건물을 지어주거나 기부금을 낸 기업인들에게 박사학위 수여가 많다. 정주영 회장은 서강대에서, 이건희 회장은 고려대에서 그밖에 여러 대기업과 금융계 CEO들에게 명예박사 학위가 주어졌다.

호서대는 카터 전 미국 대통령에게 주었는데 2002년 카터 대통령이 노벨상을 타자 우리 대학 동문이 노벨상을 탔다고 홍보해 눈길을 끌었다. 한남대는 육해공군 참모총장, 언론사 대표, 외국대 총장 등에게 배려를 했고 대전대는 대전시장, 건설사 회장, 재향군인회장, 안마원 원장까지 두루 명예학위를 주었다.

그 뿐이랴 어떤 지역에서는 교육감이 선거자금을 빌려 쓰고 대가로 명예박사 학위를 알선하기도 하는 등 명예박사 학위는 그다지 명예스럽지 않은 감투로 전락해가고 있다. 국회 국정감사에서 드러난 통계를 보면 2008~2012년 국내 대학 명예박사 학위 수여는 907명에 이른다.

역시 정치인, 해당 지역 지방자치단체장, 기금을 지원한 재계 인사들이 대다수이다. 대학마다 사익을 추구하는 수단으로 명예박사 학위를 남발하며 학위 장사를 한다는 것을 부인할 수 없을 것이다.

박사 학위도 뇌물이 된다

미국의 MIT, 코넬, 버지니아 대학은 논란의 소지가 없도록 명예박사 학위를 수여하지 않는 것을 원칙으로 하고 있다. 2009년 애리조나 주립대도 명예박사 학위와 관련해 화제가 됐다. 애리조나 대학교는 오바마 대통령을 졸업식에 참석해 연설을 해주도록 부탁했다.

이 정도면 당연히 명예박사 학위 정도는 내줄 법도 한데 애리조나 주립대학교는 오바마 대통령에게 명예박사 학위를 수여하지 않았다. 이유는 이제 대통령 임기를 겨우 시작했으니 뚜렷한 업적이 없고 잘 하는지 두고 봐야 한다는 것. 이에 대해 오바마 대통령은 그것이 마땅하다는 입장을 밝혔다.

프랑스는 명예박사를 해당 학교가 아닌 국가의 명예처럼 여기고 명예박사 학위라도 학문적 성과가 없으면 수여 대상이 되지 못한다. 부패가 적어 청정국가로 불리는 핀란드는 공직자에 대한 명예박사 학위 수여는 뇌물로 간주한다.

명예란 강물과 같다 한다. 가볍고 속이 빈 인간은 위로 떠워 남들 눈에 띄게 하고 무겁고 충실한 인간은 바닥에 가라앉혀 놓는다는 옛 교훈이다. 결국 쉽게 딴 명예박사 학위를 이름 위에 떠우는 행위부터가 경박함의 표식이 되어 버릴 수 있는 것이다. 명예란 법과 절차의 상위에 있다. 법대로 절차대로 명예박사 학위가 주어지고 명성이 주어진다 해도 명예롭지 못하면 거절하는 것이 명예를 아는 이의 행동일 것이다.

대한민국에선 1원이면 뭐든 산다?

구부러진 한국 경제를 말하다

대한민국에선 1원이면 뭐든 산다?

1원 거래를 둘러싼 위법 논란

1원으로 할 수 있는 일이 무얼까? 10원이라 해도 할 수 있는 일은 별로 없어 보인다. 1원이면 새우깡이 0.08그램, 우유로는 0.4밀리리터, 택시로는 두 바퀴도 채 못 간다. 그러나 1원이라 새겨진 뒷면을 보면 그곳에는 장엄하게도 무궁화가 새겨져 있다.

1원 또는 1달러라는 동전 한 닢이 전혀 다른 의미에서 엄청난 거액을 대신하는 경우도 있다. 1978년 리 아이어코카는 파산 직전의 크라이슬러 CEO 자리에 오르며 '연봉 1달러만 받겠다'고 선언했다. 구조조정을 단행하기 위한 고육책이었다. 그 후 애플의 스티브 잡스, 드림웍스의 제프리 카젠버그, 구글의 래리 페이지, 포드의 빌 포드 등 내로라하는 CEO들이 '1달러 클럽'에 가입했고 우리나라에서도 1998년 김정태 주택은행장이나 박상구 금호산업 대표도 취임하며 '월급 1원'을 선언했었다. 물론 먹고 살 만한 사람들이었으니 그랬을 것이다. 애플에서 1달러씩만 받다 사망한 잡스는 유산만 100억 달러에 이르렀다. 김정태 씨도 월급 대신 받은 거액의 스톡옵션이 있었다. 사익이 아니라 회사를 발전시키는 데 기여하겠다는 결의의 상징이고 그런 결의에 직원들은 고무되어 동참한다.

봉급만 1원과 1달러가 있는 게 아니고 입찰·낙찰에도 1원과 1달러가 있다. 우리나라에서는 제약업계가 국공립병원에 약품을 납품하면서 1

원에 낙찰받아 시끄러웠다. 국공립병원의 1원 낙찰은 관행으로 굳어져 2009년 48건에서 2012년 1560건으로 마구 늘고 있음이 확인됐다. 1원에 낙찰을 받아 약품을 공급하면 뭐가 남을까? 의약계나 의료계에선 대형병원이 '약국에 가서 이 약을 사시오'라고 원외처방을 써주는 걸로 손해를 메운다고 설명한다. 제약업계, 유통업계, 대형병원 거래 당사자들이 모두 알고 이용해 온 것이다. 그런데 더 이상은 곤란하다며 제약회사들의 모임인 제약협회가 의약품 1원 공급을 가로막았다. 그러자 공정거래위원회가 엄연히 공개경쟁입찰에서 1원에 낙찰된 걸 협회가 가로막는 건 공정거래법 위반이라고 또 협회를 막아서고 있다.

국공립병원 입장에서는 1원 낙찰로 병원 수지를 개선하면 인센티브가 돌아온다. 싸게 사가라는 도매상이 있는데 기어코 제값으로 사야겠다고 하면 업무상 배임이 된다. 도매상들은 낙찰받은 뒤 납품을 포기하면 계약보증금을 환수조치 당하고 1년간 제재를 받는다. 포기는 못하는데 제약사들이 1원에 약품을 주지 않으니 다른 도매상들에게 비싸게 사서 병원에 납품한다. 그러나 약품을 사들인 가격보다 싸게 팔면 약사법 상의 '구입가 미만 판매'로 위법행위이다.

정부당국, 의료계, 의약업계가 눈앞의 이익만 좇다보니 비상식의 문화가 관행으로 뿌리를 내린 것이다. 모두 법대로 하는 것이고 계약을 지키려고 하는데 꼴은 이 모양이다. 법이 허술한 것이고 보건복지부가 업계 눈치를 살피며 허송세월한 탓이다.

대한민국 1원 낙찰의 전설

현대건설은 6·25전쟁이 휴전에 접어들고 국토 재건이 시작되자 1958년 한강인도교 복구공사를 당시 1원에 낙찰받아 이름을 알렸다. 비록 한강인도교는 1원이었지만 현대건설은 이후 정부발주공사를 거의 독점하며 재벌그룹으로의 성장기반을 다졌다.

한편 서울 삼성동에 54층 높이의 무역센터 건물이 우뚝 서 있다. 이 건물 역시 1원에 공사를 맡긴 황당한 역사를 갖고 있다. 1원을 적어낸 건설사는 극동건설. 당시 추정 공사비는 600억 원이었다. 왜 그랬을까? 당시 초고층빌딩은 신동아건설이 지은 63빌딩 하나뿐이었다. 초고층빌딩을 지었다는 실적은 곧 신용과 기술력의 보증수표였기 때문에 극동건설은 1원에라도 지으려 했던 것.

1996년 2월 과학기술처 산하 항공우주연구소는 위성카메라를 납품받기 위해 입찰을 실시했다. 낙찰을 받은 업체는 미국의 위성제작업체인 TRW사의 기술 지도를 받으며 위성카메라를 공동개발하게 되어 있었다. 기술진의 인건비와 미국 현지 체제비만 따져도 수억 원이 들어야 할 프로젝트였다. 입찰에 응한 현대우주항공은 8천 790만 원, 그러나 삼성항공은 단돈 1원으로 이 프로젝트를 따냈다.

내친김에 1달러 낙찰의 에피소드도 뒤져보자. 루마니아 독재자 차우셰스쿠는 중공업으로 세계 강국을 만들겠다며 과감히 조선업에 뛰어든 뒤 세계 최대 크기의 골리앗 크레인을 설치했다. 그러나 배 만들어달라는 주문이 없어 세계 최대의 골리앗 크레인은 단돈 1달러에 팔렸다. 1달러에 낙찰받은 기업은 한국 울산에 자리한 현대중공업. 그 후 이 골리앗 크레인은 한국 조선업 발전에 큰 역할을 해낸다.

살펴본 대로 1원 낙찰의 선두주자는 건설업계이다. 정부 조달청 입찰에서 1원으로 성의를 보이면 다음번 큰 공사 입찰에서 배려를 해줄 거로 기대하고 1원을 써냈다. 그러다 정부가 덤핑 입찰을 규제하고 나서면서 불이익을 주자 1원 낙찰은 건설업계에서 사라졌다. 그리고 나서 1원 낙찰은 전자 등 새로운 분야로 옮겨갔다.

첨단 분야에서 누가 먼저 시장을 차지하느냐가 걸려 있기 때문에 기업들은 새로운 기술과 설비, 소프트웨어에 대해 1원으로라도 낙찰을 받아 신기술을 익히려고 했던 것. 엄밀한 의미에서 덤핑이 아니라 시장 선점 내지는 독점을 위한 고도의 투자전략이라고 불러야 할 것이다.

캠퍼스 푸어, 스펙 푸어… 가난뱅이 만드는 교육

미국 학자금 대출, 언 발에 오줌 누기

미국의 대학생 학자금 대출이 경기회복의 걸림돌이 될 우려가 커지고 있다는 소식이다. 미국 젊은이들의 상황도 우리와 비슷하다. 대학을 졸업해도 취업이 쉽지 않으니 일단 대학, 대학원에 등록해 계속 다닌다. 우리와 달리 졸업이 쉽지 않으니 학위 취득이 목적도 아니다. 부모로부터 독립을 일찍 하는 편이라 연방정부의 학자금 대출을 받아 그걸 생활비로 돌려쓰며 버티는 사람들이 늘고 있다. 학자금 대출 받아 용도 외로 쓰는 항목은 집세, 교통비, 잡비 등인데 비교육 항목이 절반 이상 될 거라는 추측이다.

과거 미국 대학생들은 민간 학자금 대출을 받아 등록금을 충당했다. 이 과정에서 미국 정부는 학생들의 대출보증을 서줬다. 그러다 4년 전 민간 업체에서 빌리는 과정에서 보증 수수료 떼이고 어쩌고 비용이 들어가니 그 비용을 아껴 학자금 대출 규모를 늘리자고 정부가 직접 대출해 주는 방식으로 제도를 바꿨다. 연방정부 대출은 웬만하면 학생에 대한 신용조사를 하지 않고 저금리로 돈을 내주니 많이들 이용한다. 미 연방 교육국 통계로는 지난 1993년에 대학생의 45퍼센트가 융자를 받았는데 지금은 95퍼센트 수준이라고 한다.

가장 심각한 문제는 채무 부담이 빠르게 증가하고 있다는 것. 1990년대로 들어서기 전에는 신용카드 대출과 자동차구입 대출이 학자금 대출보다 많았다. 이제는 학자금 대출이 많고 증가 속도도 비교가 안 될 만큼 빠르다. 연방 학자금 대출 잔액이 1조 달러를 넘어섰고 민간 학자금 대출까지 더하면 1조2000억 달러로 추산되는 규모다.

그러나 빌릴 때는 쉽지만 갚을 때는 어렵다. 연방정부 학자금 융자인 다이렉트론Direct Loan을 대출받은 사람 가운데 39퍼센트, 10명 가운데 4명 꼴로 돈을 갚지 못한다. 대출자 규모는 2천 780만 명, 채무 불이행 상태에 놓인 대출자가 700만 명 정도 될 거로 보고 있다.

학자금 대출로 인한 부채의 규모가 커지면서 상환 기간도 늘어나고 있다. 보통 20년은 걸린다 한다. 오바마 대통령 역시 학자금 빚에 쪼들리다 연방 상원의원이 될 무렵에 대출금을 모두 갚은 경험이 있다.

그 다음은 연체율이다. 주택을 담보로 돈을 빌리고 못 갚는 주택담보 대출 연체율은 나아지고 있는데 학자금 대출 연체율은 자꾸 높아지고 있다. 석 달 이상 상환을 못해 '심각한 채무 불이행seriously delinquent'으로 분류된 경우는 전체의 11.5퍼센트. 1천 242억 달러(약 132조 3천 475억 원)에 이른다.

미국 경제의 뇌관으로 떠오른 학자금 대출

문제는 미국 경제와의 연계. 경제회복은 부동산경기 활성화에 달려있는데 학자금 대출로 빚이 무거우니 젊은 사람들이 집 사기를 꺼린다. 미국 젊은이들이 집 얻는 걸 미루고 아예 신용카드를 잘라버리고 자동차 사는 것도 미루는 등 긴축에 들어가고 있다. 이로써 미국 내수 소비가 위축되고 주택담보 대출 시장이 침체되는 데도 한몫하고 있다.

학자금을 제때 갚지 못하는 이유는 미국의 경기침체가 기본 배경이다. 경기침체로 세금이 덜 걷히니 주정부가 장학금과 보조를 줄이며 긴축에 들어갔고 가정마다 벌이가 시원찮은데 학비 부담은 계속 커지고 있다. 부동산 침체로 집값도 떨어져 담보대출도 힘들어졌다. 대략 추산하건대 대학을 졸업하고 사회에 진출한 사람은 부부가 열심히 벌어 세금 떼고 뭐 떼고 해서 남은 순소득의 3분의 1은 학자금 대출 상환에 바쳐야 한다. 또한 학자금 채무자는 그렇지 않은 사람에 비해 주택보유율이 36퍼센트 낮다. 학자금 대출을 안고 사회생활을 시작하니 내집 마련도 힘들고 주택 모기지 심사할 때 학자금 채무기록을 보면서 상환실적이 시원찮으면 집 살 돈을 빌려주지 않는다. 미국 정부의 재정 형편상 대학생 융자금의 이자를 낮추지도 못한다. 계속 올려나갈 판이다. 법으로 10년 국채금리와 묶어놓아서 국채금리가 오르면 올려야 한다. 이 문제가 우리나라 가계부채 문제처럼 미국 경제의 뇌관으로 떠오르고 있다.

가난뱅이 만드는 교육, 규제완화 아닌 쇄신이 필요

우리도 '캠퍼스 푸어'라는 말을 쓰고 있는 형편이다. 학자금 대출은 2005년부터 시작됐다. 대출금을 못 갚는 졸업생이 늘고 있는 건 미국과 마찬가지. 학자금 대출을 못 갚아 법적 조치를 당한 사람이 2011년 1천 12명 69억 원에서 2012년 1천 807명 111억 원으로 늘었다.

2011년 2012년 비교이고 2012년을 2009년과 비교하면 3배 정도 늘어난 상황. 그러나 이건 은행대출 받은 사람들 통계일 뿐이다. 저축은행이나 혹시 대부업대출을 받았다가 고생하는 사람들을 합치면 규모는 훨씬 커질 것.

우리 젊은이들은 '캠퍼스 푸어'에 스펙 쌓느라고 돈을 쏟아 부어야 하는 '스펙 푸어'까지 이중고를 짊어지고 있다. 미국과 달리 부모가 결혼까지 책임지는 풍토에서 그 부모들도 캠퍼스 푸어, 에듀 푸어이다. 사람을 키우는 교육체제가 가난뱅이를 만들어내는 구조인데 그 구조는 놔둔 채 녹색이 어떻고 창조가 어떻고 하니 답답한 일이다. 강한 구조조정과 대학

교육체제의 혁신이 일어나지 않으면 대학교육비가 경기회복의 발목을 잡는 미국을 좇아가게 돼 있다.

대출금리부터 낮춰야 한다. 지금은 교육과학기술부 산하의 한국장학재단이 주관하는데 4퍼센트 이하이긴 하다. 이건 2009년부터의 일이고 그전에 주택금융공사에서 정부보증으로 대출한 자금은 7퍼센트 안팎으로 높고 고정금리이다. 이 고금리 대출금 규모는 7조 7천억 원이었는데 어느 정도 개선을 거쳐 이제 마무리되었다. 또 그때고 지금이고 연체 이자율은 15~17퍼센트. 정부보증이건 장학재단이건 너무 높다.

대학의 개혁도 시급하다. 지방 국공립대 지원을 강화해 수준과 규모 늘려야 한다. 정원이 많아 북적대더라도 빚지지 않고 대학을 졸업하고 싶은 사람은 국공립대를 선택할 수 있도록 해야 한다. 사립은 비싼 등록금을 허가해 수요자가 선택할 수 있게 하고 비리투성이에 부실한 사학은 더 과감히 정리해버려야 한다. 규제완화는 혁신과 함께 하는 것이어야 한다. 개혁과 쇄신 없이 규제완화 일변도라면 결국 기득권과 담합의 이익을 보장해주기 십상이다.

제주도, 중국의 경제 영토 되나

수년 새 40배 늘어난 중국 자본

제주도에 중국 자본이 밀려들며 중국의 경제영토가 될 거라는 우려가 계속되고 있다. 텔레비전 다큐멘터리로도 제작되었을 정도이다. 제주도의 입장은 다르다. "전체 면적에 비하면 중국자본의 소유 토지 규모는 크지 않다"는 것이다. 2013년 12월 말 기준으로 전체 외국인이 소유한 제주도 토지는 6천 824필지, 1천 97만 781제곱미터이다. 그 가운데 중국인이 소유한 면적은 28.7퍼센트, 토지 금액으로는 46.5퍼센트이다.

한림에 조성된 골프리조트 700세대 중 400세대가 중국인 소유이고 이들은 5년 후면 투자이민제도에 의해 제주 영주권자가 된다. 문제는 중국 자본과 중국인들을 받아들이기 위해 마을공동목장, 생태보고인 곶자왈이 파헤쳐지는 등 제주가 '난개발'에 시달린다는 것이다. 이밖에도 중국 자본들이 제주도에 카지노를 세우려 한다, 중국인 관광객이 많이 밀려오지만 관광지에서 돈은 별로 안 쓰고 쇼핑만 한다, 중국인 관광객들이 가는 숙박업소 · 음식점 · 상점들 중에는 중국인들이 경영하는 곳이 많다, 여행사도 중국 업체들이 장악했다 등등 불만과 우려는 이어진다. 아직은 중국 자본이 사들인 제주지역 토지 규모가 크지 않을 수 있지만 한 번 사들일 때마다 그 거래규모가 대단히 크기 때문에 결코 가벼이 넘길 수 없는 상황이다.

군이 제주가 아니라도 중국 돈을 끌어들이기 위해 동분서주하는 우리나라 지방자치단체들과 기업들은 수십 수백이다. 우리나라 주식·채권·부동산에 투자한 중국계 자금은 이미 20조 원을 넘겨 2008년 말과 비교해 40배 이상이 늘었다고 한다.

방랑의 중국 엘리트

우리나라 역사 속에서 엘리트와 부호들이 지역에 뿌리를 내리고 대대손손 융성한 것과는 달리 중국 중원의 엘리트들은 역사 속에서 부침과 방랑을 거치는 경우가 많았다. 송, 당, 원, 명, 청 왕조가 바뀌는 것은 물론 지배하는 종족 자체가 빈번히 바뀌었기 때문이다.

변란은 대개 북쪽에서 일어나고 지배계층은 북쪽에서 남쪽 또는 서쪽으로 재산을 싸들고 이주하는 사례가 많았다. 거기서 다시 해외로 이주하는 경우도 많았다. 이것을 뿌리를 내린 토박이가 아닌 뜨내기란 뜻으로 '객가인客家人'이라 부른다. 소유한 재산으로 자식 교육에 올인해 훗날 화교 상류층을 구성하고 중국으로 돌아가 상류층을 구성한 계층이 객가인이다.

이들은 두뇌와 학식이 있고 이곳저곳 떠돌며 산 경험도 있어 개척에도 능하다. 돈도 있고 험한 일도 마다하지 않고 가난을 부끄러워하지 않아 사치를 모르며 저축도 끈질기게 한다. 혈연관계와 인간관계, 신용을 중요하게 여긴다. 중국인들의 단점인 도박도 멀리한다.

과거 중국 상인들이 루트를 개척하면 객가인들이 그 뒤를 따라 다른 나라를 파고들었고, 중국 노동자들이 몰려가는 곳에도 객가인들이 뒤따라 들어가 자리를 잡는다. 그래서 객가인 계층은 개혁과 개방에도 일찍부터 재질을 보였다. 등소평 등 상당수의 엘리트들이 객가인 가문 출신이다.

중국 상인, 중국 노동자, 중국 자본… 진격의 대륙

중국인들의 객가인 자질은 21세기 들어서는 자본을 앞세워 지구촌 곳곳을 파고든다. 바로 차이나머니를 통한 지구촌 정복 전략이다. 제주와 한국이 아니라 지구촌 전체가 마찬가지이다. 재정위기에 시달리고 있는 남유럽과 카리브 해 일부 국가들이 중국 부자들을 모시려 뛰고 있다. 이들 국가들은 비자나 시민권을 쉽게 내드리고 부동산도 싸게 넘기겠다며 중국 부자들을 부른다. 미국 캐나다 호주도 중국의 부자들에게 추파를 던지는 건 마찬가지. 글로벌 시대에 자녀 교육은 자기네 나라에서 시켜야 한다고 홍보한다.

중국의 투자를 유치하는 것이 필요하고 중국이 대세인 건 분명하다. 하지만 서로 윈-윈하려면 그리고 윈-윈이 단기적인 실적이 아니라 지속적으로 유지되려면 어떻게 해야 할지 꼼꼼한 계산과 고민이 있어야 한다. 그런 점에서 선진국의 투자유치와 후진국의 투자유치를 비교해 볼 필요가 있다. 선진국은 돈을 끌어들이되 자국에서 소비자가 되어 돈을 쓰게 만드는 쪽이다. 후진국은 어떨까? 아프리카와 라오스의 예를 들어보자.

중국은 1960년대부터 아프리카에 사회주의를 심기 위해 퍼주기 투자와 경제지원을 해 왔다. 중국 경제지원은 3무 지원으로 무이자, 무조건, 무담보였다. 길을 내고 철도를 깔고 수많은 사업이 중국의 지원으로 중국 노동자들에 의해 이뤄졌다. 탄자니아에는 중국인 묘지가 따로 있을 정도다. 덕분에 중국은 아프리카의 천연자원과 에너지, 부동산에 진출해 막대한 이득을 챙길 기반을 마련했다. 이제는 속도를 내며 아프리카를 먹어치우고 있는 중이다. 미국 · 유럽도 아프리카에서의 주도권을 되찾아 보려고 애썼지만 뾰족한 대책이 없다. 아프리카 거주 중국인은 100만 명을 훨씬 웃도는 수준에 이르렀다.

중국은 아프리카에 좋은 조건으로 투자를 하지만 빼 먹을 수 있는 건 최대한 빼낼 계산을 한다. 중국은 자본을 투입해 부동산과 광산을 사고 중국인 노동자 불러다 건설 붐을 일으키고 아프리카의 원자재를 캐내 간다. 그리고 다시 물건을 만들어 아프리카에 판다. 건설 현장에까지 중국인 근로자들을 데려와 일을 시킬 정도니 아프리카에 남는 건 껍데기뿐이다. 그래서 아프리카에 번지는 새로운 중국식 식민주의라는 비판이 일고 있다.

21세기 중국식 식민주의

라오스 역시 중국의 투자로 경제 위기를 넘긴 나라. 2012년까지 중국은 라오스에 약 40억 달러를 투자했다. 무상지원도 많았다. 아셈회의용으로 컨벤션센터를 지어주고, 와타이 국제공항도 무상으로 확장해줬다. 스포츠 스타디움, IT센터, 빌라촌에 수력발전소 건설 등 중국의 선심공세는 최근까지 계속되었다. 라오스의 풍부한 부존자원과 넓은 미개척지가 부가가치로 탐낼 만하다는 것 외에 동남아시아로 진출하는 가장 효과적인 통로가 라오스이기 때문이다. 베트남은 중국이 탐낼 만하지만 너무 커버렸다. 더구나 중국과 영토분쟁 중이고 라오스를 놓고는 중국과 경쟁하는 입장이다. 동남아시아, 서남아시아, 중동, 아프리카 진출로로 라오스는 꼭 필요하다.

　라오스 입장에서는 경제위기에 중국자본이 쏟아져 들어오면서 경제가 주름을 펴기 시작했다. 그런데 카지노와 호텔이 들어서 경제가 활기를 띠는가 싶었으나 라오스 주민의 소득과 삶의 질은 더 나빠졌다. 지을 때는 외국인 카지노라고 하지만 수익과 투자금 환수를 위해 외국인·내국인 가리지 않고 받아준다. 카지노에 사람이 몰리면서 파산과 폭력, 불법고리 대금업, 폭력조직, 성매매가 사회에 번져나갔다. 라오스 정부는 결국 지난 5월 카지노 사업을 중단시켰다. 라오스에 들어온 중국자본은 당장 돈을 벌 수 있는 카지노와 향락산업에 골몰했지 관광산업 인프라나 제조업 등 장기적이고 생산적인 분야에는 투자하지 않았다.

중국의 투자가 라오스 내부 산업을 망치기도 했다. 라오스를 중국의 고무 생산지로 바꾸기 위해 대대적인 투자를 퍼붓자 라오스 농민들은 농토를 갈아엎고 고무나무를 심었다. 울창했던 열대림이 고무농장으로 바뀌며 동식물이 상당수 사라져버렸다. 고무생산은 늘고 가격은 계속 떨어지는 중이고 사 줄 곳은 중국뿐이니 중국 상인들 눈치보며 덤핑할 수밖에 없다. 최근 라오스 정부는 중국자본의 고무농장 개척을 불허하기로 했다.

문제는 '끌려갈 것인가, 주도할 것인가'

이처럼 대규모의 특정자본이 특정산업에만 쏠리는 건 문제가 있다. 건전한 투자가 아니고 독점과 이윤극대화를 노리는 '투기'이기 십상이다. 여기에 지방자치단체가 고민이 별로 없다. 거대자본을 유치하면 제주도와 제주도민에게 더 큰 이익이 돌아간다는 너무 단순한 이데올로기가 제주 난개발의 실체라면 곤란하다.

아프리카나 라오스의 예에서 보았듯이 제주도 역시 중국자본의 고용유발 등의 효과는 크지 않고 이익이 지역사회로 돌아가는 몫도 너무 적다고 지적된다. 리조트에 제주사람들이 일자리를 잡아도 대부분이 일용직 노동자이고 자본의 이익은 중국으로 날아가는 게 현실이다.

어떤 경우이든 땅이 중국자본에 계속 팔려나가면 제주도민들은 제주도를 떠나야한다. 제주도민으로서의 정체성을 가진 사람들은 줄어들고 실질적인 지배권은 중국인들에게로 점점 기울 것이다.

투기자본을 막고 건전한 자본을 유치하려면 투자이민제도, 투자진흥제도 등에 대한 전면적인 재검토가 필요해 보인다. 이미 캐나다가 호되게 겪고 시정했던 내용들이다. 개발 투자한다고 나선 자본에 대해서는 심사도 엄격히 하고 사후관리도 철저해야 한다. 또한 외국자본이 자리 잡는 만큼 향토자본의 육성도 힘을 써 균형을 맞춰가야 한다. 투자유치를 해도 어떤 성격의 투자이고 그 투자가 국내산업과 경제를 어느 쪽으로 몰고 갈지 고려하며 투자를 받아들여야 한다. 중국자본이라고 해서 모두 검은돈은 아니며 해외투자자본의 유입선이 다변화되는 것이 바람직한 측면도 있다. 그걸 활용하는 건 결국 우리의 몫이다. 그러나 수출, 해외 투자유치라는 말 앞에만 서면 한없이 비굴하고 작아만지는 우리 정부·기관의 과거 행태를 겪어본 바 불안감은 자꾸 커진다.

테마주와 보물선

기억들 하시는지, 테마주의 추억

주식시장은 지구촌 환경과 정치국면의 전환에 편승해 걸핏하면 테마주로 떠들썩하다. 테마주란 주식시장에서 '이슈가 된 사건이나 현상이 생기면 움직이는 종목군'을 말한다. 지난 대선무렵 가장 치열한 테마주는 정치 테마주였다. 유형별로 나누자면 다음과 같다.

- 정치 테마주 – 박근혜 테마주, 한명숙 테마주, 친노 테마주 등
- 정책 테마주 – 노인 복지, 아동복지, SNS 관련 사업 등
- 선거 테마주 – 종이나 프래카드, 페인트, 선거홍보기획 등

억지로 관련이 있다면 있는 거지만 사람들을 끌어모으기 위해 테마주랍시고 묶어낸 것이 뻔히 보인다. 금융정보업체가 분석한 결과 요즘 정치 테마주 78개 종목 중 61.3퍼센트가 영업적자이고 실적이 악화된 종목이라고 하는데도 사람들은 몰린다.

멀리 갈 것 없이 2007년 대통령 선거를 치르면서 '대운하'가 테마주였다. 이화공영, 신천개발, 삼호개발 등등 저점 대비 1천 500퍼센트까지 상승했던 이들 주식은 그 후 추락에 추락을 거듭하며 1년 만에 제자리로 내려갔다.

그후 박근혜 대통령이 차기 주자로 유력해지며 동생 박지만 씨가 최대 주주라 해서 테마주가 됐던 EG도 비슷했다. 8천 원에서 3만 원까지 오르더니 3개월 만에 7천 원으로 떨어졌다. 대부분의 손해는 상투를 쥐고 달려든 개미투자자들이 뒤집어썼다. 큰손이 빠져나간 뒤에야 서로 탈출하려고 매물을 쏟아내다 보니 막판 추락은 더 처참하다. 모두들 알지만 내가 먼저 치고 빠질 수 있다고 여기니까 광풍이 가라앉지 않는 것. 2001년에는 증권시장에 노다지 열풍이 불었다. 가장 유명한 사건이 울릉도 앞바다 보물선 발견설이다.

보물선에 술렁이는 주식 시장

사업자인 동아건설이 당국에 사업신청까지 내놓고 보물선을 건져 올리겠다고 홍보했다. '보물선? 말도 안 돼'라고 고개를 젓던 사람들도 이쯤 되니 '이 정도면 믿어도 되는 거 아니야?'라며 몰려들기 시작했다.

동아건설은 경영상황이 안 좋아 부도를 낸 뒤 퇴출대상 기업에 들어가 있었고 주가는 1주 당 360원 정도. 그런데 계속 상한가를 치며 다음해 1월 4일에는 3천 265원까지 무려 10배 가까이 뛰었다. 연속 17일 상한가라는 경이적인 기록이 세워진 것도 이때의 일이다. 그러나 동아건설은 결국 법정관리로 들어가고 상장이 폐지되며 주식은 휴지조각이 되어버렸다.

1905년 5월에 제정러시아 발틱 함대 소속의 6200톤급 전함 '드미트리 돈스코이호'가 울릉도 근해에서 침몰한 것은 상당한 개연성이 있어 보인다. 문제는 그 배에 시가 50조 원~150조 원에 이르는 보물이 실려있다는 소문이다. 금괴가 50조 원어치면 무게가 5천 톤이고 150조 원어치면 1만 5천 톤이라고 한다. 6천 톤급 전함이 전쟁 중에 금괴 5천 톤, 1만 톤을 싣고 오락가락하고 있었을까?

동아건설이 제출한 매장물 발굴 신청서에는 "돈스코이호에 500킬로그램의 금괴와 보물이 실려있는 것으로 추정된다"고 되어 있다. 금괴 500킬로그램이면 약 50억 원이다. 동아건설이 배가 어디에 있는지 찾아내는 조사용역비용만 10억 원이었다. 조사에 10억이면 건져내는 데는 몇 십 억이 들 것이고 러시아 군함인 관계로 러시아가 소유권을 주장하면 그건 어쩔 것인지 도대체 이익이 날 수 없는 사업이었다.

보물선도 주식도 바다 속으로

워크아웃 대상이어서 채권단의 자금지원으로 겨우 꾸려나가는 부실기업이 늘 해오던 사업도 아닌 엉뚱한 보물선 인양에 뛰어든다는 것부터 말이 안 된다. 동아건설이 발행한 해외전환사채를 잔뜩 들고 고민하던 특정 세력이 휴지쪽 같던 자기네 물량을 이때 털어버려 큰 재미를 보았다는 후문.

그렇게 당하고도 그 뒤를 이어 서부 아프리카 말리에서, 파퓨아뉴기니에서, 필리핀에서 우리 기업들이 어마어마한 금광을 발견했다며 다시 소동이 일더니 주식시장이 또 요동쳤다. 아프리카 말리 금광은 관련 기업이 현대상사였는데 회사 측이 그렇게 엄청난 금광이 아니라고 설명해도 먹히지 않았고 이름이 비슷하다고 현대상선까지 금광 테마주가 되었다.

아시안 게임 준비가 한창이던 1985년, 이때는 '만리장성 4인방'이라는 중국 관련 테마주가 있었다. 중국 정부가 만리장성에 바람막이를 설치한다며 '알루미늄 세시' 기업 주식이 뛰며 난리가 났다. 그러더니 거기에 동원되는 중국 인부들에게 한국산 검정고무신을 지급하게 돼있다며 깜장고무신 기업 주가가 뛰었다.

그 다음은 '사람이 고무신만으로 사냐? 빵으로 살지'하며 인부들에게 지급될 호빵도 한국에서 가져갈 거라고 호빵 제조업체가 떴다. 이어서 급히 먹는 호빵이 체한다고 소화제 만드는 제약업체 주식까지 뛰는 세심함을 보였다. 이것이 만리장성 4인방의 실체.

이런 노다지 주식시장의 원조는 18세기 프랑스의 '미시시피 사건'이다. 프랑스 왕 루이 16세가 후원하는 미시시피라는 회사가 미국 루이지애나에서 금광을 개발하며 지금의 주식과 채권을 혼합한 형태의 유가증서를 발행했다. 사람들이 솔깃한 것은 이 증서를 나중에 금으로 바꿔준다는 약속 때문이었다.

당시 프랑스가 미국에 상당량의 토지를 갖고 있었기 때문에 선전은 먹혔고 증서 가격은 폭등했다. 그렇게 모인 돈은 루이 16세의 부채를 갚는 데 죄다 쓰이고 금광개발은 하지도 않았으며 증권은 휴지가 되어 버렸다.

테마주는 시대가 어수선한 격변기, 시장의 침체로 탈출구가 보이지 않을 때 특히 기승을 부린다. 해당 기업의 실적이나 관련 산업의 비전을 엄밀히 따지며 투자해도 어려운데 소문과 풍문, 바람에 휩쓸려 테마주에 투자한다는 건 위험천만하다. 더구나 정치인의 이름을 걸고 무조건으로 등장하는 테마주의 종말은 그 최후가 불 보듯 뻔하다.

의료민영화로 가려는 것인가

의료 분야에 침투하는 시장 논리

의료민영화를 두고 의사협회의 파업이 예고되는가 하면 정부의 강경대응이 선포되었다. 의료민영화가 무엇을 가리키는지에 대해 명확한 개념규정은 없다.

다만 공공의 성격이 강한 의료분야에서 정부의 책임과 역할을 줄이고 대신 시장에 그것을 맡기는 것을 가리킨다. 이를 위해 의료시장에서 벌어지는 투자와 영리추구를 법과 제도로 보장해나가는 것까지 포함해 의료민영화라 부른다. 결국 의료민영화에는 의료상업화, 의료사유화, 의료시장화 등의 여러 과정이 포함돼 있다고 볼 수 있다.

우리나라에서 병원을 경영하는 법인은 영리법인이 아닌 비영리병원법인이다. 삼성의료원과 현대아산병원은 삼성이나 현대 소유가 아니다. 삼성생명공익재단과 아산사회복지재단이 차린 병원이다. 사회공헌을 위해 설립된 공익재단이고 비영리법인이니 돈을 벌어도 주주들에게 배당하지 않는 구조이다. 물론 비영리법인이 세운 병원도 수익을 올리려 애를 쓴다. 하지만 비영리법인의 병원이니 환자진료로 번 돈은 병원 밖으로 빠져나가지 못한다. 의료업을 위해 다시 투자되어야 한다. 환자진료에 돈을 앞세우지 않도록 보호 장치가 마련돼 있는 것이다. 지금의 병원들은 비영리법인의 틀 속에 있는 영리병원인 셈이다. 그리고 지금의 비영리병원법인들은 병원을 다른 사람에게 팔아넘겨 차익을 남길 수 없다. 비영리법인으로서 국가가 혜택을 주며 사회의 공적인 자산으로 키워 온 것이기 때문에 거래할 대상이 아닌 것이다.

대형병원은 쉽게 대박을 터뜨릴 사업은 아니다. 고액연봉의 의료진을 갖추고 첨단 의료기기와 설비도 갖추고 여러 가지 시스템을 갖춰야 하기 때문에 엄청난 돈이 들어가지만 수익은 쉽게 오르지 않는다. 그러니 새로운 영리병원이 생긴다면 수익을 올리기 위해 치열한 경쟁을 벌이고 갖가지 비즈니스 전략을 세워 수지를 맞추려 할 것이다. 마치 대형프랜차이즈 제과점이 동네 골목상권까지 점거하듯 중소 병원·의원들의 영역을 대형병원들이 집어삼키리라는 것은 충분히 예측할 수 있다.

나갈까 말까 나갈까 말까, 스텝 밟는 의료민영화

정부가 의료민영화로 가려할 때 낮은 단계부터 순서를 잡아보자면 다음과 같지 않을까 싶다. 우선 비영리법인 병원의 영리자회사를 허용해 문을 연다. 다음은 비영리법인 병원에게 약국을 하도록 허가하고, 다음은 병원의 영리법인화를 허용한다. 그리고 자본들이 병원을 사고팔 수 있도록 인수합병을 허용함으로써 병원업계의 상업화를 마무리한다.

그 다음은 병원의 상업화에 맞추어 국민의료체계를 민영화하는 단계가 기다린다. 국민건강의료보험과 민영의료보험이 경쟁하는 구도를 만들 수도 있고 병원들이 국민건강보험 환자를 받고 싶지 않으면 건강보험의 틀속에서 탈퇴해 나가버릴 수도 있게 된다. 그리되면 지금 실시하는 요양기관 당연지정제는 폐지된다. 끝까지 가자면 건강보험체제를 민영의료보험체제로 대체하는 것이 민영화의 마무리이다.

물론 지금까지 공을 들여 꽤 잘 만들어 놓은 건강보험체제를 허물면서까지 민영화 진도를 나갈 가능성은 매우 적다. 그러나 어떤 형태로든 비

의료민영화를 강행하려는 정부에 의료계와 시민사회단체가 거세게 반발하고 있다.

영리법인인 병원이 영리법인인 자회사를 세울 길이 열리니 지금까지 구축해 온 공공의료의 한 쪽이 허물어지는 것이고 이후 정부가 어떤 명분으로든 다음 단계를 진행할 발판이 될 수 있는 것이다. 자회사 설립 과정에서 외부의 자본이 흘러들어갈 것이고 투자자 위주로 수익을 올려야 하니 의료상업화에 한걸음 다가가는 것은 분명하다.

그러나 정부는 영리법인에 의한 대형병원은 결코 허락할 생각이 없다고 단언한다. 비영리법인이 환자진료 아닌 부대사업 분야에서만 자회사를 세워 영리를 추구하고 거기서 더 이상 나가지 않을 것이니 믿어달라고 한다.

누군가가 한 쪽 발은 안에 한 쪽 발은 밖에 걸친 채로 서 있으면 나가려는 걸까 들어오려는 걸까? 알쏭달쏭하지만 닫혀있던 문을 열었으니 안 나갈 거면 왜 열었겠냐고 추정할 수 있다. 그런데 나가지 않을 테니 걱정 말라고 한다. 믿게 하려면 문을 다시 닫으면 된다. 그런데 나가려고 연 게 아니고 방 안 공기가 건조하고 답답하니 환기만 시키겠다고 한다. 그럴 필요는 있어 보인다.

인구 고령화와 고령인구의 병원 이용 증가로 의료시장은 규모가 커지고 있다. 세계보건의료시장도 마찬가지이다. 한국의 의료기술 수준이 경쟁력을 갖추면서 의료관광도 늘고 연수생도 들어오고 의료시스템의 수출 길도 열려 의료는 산업적 가치를 더해간다. 재정이 바닥난 상황에서 민간 자본을 끌어들일 수밖에 없다. 이것들이 문을 열고 환기를 시키자는 명분이다. 정부의 약속과 다짐을 얼마나 믿어야 할지 아직은 단정하기 어렵다. 그러나 손만 잡고 자겠다는 말이 지켜질 확률과 같지 않을까 싶다.

다만 영리병원의 허실은 국민에게 분명히 알리고 여론을 존중해야 한다. 우리 사회에 아직은 영리병원이 없기 때문에 이는 미국과의 비교에서 이뤄져야 하는데 보다 사실적인 자료들이 제시되길 기대한다.

병원이 영리를 목적으로 뛰면 비영리병원보다 비용 효율성이 높다고 하지만 미국의《US News & World Report》가 매년 발표하는 '좋은 병원 랭킹'의 1~20위 목록에는 영리병원이 없다.

영리병원을 이용하는 미국은 의료비 지출로 OECD 국가 중 1위이고 GDP의 17퍼센트에 달한다. 그러나 '영아사망률'은 미국이 천 명당 6.5명(2008년)이나 된다. 의료비가 GDP 대비 미국의 절반도 안 되는 우리나라의 2배 수준이다. 기대수명도 78.2세(2009년)로 나타났다. 우리나라는 80세를 넘었다(80.4세, 2009년). OECD 평균은 79.5세에 이르러 있다.

미국의 의료비와 의료현실을 설명할 수 있는 개념은 하나뿐이다. 바로 '불평등'이다. 아마 정부가 '불평등'을 스스로 설명하며 이해를 구할 리 없다. 정부가 영리병원을 본격화하려면 다른 명분을 내놓을 것이다. 경쟁 체제를 도입해 투자를 늘리고 의료비를 낮추고 경제성장과 일자리 창출에 기여토록 한다는 것 정도가 적당하겠다. 그리고 규제를 완화하는 것이 국가적 목표라고 할 것이다. 그래도 반론이 잦아들지 않으면 의료민영화에 반대하는 누군가가 괴담 유포자로 낙인찍혀 희생양이 되지 않을까.

당신의 몸값은 얼마? 연봉의 사회학

직장인들의 2014년 새해 소망을 물었더니 압도적 1위는 '연봉인상'이었다. 여론조사기관과 취업포털사이트들의 직장인을 대상으로 한 최근 설문조사 내용들을 요약해 보면 다음과 같다.

연봉이 오르기를 희망하는 건 당연한데 얼마나 오르기를 기대하는 걸까? 직장인들의 희망인상폭은 평균 '9퍼센트' 정도였다. 10~15퍼센트 인상을 바라는 사람들이 가장 많았다. '동결'로 만족한다는 직장인도 13.4퍼센트로 나타났다.

목표하는 대로 연봉이 오르지 못한다면? 한 설문조사에서는 응답자의 73.4퍼센트가 '이직을 고려하겠다'고 응답했다. 직장인들은 연봉협상의 결과뿐 아니라 과정과 방식에도 불만이 높았다. '협상이라기보다는 통보에 가까운 방식(52.7퍼센트)' '불투명한 인사고과 산출 과정(20.6퍼센트)' '불만을 표출할 수 없는 분위기(16.8퍼센트)' 순이었다.

평균 연봉 속에 담긴 허구

다음은 우리 직장인들의 연봉 수준이다. 고액 연봉자는 계속 늘어 2012년 기준으로 1억 원 이상 억대 연봉자가 41만 명을 기록했다. 회사원 1천 명 가운데 26명이 억대 연봉을 받고 있는 셈이다. 10억 원 이상도 1천 명이 넘는 걸로 나타났다.

공무원만 따지면 월급에 초과근무수당을 합쳐 5천 220만 원 선. 반면 전체 근로자(1천 500만 명)의 평균 연봉은 2천 960만 원이었다. 그리고 4명 가운데 1명은 1천만 원 벌이도 못했다.

공무원 역시 고위공직자들이 억대를 넘기면서 평균치가 높아진 걸 감안해야 한다. 차관급이 수당을 합쳐 1억 2천만, 장관급이 1억 2천 600만, 대통령이 2억 3천 200만 정도이다.

우리나라 연봉고액 순위는 대체로 대기업 임원, 국회의원, 선박도선사, 성형외과 의사, 항공기 조종사, 변호사, 외과의사, 치과의사, 대학총장, 행정부 고위공무원의 순으로 이어진다. 고액 연봉을 이야기할 때 등장하는 삼성전자는 2012년 기준 6천 900만 원을 조금 넘는다.

코레일노조 파업 때 코레일을 '신이 감춰놓은 진짜 신의 직장'이라고 보도한 조선일보의 연봉도 공개돼 역시 화제가 됐다(코레일 연봉은 6천 300만 원 선). 조선일보는 2011년 기준으로 1인당 평균연봉이 8천 274만 원으로 추산하고 있다. 국민의 수신료로 운영하고 있는 KBS의 경우는 직원들의 연봉은 2012년 기준 9천 275만 8천 원(기본급 4천 610만 6천 원에 수당 등 4천 665만 2천 원)으로 드러났다. 감사원이 2013년 가을 KBS와 자회사 6곳에 대해 특정감사를 벌인 결과 KBS가 2008년 이후 감축한 인원 830명은 하위직과 계열사 위주였고 팀장급 이상 상위직인 2급직은 오히려 늘어나면서 공기업·공공기관 중 상위직 비율이 가장 높은 곳이 되어버렸다.

물론 연봉은 총액으로만 따져서는 안 된다. 다른 요인들과 연관돼 연봉의 질이 다르기 때문이다. 먼저 고려될 것이 근속연수이고 초과근무시간도 따져야 한다. 또 복지혜택도 살펴야 정확한 비교가 되지만 연봉이 이럴 정도면 다른 혜택도 들여다보나 마나다.

연봉 속에 담긴 인간의 자존심

연봉은 직장인의 자존심이다. 그런데 오르는 건 더디고 후배의 연봉은 쫓아오는 건 왜 그럴까?

기업은 불황이나 경영상의 이유로 근로자의 임금을 억제하고 줄인다. 다시 회복할 때나 공채 시에는 우수한 인재를 확보하기 위해 연봉을 높여 좋은 인재를 끌어들이려 한다. 이 과정에서 역전도 발생하는 것.

최근 직장인의 급여는 즉시 지급의 방향으로만 치닫고 있다. 경영 성과를 위해 일한 만큼 그때그때 지급하는 걸로 끝내고 싶어 한다. 그래서 호봉제는 연봉제로 바뀌고, 정년보장은 계약제로 바뀌고, 정규직은 비정규직으로 내려앉는다. 그 끝에는 아르바이트 인생이 기다린다.

그러나 일하는 사람의 입장에서 노동은 축적이다. 일을 해가면서 숙련과 경륜이 더해진다. 그리고 나이 들어가는 부부, 커가는 아이들…… . 가족의 삶이 노동 속에 점점 무겁게 담겨진다. 그래서 노동의 가치는 결국 국민의 가치가 된다.

시대가 변하다 보니 노동의 가치를 이야기하는 것이 고리타분하게 들리는 세상이 되어버렸다. 하지만 경기침체나 금융위기가 돈과 부동산의 가치가 거품처럼 부풀려지다 생긴 것이지 노동의 문제에서 비롯된 것은 아니지 않는가.

더디 가는 것처럼 보여도 노동의 가치를 존중하고 그것에 근거해 우리 사회의 발전을 이뤄가는 것이 정도임은 분명하다. 물론 이에 대해서는 경영자뿐 아니라 노동하고 연봉을 받는 사람들의 의식이 먼저 굳건해야 한다. 모두의 노동을 동일한 가치로 봐야 하고 직업의 귀천이 없음을 무겁게 인식해야 한다. 노동의 가치는 곧 사람의 가치인 것이다.

세계 철도시장과 한국 철도의 글로벌 비전

우리나라 철도 역사는 외국 철도자본에 의한 시장개방으로 시작된다. 1894년 청일전쟁이 터지자 일본은 서울 인천을 잇는 군용철도 건설을 기획하고 현장답사를 시작했다. 그리고 오늘날로 치면 MOU(양해 각서) 비슷한 '조일잠정합동조관'이라는 걸 강제로 체결해 한반도에서의 철도부설권을 챙기기 시작한다.

한반도 철도에 눈독을 들인 외세에 떠밀려 조선 왕실은 1896년 경인철도 부설권을 미국인 제임스 모스에게, 경의철도는 프랑스 건설사인 피브릴르에게 건네준다. 그리고 가장 알짜배기인 경부철도를 일본에게 내준다.

한반도 최초의 철도이자 군사적으로도 유용한 경인철도가 미국인 제임스 모스에게 넘어가자 일본은 즉시 경인철도인수조합을 만들었고, 교섭 끝에 당시 5만 달러를 주고 모스에게서 경인철도를 넘겨받는다.

1899년 경인선을 개통시킨 일본은 1901년 만주까지 군사물자를 수송하기 위한 경부선 건설을 서두르고 경부철도주식회사를 설립한다. 경부선은 일제의 강점 후인 1917년 일본남만주철도주식회사에 경영권이 넘어갔다 1925년에 이르러 조선총독부 직영으로 바뀐다.

이후 일본 총독부는 일본 본토의 철도자본을 한반도로 끌어들여 전국 곳곳에 사설 철도망을 구축한다. 이 철도망은 한반도에서 수탈한 자원과 인력을 긁어모아 일본으로 실어나르는 역할을 했다. 한반도 역사에서 보듯이 철도는 처음 건설될 때는 개발 이익을 선진국자본에게 남겨 주고, 그 경영이 외국자본에게 넘어가면 나라의 자산을 쥐어짜 외국에 실어나르는 플랫폼 기능을 한다.

조선의 자본과 노동력 수탈과 군사적 침탈을 가속화시킨 일제의 철도 부설권의 폐해는 역사적으로 잘 알려져 있다. 멀게는 코레일 민영화 논란도 여기서 출발한다.

지키지 못해 먹히고 만 철도의 역사

박근혜 대통령이 '철도 민영화는 이미 않겠다고 밝히지 않았나'고 단언하는데도 우려가 사라지지 않는 데는 이유가 있다.

첫째 이유는 현 정부의 성격이다. 김대중 정부 때 등장했다 비판여론에 의해 물러난 철도 민영화가 이명박 정부에서 다시 등장해 강하게 추진이 되었다. 수서발 KTX 노선을 민영화 대상으로 삼아 2009년부터 비공개로 민간운영방안을 연구하고 대통령 업무보고에 내놓기까지 했다. 그런데 박근혜 정부와 이명박 정부는 정책기조에서 큰 차이를 보이지 않는다. 대통령의 개인적 판단이 부정적이어도 정부의 국정운영 기조나 방향이 그대로라면 언제 다시 대두될지 모를 일이니 그렇다.

둘째, 박근혜 대통령은 유럽 순방 중 프랑스 기업인들에게 철도시장을 포함한 공공부문 개방의지를 밝혀 박수를 받았다. 그리고 곧바로 정부 국무회의에서는 국회 논의도 없이 철도시장 개방을 포함한 정부조달협정 개정안을 통과시켰다. 의구심을 자아낼 수밖에 없는 흐름이다.

셋째, 박 대통령의 공약이행 실적이 미덥지 않은 탓도 있다. 어느 때고 '약속을 지키지 못하게 된 점을 국민 여러분께 송구스럽게 생각한다'고 유감의 뜻을 밝히고 지난 이야기는 없던 걸로 하면 그게 끝이다.

정부는 우리 철도기술을 발전시켜 해외시장을 확대·개척해 나가야 한다며 이를 창조경제로 이어 붙였다. 국토교통부는 철도산업 해외진출을 창조경제 목표로 제시하며 비전 선포식도 했다.

드디어 해외진출을 위해 제대로 힘을 쓰나 했는데 글로벌한 철도진흥이 아니고 적자 줄이기, 수익을 위한 노선 쪼개기가 전부라면 실망이다. 이명박 정부는 철도 해외개척을 '녹색사업'이라 부르며 민영화를 추진했고, 현 정부는 창조경제라 부르며 기껏 노선 쪼개기니 두 정부가 정책기조에서 다르다 볼 수 없는 것이다.

지금 여기서 이러시면 안 됩니다

철도는 거대한 시장이다. 철도 인프라 구조물, 철도차량, 시스템기술 등으로 나뉘어 해외시장은 연간 200조 원 규모이다. 해외시장 공략을 통해 철도산업을 조선, 자동차에 이은 주력 산업으로 키워 양질의 일자리를 창출하는 것이 현 정부의 창조적 목표 아니던가. 좁은 우리 땅덩어리를 감안할 때 철도는 대륙으로 또 바다를 건너 뻗어나가야 한다.

우리 철도의 해외 철도공사 수주는 2012년 5건에 11억 달러 정도. 2011년이 8억 달러 정도였다. 싱가포르, 대만, 필리핀, 이라크, 이란, 인도, 일본 등에서 수주하고 있다. 늘고는 있지만 아직 미흡하다.

도시철도 건설에 가장 많이 진출해 있고, 일반철도가 그 다음, 그리고 고속철도이다. 공사 수주가 아닌 용역 수주도 있다. 기본계획이나 설계,

타당성 조사, 감리 등을 중국, 콩고, 카메룬, 몽골, 베트남, 필리핀, 방글라데시 등에서 얻어냈다.

우리나라는 철도산업 각 분야에서 결코 낙후되지 않은 기술력을 갖고 있다. 차량 제작에서는 세계 최고 수준을 100점으로 할 때 75~80점정도. 철도 건설은 터널 뚫고 다리 세우는 분야에서는 특히 수준이 높아 70~80점 수준이다. 땅을 다지고 구조물 세우는 데는 60~80점 수준이다.

우리 철도는 꿈이 있다. 2015년까지 기술로 90점을 넘어보자고 했고, 2015년까지 차량시장 점유율을 4퍼센트로 올려보자고 했다. 그러기 위해서는 해외진출을 위한 기본토대를 구축해야 한다.

해외영업 전문성과 영역 확대, 기술인력 양성, 기술개발 지원 등이 필요하고 정부는 자금 조달과 컨소시엄 구성에서 컨트롤타워 노릇을 해야 한다. 철도 전문가들 사이에서는 정부와 철도업계가 국가 차원의 철도종합기술엔지니어링 회사를 만들어야 한다고 오래 전부터 충고했다.

우리가 고속철도를 건설했을 때 종합경영자문을 맡았던 프랑스 국립철도공사, 프랑스 Systra(프랑스 철도 구매국가와의 접촉 마케팅 교섭 담당), 독일 DEC, 일본 JARTS(해외철도기술협력협회 - 해외철도산업의 정보를 수집하고 해외에 진출하려는 기업에 컨설팅을 제공하는 한편 사업의 타당성 조사 등을 담당) 등 이미 선진국들이 유용하게 활용하고 있는 조직이다. 우리도 해외철도진흥협회를 만든다고 2008년 정부가 나서더니 소식이 없다.

미래의 글로벌 한국 철도를 놓겠다던 거창한 코레일의 꿈에 다가가려면 넘어야 할 산이 많다. 우선 17조 원에 이르는 부채부터 줄여야 한다. 이를 놓아두고는 새로운 투자가 여의치 않다. 코레일은 고인건비 구조를 해소해 2017년부터 영업이익을 흑자로 전환하겠다고 부채감축 계획을 내놨다. 그러나 계획은 좋게 봐주려 해도 엉성하다. CEO로 내려오는 사람들은 낙하산 일색이다. 노사의 잦은 충돌은 내부의 열정을 소진시킨다.

미래를 향한 뜨거운 열정의 사람들로 넘쳐나야 글로벌 기업으로 나아갈 수 있다. 인재를 아끼고 키워야 하고 그러려면 정부가 지나친 규제와 정치적 개입 대신 정책적 지원을 아끼지 말아야 한다.

코레일은 카자흐스탄, 볼리비아, 에콰도르, 콜롬비아 등 세계 각국의 철도 인력을 받아들여 선진철도연수과정도 진행한다. IT 기술이 접목된 각종 시스템이나 다양한 관광열차 프로그램 등 우리에게도 선진 노하우가 있다. 코레일을 거쳐 간 해외철도 관계자가 500여 명에 이른다. 코레일의 역사는 이제 114년, 120년을 맞을 무렵엔 철도 200년을 내다보는 글로벌한 청사진을 기대한다.

'복권 당첨' 왕의 뜻인가, 신의 뜻인가

덩치 커지는 복권 시장

정부가 '크리스마스복권' 등 복권 상품 다양화를 검토한다는 소식이다. 복권시장이 로또로만 쏠리니 이걸 완화하고 소외계층을 위해 사용할 복권 수익금을 늘리려 한다는 명분이다. 과연 그럴까? 왠지 증세 없는 복지 확대를 약속해 놓고 재정이 바닥나 재원 마련이 쉽지 않자 복권사업으로 돈을 긁어모으려는 낌새이다. 정부는 다양한 방식과 목적을 가진 복권이 출시되면 사행성보다는 여가·레저성이 높아진다고 하는데 복권에 사행성 여가성이 따로 있는 줄은 이제 알았다.

복권판매액은 매년 증가해 2008년 2조 3천 900여억 원에서 2013년에는 3조 2천 300여억 원으로 뛰었다. 복권 종류가 다양해지면 복권에 매달리는 사람만 늘어날 조짐도 보인다. 복권시장 규모를 키운다는 것은 일반 국민에게 조금씩 더 뜯어내 정책 사업하겠다는 이야기로 봐도 크게 틀리지는 않을 것이다.

세상에서 가장 쓸데없는 돈 낭비가 뭘까. 미국《포춘Fortune》지는 1위에 '현금자동인출기 수수료', 3등에 '고급 커피 마신다고 커피숍 가는 것'을 꼽았다. 그 다음은 담배, 홈쇼핑 충동구매 등의 순. 자, 그럼 2등은 뭘까? 바로 복권을 사서 긁는 것이다. 미국 내 복권판매액이 700억 달러이다. 재미삼아 사지만 나중에 복권에 쏟은 돈을 계산해보면 꽤 큰돈임을 알 거라는 충고다.

로또 복권이 2002년 12월 2일 첫 발행된 이후 국민 1인당 평균 73만 원어치를 샀다고 한다. 로또 구매 열기는 2003년 최고에 이른 뒤 한때 주춤했다. 그러나 2008년 글로벌 금융위기 이후 한 방으로 위기 탈출을 노리는 사람들이 다시 로또로 몰려들었다. 1인당 복권 구입액은 2010년 6만 2천 635원, 지난해엔 7만 1천 659원으로 확대됐다.

복권은 신의 뜻, 왕의 뜻?

동양에서는 진시황이 만리장성을 위해 복권을 팔았다고 전해진다. 기원 전 3세기의 일이다. 로마 때도 경품 뽑기가 있었는데 복권의 원시적 모습으로 보기도 한다. 번호가 적힌 현대식 복권은 네덜란드, 이탈리아를 거쳐 영국 미국으로 자리를 잡았다.

영국은 엘리자베스 여왕 이전까지는 복권이 금기였다. 복권의 기본이 넘은 제비를 뽑아서 결정하자는 것이고, 이것은 곧 신의 뜻에 맡긴다는 것인데 신의 뜻을 돈놀이에 쓸 수 없다는 종교적 해석이 깔려 있다. 그러나 엘리자베스 여왕은 국고확충을 위해 1569년 복권을 허용했다. 자본주의를 번성시키고 새로운 국민국가를 형성하려니 돈이 필요했던 것이다.

영국은 미국 식민지 건설을 위해 복권 발행을 본격화했다가 비리와 사기범죄가 잇따라 19세기 초 한때 미국·영국에서는 발행을 중단했고 1960년대 미국이, 1990년대에 영국이 발행을 재개했다.

당시 미국의 복권은 사회기반시설 확충에 쓰여 하버드, 예일, 프린스턴, 컬럼비아 등 명문대를 만드는 데도 기여했다. 즉석복권은 스위스에서 시작됐고 긁어대기는 1974년 미국이 유행시킨 방식이다.

일상생활에 복권을 가장 깊숙이 뿌리 내린 나라는 일본이다. 우리나라는 1947년 14회 런던올림픽 참가경비를 위해 복권을 처음으로 발행했다.

1969년 정부의 주택복권이 시작됐고 그 다음이 올림픽복권이다.

복권, 그 고통 없는 세금

복권의 문제는 곧 자본주의의 구조와 잇닿아 있다. 첫 번째가 양극화이다. 가난한 사람이 복권을 더 많이 사지만 당첨금액을 놓고 보면 더 적게 가져간다는 것이 통설. 영국의 테오스라는 연구단체가 1천 명의 성인을 대상으로 복권구입 횟수와 당첨내역을 조사한 결과(2009.7. 영국 일간지《데일리메일》인터넷 판) 노동자와 무직자 등 저소득계층의 67퍼센트가 한 달에 한 번 이상 복권을 구입하는 것으로 나타났다.

사무관리직이나 전문직은 47퍼센트로 저소득계층이 복권을 더 열심히 산다. 저소득계층은 즉석복권-스크래치복권 위주로 구입하고, 전문기술직들은 번호를 적는 기입식 로또를 선호해 당첨금이 차이가 난다. 마을별로 구입액과 당첨액을 조사하니 가난한 마을 사람들은 살림에 비해 복권에 쏟아 붓는 액수는 컸으나 당첨금 회수 비율은 하위권으로 나타났다.

복권은 국가가 가난한 사람들을 위해 쓸 재정을 마련하고자 세금을 대신해 마련한 재정확충 방안이다. 그러니 가난한 사람들에게 그 수익이 많이 돌아가야 한다. 그런데 그 돈 자체가 가난한 사람들의 호주머니에서 더 쥐어짜여 나오는 돈이라면 그 의미는 무엇일까? 소득이 올바로 재분배되는 것이 아니라 거꾸로 재분배되는 소득역진성을 갖고 있는 셈이다.

정부의 복권수익률은 40퍼센트가 넘는다. 저소득층을 위해 쓰기도 하고 공공사업도 하지만 지금보다 훨씬 더 많은 몫이 저소득층을 위해 쓰여야 한다.

미국의 제3대 대통령 토마스 제퍼슨은 이것을 지적하며 "복권은 고통 없는 세금이고 아주 이상적인 재정 수단"이라고 털어놓기도 했다. 사회에 가난한 사람이 넘치면 사회에서 어느 정도 이상 혜택을 입은 부유층이 세금으로 그 불균형을 떠안아야 하나 이것을 복권으로 바꿔 저소득층·중산층에게 대박을 사라며 슬그머니 떠맡기는 건 조세정의에도 어긋나는 행위이다.

불평등한 사회를 마취시키는 '한방' 열풍

복권의 다음 문제는 불평등의 정당화이다. 미국의 복권광고는 "미국엔 왕도 왕비도 귀족도 없다. 공평하다. 누구나 왕으로 태어나진 않아도 대박을 터뜨리면 누구든 왕처럼 살 수 있다."

슈퍼로또를 사는 사람에게 물었더니 대다수가 '미국은 기회의 땅'이라고 대답했다. 잘살 수 있는 기회가 널려있고 대박이 나면 왕처럼 살 수 있는 나라 미국, 진짜?

사회가 불평등하고 정의롭지 못하면 국민은 정치적으로 각성하고 힘을 모아 정치와 정책을 바꿔야 한다. 사회정의를 향한 국민의 투쟁이 필요하다면 들고 일어서야 한다. 그것이 민주주의이다. 선거가 치러지면 나서서 투표를 하고 정치인들을 물갈이해야 한다.

그러나 국민의 정치의식은 '한방에 인생역전'이라는 복권의 마사지에 희석되고 만다. 땀 흘리고, 물건을 만들고, 먹을거리를 길러내고, 정당한 보수를 받아 경제에 합류하는 것이 생활의 가치이다. 그러나 복권열풍은 일상생활과 생업의 숭고한 가치를 일확천금의 환상으로 흔들어버린다.

번개에 맞아 죽을 뻔하다 겨우 살아 병원을 나서다가 다시 번개에 맞아 죽을 확률과 비슷한 수백만 분의 1 확률에 사람들이 매달리면 이익은 누구에게 돌아갈까? 정부, 복권관련 제조업체, 복권판매소, 광고회사, 방송사 등이 수혜자다.

복권을 사기 전에 분명히 되새겨보자. 사회의 정당한 부의 재분배가 중요하고, 양극화가 해소되는 쪽으로 정책이 움직여야 하고, 복지제도가 더

많이 마련돼 빈부격차를 줄여야 한다. 그리고 복권수익은 지금보다 몇 배
더 저소득층을 위해 쓰여야 한다. 대박 행복을 기대하며 긁는 복권이 우
리의 정치의식을 무디게 할 수도 있음을 놓치지 말자.

초콜릿, 우리를 사랑하게 해 주세요?

밸런타인데이와 초콜릿은 일본 고베의 한 제과업체가 '밸런타인 초콜릿'을 만들어 판 것이 최초의 인연이다. 그 후 일본 모리나가제과가 밸런타인데이에 여성이 초콜릿으로 남성에게 사랑을 고백하자는 캠페인을 벌인 것이 밸런타인 초콜릿 열풍을 불러일으켰다.

밸런타인데이에 초콜릿을 떠올린 배경은 무얼까? 초콜릿의 원산지 멕시코의 옛 마야 왕족 사회에서는 붉은 음료와 초콜릿으로 청혼하는 풍습이 있었다고 한다. 또 치아파스 원주민들은 신랑신부가 카카오 5알을 주고받으며 결혼의 증표로 삼았다고 한다. 이는 초콜릿 속에 트립토판, 페닐에틸아민, 테오브로민, 카페인 등 사람을 들뜨게 하는 성분들이 여럿 들어 있어 남녀의 로맨스에 유익하기 때문일 듯.

초콜릿의 세계, 세계의 초콜릿

초콜릿은 스페인이 멕시코를 점령해 통치하면서 스페인으로 건너갔고 바로크 시대 유럽을 휩쓸게 된다. 영국에서 초콜릿하우스는 프랑스의 카페처럼 귀족계급, 신사계급, 그리고 새롭게 출현한 중산층의 정치토론장 및 사교클럽 역할을 했다.

이런 역사적 배경으로 초콜릿에 대한 자부심은 멕시코와 스페인이 강하다. 멕시코는 요리에 초콜릿 소스를 곁들이고 초콜릿에 멕시코 특유의

칠리와 데킬라를 섞어 먹고 100퍼센트 순수 초콜릿을 즐기기도 한다.

스페인은 아직도 카카오 빈을 맷돌로 갈아 초콜릿을 만드는 전통이 남아 있다. 100퍼센트 핸드메이드인 셈이다. 생산량이 적어 세계적으로 이름을 떨친 브랜드는 없지만 고급 초콜릿의 품질에서는 세계 최고라는 자부심을 갖고 있고 유럽의 초콜릿 애호가들도 스페인산을 최고로 인정하는 분위기다.

벨기에는 플랑드르 지방이 스페인에 점령되어 식민지가 되면서 초콜릿 산업이 발달했다. 장 노이하우스에 의해 프랄린(견과류, 신선한 크림, 버터 등으로 속을 채운 뒤 초콜릿으로 겉을 씌운 고급 초콜릿)이 개발되며 세계적인 경쟁력을 갖추게 되었다. 네덜란드는 초콜릿에서 카카오버터를 제거해 가루 형태의 초콜릿을 만들어냈다. 간편하고 소화도 잘되는 이 초콜릿 분말이 '코코아'이다.

네덜란드 실용주의의 모습을 그대로 보여주는 코코아는 지금도 네덜란드가 선두를 지키고 있다. 스위스는 늦긴 했지만 앙리 네슬레가 분유를 개발하면서 분유를 이용한 밀크 초콜릿을 발명했다. 초콜릿에 헤이즐넛을 첨가한 것도 스위스가 최초이다.

이탈리아는 초콜릿을 이용한 달콤한 디저트로 유명하다. 아몬드, 헤이즐넛, 호두가 섞인 부드러운 초콜릿으로 경쟁력을 갖추었다. 미국은 허쉬에서 대량생산 방식을 도입해 초콜릿의 대중화를 이루었다. 카카오버터 대신 식물성유지를 사용해 손에 쥐어도 녹지 않는 초콜릿을 개발했고, 이는 전투용 비상식량으로 발전하기도 했다. 프랑스인은 설탕과 향이 덜 들어간 단순한 맛, 영국인들은 상점에서 사먹는 초콜릿 바, 일본인들은 밀크 초콜릿, 태국인들은 화이트 초콜릿, 홍콩과 싱가포르인들은 검은색 초콜릿을 좋아한다.

초콜릿 중독을 '초코홀리즘chocoholism'이라고 부른다. 국가별로는 미국이 세계 초콜릿 소비량의 3분의 1을 먹어치워 단연 1위, 그 다음이 유럽이다. 그러나 연간 1인당 소비량은 아일랜드, 영국, 오스트리아, 스위스(10킬로그램), 벨기에(8킬로그램) 순이다.

미국은 1인당 소비량에서 벨기에의 절반쯤. 우리나라는 미국의 4분의 1, 스위스의 10분의 1 수준이다. 최근 텔레비전에서 초콜릿 광고가 크게 늘어난 것을 볼 수 있는데 이는 유럽 경제위기와 관련 있다. 유럽 경제위기로 인해 세계 초콜릿산업이 불황에 시달리고 있다.

유럽코코아협회는 코코아에 대한 수요가 전년 대비 20퍼센트 가까이 급감하였다고 밝히고 있다. 특히 포르투갈과 이탈리아 초콜릿 시장이 위기상황이라 전해지고 있다. 미주, 아시아, 동부유럽 시장은 현상유지를 하고 있다.

아시아 · 태평양 지역은 최근 급격한 증가세를 보여 왔다. 그 중 30퍼센트는 중국이 소비한다. 그러나 중국 연평균 1인 소비량은 아직 50그램 수준에 머물고 있다. 스위스 11.3그램, 영국 9.2그램 등과 비교하고 인구 규모를 감안할 때 무한히 커나갈 가능성이 있는 시장이다.

우리나라 초콜릿 시장 규모는 일본의 10퍼센트 정도(약 5천 400억 원)이고, 프리미엄 초콜릿 시장은 일본의 2퍼센트(약 110억 원)로 업계는 추산하고 있다. 그러나 일본의 정체와는 달리 우리 국내 초콜릿 시장은 꾸준히 성장할 것으로 예상된다. 중국은 전통적으로 사탕 소비지역이고 한국은 과자 소비지역이다.

초콜릿이 과자와 사탕의 영역을 파고들기에 아직은 가격이 비싸고 어린이 · 청소년 · 젊은 여성층에 소비가 머물고 있는 것이 시장의 한계다. 이 벽을 허물고 시장을 점유하는 교두보가 밸런타인데이의 초콜릿 선물 풍습이다.

초콜릿은 자연식품이다?

커피에 아라비카, 로부스터 품종이 고급과 일반으로 구별되듯이 초콜릿의 원료 카카오 빈bean도 고급인 플레보와 고급이 못된 벌크로 나뉜다. 고급 품종의 이름이 트리니타리오, 일반 벌크 품종은 포라스테로라 부른다. 물론 커피도 로부스터에 고품질 예외가 있듯이 카카오에도 특별한 예외는 있다. 고급 카카오 빈의 생산량은 전체 생산량의 5퍼센트 이하이다. 초콜릿마다 최고급 카카오 빈을 사용한다고 선전하지만 과연 고급 품종을 사용한 초콜릿은 얼마나 될까?

고급 초콜릿의 문제는 커피와 비교해보면 쉽게 이해가 간다. 커피는 아직도 생산지와 커피원두의 종류에 따라 여러 가지 고유의 맛을 즐기고 있다. 하지만 카카오는 원산지 고유의 풍미와 개성을 살려낸 다양한 종류의 초콜릿을 만들지 않는다. 초콜릿도 자연식품이다. 농작물인 카카오를 먹기 좋게 만든 것이 초콜릿이라는 점에서 커피와 다를 이유가 없다. 그러나 대중을 위한 대량생산품만이 팔리고 있다. 세계 곳곳에서 생산된 카카오를 쓸어 넣고 적당히 볶아서 첨가물 잔뜩 넣고 만드는 제품들이 주종이다. 최근 들어 기본으로 돌아가 카카오의 건강한 고유의 맛을 즐기자는 흐름도 있지만 대세는 그대로이다.

초콜릿은 어떻게 즐겨야 할까? 우리나라 초콜릿은 7가지로 나뉘는데 나름 7등급으로 보아도 무방할 듯하다. 초콜릿, 스위트 초콜릿, 밀크 초콜릿, 패밀리 밀크 초콜릿, 화이트 초콜릿, 준초콜릿, 초콜릿 가공품으로 나뉘는데, '다크 초콜릿'이라 부르는 명칭의 경우에는 순도 상上으로 1등급이라 할 수 있는 초콜릿 제품 중에 카카오 함유량이 높은 걸 편의상 부르는 이름이다.

초콜릿에 우유성분, 설탕을 넣는 것이야 기호상의 문제일 수도 있으니 그렇다 치자. 그러나 카카오버터를 쓰지 않고 값이 싼 식물성대체유지(야

자유·대두유·코코넛유 따위)를 쓰고 색소, 인공향료(합성착향료, 바닐라·매스킹 따위), 피막제, 유화제(글리세린비방산에스테르 따위) 등을 첨가한다는 것은 소비자 입장에서는 알아두어야 할 일이다. 녹여서 씌우고 굳히고 이리저리 내돌려도 광택이 유지되고, 다루기 쉽다고 해서 많이들 쓴다. 확인하고 사먹자.

초콜릿은 '제2의 피의 다이아몬드'라고도 불린다. 카카오 농장에서의 어린이 노동, 노동착취와 인신매매, 부당한 처우 등이 개선되지 않은 채로 남아 있기 때문이다. 소비자로서 힘을 보태려면 초콜릿 구매에 신중한 선택이 필요하다. 그렇다고 '공정무역 초콜릿'을 사먹는 것으로 할 일을 다 했다고 여기는 것도 적절치는 않다. 시장의 공정함과 환경, 카카오 재배농민의 권리, 생산국의 민주주의까지 살펴보고 자기가 할 수 있는 행동을 하는 것이 지구촌 시민의 책무가 아닐까.

일본의 극우와 특공아줌마 콤플렉스

내일 갈 길을 역사가 말하다

우리 군사문화의 뿌리는 프로이센? 사무라이?

'군기가 빠져', '군기를 잡아야'……. 남성들이라면 어색하지 않게 써 온 단어들이다. 그러나 사회에서 군기라는 개념으로 사람과의 관계를 조율한다는 것이 어색하지 않다면 그 의미하는 바가 무얼까? 당연히 우리 속의 군사문화이다.

대학 생활체육과 신입생들이 야전교범에 따른 선배 모시기 교육을 받고 언어도 옷차림도 규제를 받는다고 해서 논란이 일었다. 대학 내에서 벌어지는 선후배 간의 폭력적인 규율 감독과 지도는 반복해 지적되며 사라지지 않는다.

대학뿐이랴. 어지간한 조직이나 단체에도 신고식이라는 이름의 행사가 있고 출입구는 아직도 '비상구'이다. 언어는 우리의 사고를 규정한다. 군기이고 비상구이고 FM대로 하라는 말이 일상화되어 있다면 그 의식은 아직도 병영에 한 발을 걸치고 있다고 해야 할 것이다.

그런 배경에서 청소년들은 군사훈련을 받는다. 인내심과 집중력을 키워 성적을 올릴 수 있도록 하려는 것일까? 성적을 올리기 위해 받는 군사훈련이라니. 그러다 사설 군사훈련 캠프에서 젊은 생명들이 희생되기도 했다. 도대체 언제부터 아이들을 군사훈련 캠프로 보내게 된 것일까?

지구촌 학생군사훈련 캠프 열람

우리나라는 일제강점기인 1923년 조선총독부에 의해 학생들에게 병식교련을 실시했다. 이 병식교련은 박정희 대통령 집권 때인 1969년 고교 필수과목 '교련'으로 다시 태어난다. 그리고 대학은 '교련'과 '병영집체훈련'이 필수가 됐다.

공산국가인 중국은 국방부와 교육부 주관으로 중고등학교 신입생들을 하계 군사캠프에 보낸다. 9박 10일의 일정이다. 북한은 14살이면 아예 아이들을 징집대상자로 분류한다. 예비검사를 거쳐 17~18살에 대부분 입대한다. 신검통과기준이 148센티미터 키에 43킬로그램만 넘기면 된다. 처참한 현실이다.

정규 교과과목이 아닌 학생병영캠프는 미국에서 시작됐다. 미국에서는 1990년대 초반에 폭력과 절도, 마약 등 범법 행위를 저지른 학생들을 군사훈련 캠프로 보내 교정 · 교화를 시도했다. 각 주정부들은 학생 범죄를 줄이는 획기적인 방안이 될 거라며 경쟁적으로 주방위군이 운영하는 병영캠프를 세웠다. 미국의 병영캠프 교정과정은 주정부 후원으로 17개월간 운영된다. 17개월 중 첫 5개월은 훈련캠프에 입소해 훈련과 학과공부를 병행하고 이후 집으로 돌아가 개인 멘토의 상담과 함께 입시 공부나 취업 준비를 이어가는 방식이다. 처음에는 효과가 있다고 붐이 일었으나 막대한 투자에도 병영캠프가 다른 교정 방식에 비해 재범을 줄이는 데 월등한 효과는 없는 것으로 평가를 받았다. 우리 사회를 봐도 짐작할 수 있는 일이다. 자기한계를 넘어서는 혹독한 군사훈련과 외부로부터 격리된 집단 수용생활이 인간을 절제와 협동심, 인내심, 자기성찰로 이끄는 효과가 뛰어나다면 남성 대부분이 군복무를 한 우리나라는 품격 있는 신사로 가득찼어야 한다.

미국의 군사문화에서 놓치지 말아야 할 것은 군사문화가 나라를 위해 전장에서 피 흘리고 숨겨간 장병들에 대한 경의와 존경에 기반을 두고 있다는 점이다. 미국은 국가로서의 역사가 짧은 만큼 국가가 국민의 안위를 최우선으로 여긴다는 걸 보여주려고 애쓴다. 또 국민은 군이 조국과 국민을 위해 숭고한 헌신을 했음을 되새기며 국가통합을 이루어 간다. 미국 대통령이 전투기 편대를 이끌고 외계에서 온 적과 싸우는 헐리웃 영화 〈인디펜던트 데이〉나 일등병 하나 구하는 데 국가의 명예를 거는 〈라이언 일병 구하기〉도 그런 맥락이다. 미국이 막강한 군사력으로 지구촌을 헤집으며 비난을 듣지만 국내에서는 군사문화가 국민통합과 국격에 중요한 요소로 대접받는다.

미국의 불량학생 군사훈련 캠프 붐은 IMF 직후 한국으로 건너와 해병대 캠프로 자리 잡았다. 최근에는 해병대훈련 캠프라는 이름을 민간에서 함부로 쓰는 것에 제동이 걸리자 해병아카데미 등 다른 이름으로 상호를 변경해 사업을 계속해 오고 있고, 복합민간군사기업이라고 상호를 변경한 곳도 있다.

이 시점에서 우리의 군사문화를 생각해보자. 우리는 자유민주주의와 군사문화가 서로 대척점에 서 있는 듯 여긴다. 우리 군의 문화가 당당히 '군문화'라 불리며 자리 잡지 못하고, '군사문화의 잔재'라는 소리를 듣는 현실은 왜일까? 우리 군의 멋지고 당당한 모습이 국민의 전폭적인 신뢰와 존경을 받고, 그것을 우리의 군사문화라 부르는 것은 불가능한 것일까?

우리 뿌리가 프로이센 제국과 사무라이?

우리 군의 민주적 기반은 군이 외세를 물리치고 민주주의를 이끈 프랑스, 터키, 미국 등과 비교한다면 열악하다. 친일파 논란, 이승만 독재정권하에서의 부정부패, 쿠데타, 군부독재로 이어지는 과거의 경험은 국민의 신뢰와 존경으로부터 군을 떼어놓았다. 그 역사를 거슬러 올라가면 결국 일제 식민지배와 이어진다.

우리가 군사문화를 답습한 일본은 19세기 중반까지는 프랑스 스타일로 자리 잡아가고 있었다. 그러다 1871년 보불 전쟁에서 프로이센이 프랑스를 꺾고 독일제국으로 커나가자 일본군 내 유럽 유학파들은 프로이센 스타일로 군 체계를 바꾸게 된다. 프로이센 스타일은 군대의 정신전력과 일체감을 극도로 강화해 전투력을 뽑아내는 방식이다. 나치 역시 프로이센 방식의 군사문화를 도입한 뒤 군과 국민에게 전파해 파시즘을 구축했다.

소련도 프로이센 스타일의 군사문화를 받아들인 나라이다. 적군·백군으로 싸운 내전 이후에 백군출신들이 군에 유입돼 공산당 통치와 맞물리면서 계급에 따른 복종과 희생을 군 정신전력의 중요한 요소로 삼았다.

일본은 프로이센 스타일의 정신무장을 강조하는 군사문화에 일본 전통의 사무라이문화를 접목시키며 죽음을 운명으로 받아들이고 종교성까지 곁들인 독특한 군사문화를 선보였다. 상관 명령에 절대복종하는 죠우칸메이레이, 일본 왕을 살아있는 신으로 간주해 천황이라 칭하고 '천황의 군대는 신의 군대이니 후퇴·항복·포로가 있을 수 없다'는 옥쇄항전, 반자이 돌격, 카미카제 자살공격 등 인간의 존엄이 함몰된 군사문화와 전투방식이 생겨난 것이다. 이는 서구에 열세인 산업기술과 군사력을 집단최면과 맹목적인 충성심으로 보완하려는 의도였다. "군대에서 하라면 해", "군대에서 안 되는 게 어디 있어"……. 현실적으로 부조리하고 적절치 않은 것을 무조건 해내라는 소위 '군대식'은 여기서 비롯되는 것이다.

독일도 서독의 연방군은 전투와 임무수행에 직접 관련되지 않은 경우에는 사병이 정당한 개인의 권리 요구를 하도록 해 민주주의와 군대의 문화를 접목시켜 놓고 있다. 군 역시 민주사회의 한 부분으로서 건강하고 조화롭게 존재함을 명시한 것이다. 반면 프로이센과 나치의 전통을 이어받고 소련 편이던 동독군은 군부 내 비리, 부패 등으로 심하게 병들어 있었다. 일본도 자위대가 엄연히 군인 아닌 민간인 신분임에도 1990년대까지 구타와 왕따 문제로 사회의 골칫거리가 되었다. 군사문화라고 해서 어디나 같은 건 아님을 상기할 필요가 있다.

살펴본 대로 우리 군은 건강하고 당당한 군사문화와 국군 이미지의 구축을 위해 국민과의 어우러짐도 강화하고 문민 통제의 시스템도 확실히 세워 나가야 한다. 이런 마당에 군 내부가 아닌 거리에서 군복 입은 사람들이 몰려다니는 것이나, 군복 입은 무리에겐 행정관청과 경찰도 통제를 못하고 적당히 넘어가는 특권적인 풍토는 군을 국민에게 다가가지 못하게 하는 요인 중 하나이다.

우리 국군은 군과 군사문화가 시민 민주주의와의 대척점에 놓여있지 않고 국민을 존중하고 국민으로부터 존경받기에 마땅함을 증명해내야 한다. 왜 아직도 이 나라에 프로이센과 사무라이의 그늘이 드리워져 있는가 말이다.

일본의 극우와 특공아줌마 콤플렉스

일본군 위안부 문제를 다룬 연극 〈봉선화〉 공연이 2014년 5월 내내 이어졌다. 윤정모의 소설 〈에미 이름은 조센삐였다〉를 원작으로 한 연극이다. 친구와 장터에 다녀오던 열네 살 소녀가 납치되어 당해야 했던 폭력들. 과거의 상처를 덮어두려 했던 한국과 일본의 역사를 연극은 비통하게 꾸짖는다.

그러나 일본 정치인들의 망언은 계속된다. 최근에는 일본 NHK 모미이 회장도 망언 대열에 합류했다.

"전쟁을 했던 어느 나라에도 위안부는 있었다. 한국은 일본만이 위안부를 강제 연행한 것처럼 이야기하고 있다."

모미이 회장이 망언 파동으로 궁지에 몰리자 정치인들이 거들고 나섰다. 일본 유신회 소속 다나카 마사시 참의원은 국회의원 모임에서 "한국은 정부가 공식인정한 성산업 종사 여성이 5만 명이고 중국에서도 싼값에 여성을 살 수 있는데 왜 일본만 문제 삼느냐"고 주장했다. NHK 모미이 회장의 망언 뒤에는 아베 총리의 밑그림이 존재한다. 아베 총리는 지난해 NHK 경영위원 4명이 바뀌는 틈을 노려 4명 중 3명을 자신의 최측근 인사로 교체했다.

아베의 초등학교 시절 가정교사가 있는가하면 대표적인 우익 소설가, 우익이념의 철학적 틀을 제공하는 철학교수 등등이 새로 NHK경영위원회에 합류했다. 아베는 결국 경영위원회를 움직여 자신과 코드가 맞는 모미이 가쓰토를 신임 NHK 회장으로 앉혔다. 일본의 전쟁범죄 중 가장 잔악한 종군위안부 문제에 대해 일본의 지식인들조차 망언을 일삼는 이유는 뭘까?

알만한 인간들이 왜 그러는 걸까?

일본 야스쿠니신사에 위패가 놓인 전몰자들은 만주사변부터 태평양전쟁까지 이른바 15년 전쟁에서 숨진 사람들이다(일본은 자기네 침략과 약탈, 패망을 얼버무리기 위해 15년 전쟁이라고 뭉뚱그려 부른다).

여기에는 총탄에 맞아 숨진 사람보다 병에 걸려 숨진 사람이 훨씬 많다. 얼어 죽고 굶어 죽고 폐병 걸려 죽고 후방에서 여자를 탐하다 성병에 걸려 죽은 사람까지 다 들어가 있다. 청일전쟁 때는 전체 사망자의 86퍼센트가 병사자였다. 군부의 탐욕과 광기에 의해 전장으로 내몰린 허망한 죽음들이 모여 있다.

태평양전쟁 말기에 일본은 '야스쿠니의 아내ᵃ'라는 말을 만들어 전파했다. 남편이 천황을 위해 전사했으니 그들의 살아 있는 미망인들도 국가가 관리해줘야 한다는 취지이다. 그 미망인들은 결국 국가관리하에서 재혼이 규제됐고 지금도 매년 8월 15일이면 검은 옷에 진주 목걸이를 하고 야스쿠니신사에서 열리는 전몰자 추도식에 참석한다. 국가전체주의에 남성과 여성이 함께 희생 제물로 바쳐진 셈이다.

이런 일이 가능한 것은 여성과 모성애와 국가전체주의를 교묘하게 엮어낸 일본의 국가철학이 바탕에 있기 때문이다. 일본은 왕과 국가에게 모성애의 이미지를 덧씌워 위장했다. 일본의 왕 '천황'은 인류 모두를 포용하는 커다란 모성애의 발현이고 일본이라는 나라는 '천황'의 가족국가이며 국민 모두는 '천황'의 아들·딸이자 신하라는 이야기이다.

백성의 아들은 '천황'의 아들이니 '천황'의 뜻을 따라 전쟁터로 가는 건 당연한 일이고, 병사들은 '천황'의 전쟁터에서 죽은 후에도 '천황'의 모성 애에 안겨 안식을 취할 수 있다.

또 일본의 어머니들은 국가적 모성애 전통의 수호자이니 아들을 전쟁의 제물로 내놓는 건 어머니다운 일이 된다. 인간으로서의 가장 순수하고 이타적인 사랑, 여성의 모성애를 교묘하게 국가와 왕에게 끌어다 붙인 개념조작이다. 일본의 여성들은 국가가 강제 주입하는 이념에 의해 야스쿠니 콤플렉스에 빠져들기 시작했다. 기록에 나타난 에피소드 한 가지를 읽어보자.

카미카제 자살공격대로 나선 청년이 자신을 돌봐주던 나이든 여성에게 이렇게 인사를 건넸다. "아주머니 저 반드시 살아서 돌아오겠습니다." 그러자 그 아주머니는 기겁을 한다. "안됩니다. 큰일 날 소리. 영혼이 반딧불이 되어 돌아와야 합니다"라고 타이른다.

'천황'을 대신해 죽으러가는 병사로서 확실하게 죽으라고 격려하는 이런 여성의 역할을 '특공아주머니' '병사 할머니'라 이름 지어 불렀다. 일본은 이런 아주머니 할머니들을 매스컴을 통해 적극 영웅시했고, 여성들은 병사들에게 목숨에 대한 미련을 버리고 장렬하게 전사하라며 등을 떠밀었다.

일본의 특공아줌마, 병사 할머니
전쟁물자 공출로 굶주리는 일본 여성들에게 일본이 내건 구호는 모두 병사가 될 아이를 낳아라, 굶주림은 알아서 해결하라는 것뿐이었다.

"낳아라, 길러라."

"부족하다, 부족하다 하지만 이는 방법이 부족한 것이다."

어머니들의 글 속에는 야스쿠니 콤플렉스가 그대로 드러난다.

"주군과 나라에 바치고자 아이들을 기르고 격려하는 사이 늙어가는 줄도 모른다. 일본의 어머니여 장하도다."

"우리 장남은 아무 쓸모도 없었는지 무사히 돌아왔습니다. 지금은 동생이 전쟁에 나가 있는데 죽어도 애통할 것 없으니 제 몫을 다하고 돌아오면 좋겠습니다."

"내 걱정은 마라, 전쟁에 나가면 앞으로 나가야지 뒤로 물러서선 안 된다. 어머니가 용서치 않겠다."

일본의 어머니들은 전쟁터로 나가는 자식들의 두려움을 없애고 그들이 자살공격 전에 먹을 과자를 만들어 보내며 전쟁의 한 축을 담당했다. 일본이 전쟁을 무력전, 경제전, 사상전으로 분류했으니 과자를 만드는 건 경제전, 죽어서 돌아오라 떠미는 건 사상전이었다.

국가주의와 모성애의 결합이 극적으로 드러난 예는 일본의 '어머니날'이다. 1934년 일본 애국부인회는 3월 6일을 어머니날로 정했는데 이 날은 왕후가 아키히토 왕자를 출산한 날이다. 이런 걸 '총후銃後 보국', '총후의 여성'이라고 부르기도 한다. 병사는 적을 향해 총구를 겨누고 여성은 병사의 총 뒤에서 함께 싸운다는 뜻이다.

오늘날 일본이 자신들의 전쟁범죄에 대해 뉘우치지 못하고 망언과 망상이 이어지는 것에는 이런 이념적 토대가 작용하고 있기 때문이다. 일본의 아베 총리가 총후보국의 어머니 밑에서 자라며 야스쿠니 콤플렉스에서 벗어나지 못했고, 그 주변 인사들 다수 역시 천황제 모성애 국가라는 허위의식에서 빠져나오지 못한 데서 기인하는 것이다.

이 허위의식을 일본의 양심들에게 호소할 당사자는 우리다. 그렇다면 우리는 일제강점이 만들어 낸 허위의식으로부터 자유로운가? 위안부로 끌려갔던 할머니들을 품지도 포용하지도 못한 것이 우리다. 사회의 편견은 할머니의 가족들마저 할머니들을 쉽게 받아들이지 못하게끔 만들었다. 지금도 독도에는 열을 올리지만 위안부 문제는 적당히 대하고 마는 우리 사회의 지도층들도 진찰을 받아봐야 한다. 2014년 4월 우리나라를 방문한 오바마 대통령까지 한미정상회담 기자회견 자리에서 일본이 저지른 위안부 만행을 '끔찍한 인권침해'라고 비난했다. 이제는 시간이 없다. 위안부 피해자 할머니들에게 남은 시간이 없듯 그들의 문제를 해결해 우리 역사를 치유할 우리의 시간도 결코 넉넉지 않다.

오바마 선배들과 한반도의 치욕

오바마 미국 대통령이 아시아 4개국을 순방했다. 우리는 세월호 참사로 경황이 없었지만 일본 · 말레이시아 · 필리핀은 역시 중국의 진격과 북한의 위협으로 느끼는 불안감을 호소했고 오바마는 동맹국들을 안심시키며 다독였다.

오바마는 "지난 5년간 아시아 · 태평양 지역에서 우리의 동맹은 더 강해졌고, 상호이익의 관점에서 이 지역 사람들과 더 잘 관계를 맺고 있다. 그것이 섹시해 보이지는 않고 뉴스거리도 되지 않을지 모르지만, 시행착오를 줄이고 미국의 이익과 전 세계와의 협력을 꾸준히 증진하는 길"이라고 말했다. 미국이 다른 나라와의 상호이익을 도모한다는 것은 수사적 표현일 뿐 아시아 역사 속에서 미국의 접근은 결코 단순한 것이 아니었다. 미국 대통령에 얽힌 동북아시아의 옛날이야기들을 들춰 보자.

친절한 척 뒤통수친 루스벨트 대통령

루스벨트는 미국이 필리핀을 삼키고 일본이 조선을 삼키는 걸로 '미일 가쓰라 태프트 밀약'의 판을 짰던 대통령이다. 여기서 일본은 자신을 얻어 영국으로부터도 한반도 침략과 지배를 인정받고 강력한 경쟁자인 러시아로부터도 한반도 지배를 인정받는다(포츠머스 조약).

이때 미국 루스벨트 대통령은 친일성향이 강했다. 그래서 일본의 로비를 받아 미국에서 러시아 · 일본이 만나도록 주선했던 것. 이미 이때 조선과 미국 사이에는 '조미수호조약'이 맺어져 있었으니 결국 미국은 조선을 배신한 셈이다.

가쓰라 태프트 밀약과 포츠머스 회담이 미국에 의해 준비되고 있을 때 미국 교민 대표로 위촉된 이승만, 윤병구 두 사람이 루스벨트 대통령에게 면담을 요청해 만났다. 기독교인들이 중심이 돼 조선의 독립을 위해 힘을 모아 대통령 접견을 추진했는데 나이 30살의 이승만이 마침 기독교인에 젊고 똑똑하고 영어도 잘하니 일을 맡긴 것.

사저에서 만난 루스벨트는 "어 그래 조선 독립보장 탄원서? 접수시키세요!"라고 친절하게 답한다. 이승만은 당시 의기양양하게 자신의 정치적 업적이라고 내세웠지만 사실은 루스벨트의 정치적 언변에 농락당한 것이다. 이미 친일파들로 가득 들어찬 조선 왕실과 워싱턴 정가 분위기로 인해 그 탄원서는 접수조차 안 됐다. 그러나 이때부터 이승만의 정치적 지위가 엄청나게 격상되면서 미국 교민사회를 장악하고 훗날 대통령에 오르게 된다.

일본에 뒤통수 맞은 미국

미국이 애초에 노린 것은 만주였다. 미국은 러시아가 만주로 남진해 만주를 집어삼키는 것을 견제하기 위해 러일전쟁 때 일본을 도왔다. 그런데 러시아를 물리친 일본이 만주를 독차지하려는 낌새가 보이자 미국은 만주를 나누어 통치하자고 밀어붙였다. 그러자 일본은 전쟁 상대였던 러시아를 설득해 협상을 맺고 미국을 견제한다. 러시아에게 북만주와 외몽고를 떼어주는 대신 활용도가 높은 알짜 남만주를 일본이 챙기기로 한 것이다.

이 때 미국 대통령이 친일 루스벨트에서 반일 태프트로 바뀌었다. 태프트는 일본의 만주 독차지를 강력히 규탄하며 일본을 압박하는 한편 러시아를 설득했다. 일본은 미국과 러시아가 한편이 되는 것을 걱정해 러시아를 설득하러 특사를 보내는데, 그가 이토 히로부미이다. 하얼빈에서 안중근 의사에게 저격당해 사망한 그 인물이다.

이런 소동 속에 미국·러시아가 한편이 되는 것은 불발에 그친다. 그러자 미국은 아예 영·미·일·러·불·독 6개 나라가 만주를 갈라 먹자고 '만주철도 중립화 방안'이라는 걸 내놓는다. 그러나 러시아·일본은 왜 6조각으로 나누나, 러시아와 반반 차지하겠다고 2차 러일협약을 맺으며 버틴다. 이것이 1910년 7월의 일이다.

이후 일본은 영국·프랑스에게 독일을 포위해 저지하는 걸 도와주겠다며 한편으로 끌어들여 미국을 뿌리친다. 그렇게 주변 상황을 정리한 일본은 자신 있게 대한제국 강제합병 작업에 나서 다음 달인 8월 22일 우리는 경술국치를 당하게 된다.

봄은 봄이되 봄 같지 않아라

그보다 앞서 일본이 메이지유신을 시작할 무렵 일본을 직접 방문한 미국 대통령도 있었다. 율리시즈 그랜트가 주인공이다. 그는 일본 왕을 만나 "서양 제국주의(특히 영국)의 돈을 절대로 빌려 쓰지 마라. 보호주의정책으로 버티면서 나라를 부강하게 만든 뒤 자유무역으로 나가라"고 충고한다.

그랜트 대통령은 앞으로 200년간 미국은 보호주의정책으로 나아갈 테니 자유무역은 그 후에나 이야기하자고 선언하기도 했다. 그의 말대로 미국은 아직도 남에게 개방을 강요할 뿐 스스로는 보호무역체제이다.

그래서였을까? 일본은 메이지유신 이후 보호주의정책을 강하게 쓰는 대신 조선·중국에 대해서는 문호개방을 압박한다. 대표적인 것이 조선과 맺은 강화도조약. 지금으로 치면 FTA와 흡사하다.

이 강화도조약이 빌미가 돼 청나라도 조선과 협약을 맺고(청나라는 조선이 자기네 속국이나 마찬가지라며 조약으로 하지 않고 장정으로 격하시켜 체결), 영국·미국 등이 통상수호조약을 체결하며 조선을 침탈하기 시작한다. 근대화에 눈 뜨지 못한 채 개방과 쇄국의 이념 대결로 혼란스럽던 조선은 이렇게 강대국의 먹이가 되어갔다.

일본도 강대국에 침탈당하기는 마찬가지였다. 서양제국 함대들이 일본 항구에 밀려들어오자 힘에 밀린 일본도 치욕적인 불평등조약들을 받아들였다. 그리고 근대화 작업에 나섰다.

그때 가장 중요한 역할을 한 곳이 대학이었다. 근대적인 사상과 철학을 정리해 일본에 맞추어내고, 야심에 찬 인재들을 키워냈다.

대표적인 인물이 후쿠자와 유키치(일본 1만 엔권에 그의 초상이 들어갈 정도로 일본의 우상이다). 그는 일본이 아시아를 넘어서야 하며 그러자면 길목에 있는 조선과 중국을 접수해야 한다고 부르짖은 인물이다. 그리고 세계 모든 나라가 일본의 적이 되더라도 모든 간섭에 대항해 우리의 자유를 지켜야 한다고 주창했다.

이런 사상들을 기반으로 일본은 서구 열강과의 불평등조약을 파기하고 침략전쟁도 벌이고 전쟁 벌였던 적을 끌어들여 한편이 되기도 하며 제국주의로 나아갔다.

100년이 훌쩍 지난 옛날 이야기이이다. 하지만 100년 후인 오늘 미국 대통령을 맞아 중국·일본·러시아에 둘러싸인 한반도의 정세를 하소연해야 하는 우리의 상황은 그때와 비교해 다르되 또한 다르지 않다.

백백교에서 신천지까지, 신흥 사교집단 열전

세월호 참사의 수사 과정에서 느닷없이 기독교 이단 종파 '구원파' 문제가 불거져 나왔다. 공식명칭은 기독교복음침례회이고 여러 계파 중 검찰 수사가 향하고 있는 건 유병언 구원파이다. 유병언 씨와 그의 장인이 만든 기독복음침례회 구원파는 1962년에 정통 기독교단으로부터 제명처분을 받았다. 그 후 서울, 인천, 안양, 대구 등지에서 세를 키웠고 극동방송을 세 확장 수단으로 이용하던 두 사람은 1974년 극동방송에서 다시 해임되었다. 이후 삼우트레이딩을 인수해 1979년 세모(주)를 설립해 선박, 식품, 자동차부품 쪽에 진출했다. 유병언 씨의 돈줄 중에 박순자라는 구원파 인물이 있었는데 1987년 발생한 오대양 사건의 핵심인물이다. 유 씨 역시 오대양 사건과 관련해 사기죄로 복역했다. 대부분의 기독교를 흉내 낸 이단사이비 종파들이 그렇듯이 구원파 역시 시한부 종말론을 내세운다.

한국에는 자칭 재림예수라 주장하는 인물이 몇 명 있고 하나님과 동격이라고 주장하는 인물도 부지기수다. 문제는 그들을 믿고 따르는 사람들이 생겨나고 가산을 쏟아 헌신한 다음 그 종말이 비참하기 십상이라는 점이다. 물론 사이비종교 소동이 우리나라에만 있는 건 아니다.

우선 인민사원人民寺院, Peoples Temple 사건. 1978년 11월 18일 가이아나 존스타운에서 벌어진 집단자살로 널리 알려진 사교집단. 처음엔 미국 캘리

173

포니아 지역에서 가난한 흑인, 마약중독자, 노숙자 등 도시빈민을 도우며 좋은 평판을 얻었다. 그러나 교주이던 존스가 스스로를 예수, 부처를 잇는 신적인 존재라고 우상화하면서 본색이 드러나기 시작해 1970년대부터 탈출자들이 폭력과 학대의 실상을 폭로했다. 교주 존스는 1천 명의 신도들을 데리고 가이아나의 정글 속에 은거해 지내다 결국 신도들에게 청산가리를 탄 주스를 마시도록 해 집단 살해한다. 강압적인 자살로 914명이 사망했고 그 가운데 276명은 어린이였다.

옴진리교 사건도 있다. 1984년 교주 아사하라 쇼코가 설립한 일본의 종교집단. 각종 불법적인 비리와 반대자 일가족 살해 사건 등으로 경찰 수사망이 좁혀오자 1995년 3월 20일에 도쿄 지하철 무차별 독가스 살포 사건을 일으켰다. 경찰 압수수색에서 사린가스 등의 화학무기 제조 설비, 생물무기 설비, 독가스 살포를 위한 군용 헬리콥터 등이 발견되어 세상을 놀라게 했다. 2006년 교주 아사하라 쇼코를 비롯, 핵심 주모자 13명의 사형이 확정됐고 5명은 무기징역형을 받았다.

백백교에서 신천지까지

국내로 옮겨보자. 백백교 사건이 떠오른다. 백백교는 1900년 평안남도 영변에서 전정운이란 인물이 금강산에 들어가 3년 동안 도를 닦고 세웠다는 사교집단. 1904년 6월에 인류가 멸망하지만 백백교를 믿으면 동해바다에 새로 생길 신선의 땅으로 옮겨져 불로장생하게 된다면서 신도를 끌어모았다. 1904년 아무 일도 벌어지지 않고 신도들이 반발하자 반대신도들을 살해하고 강원도 산속으로 숨어들어갔다. 신도 1만 명, 전정운이 거느린 여인만 60명, 교인들의 재산을 갈취해 방탕한 생활을 하다 병으로 숨졌다. 그러나 아들이 뒤를 이어 교주가 돼 부하들과 함께 신도들의 부인과 딸을 빼앗고 남자들을 죽인 뒤 도시로 진출해 교세를 넓혔다. 교주

와 측근들에게 살해당한 사람만 450여 명이 넘는 희대의 살인 사교집단
이었다.

용화교 사건도 있다. 교주는 서백일. 교리를 빙자하여 금품을 갈취하고,
여신도들을 간음해 오다가 1962년에 발각되어 사회적으로 크게 물의를
빚은 집단. 전라북도 김제군 청도리가 근거지였다.

최근 다시 입에 오르내리는 오대양 사건. 교주 박순자가 1984년에 공예
품 제조업체인 오대양을 설립하고, 종말론을 내세우며 사이비교주로 행
세하였다. 신도들과 자녀들을 집단시설에 수용하고, 신도들로부터 170억
원에 이르는 거액을 뜯어냈다. 이 돈을 받으러 간 신도의 가족을 집단 폭
행하고 3명을 살해한 후 잠적했다가 31명의 집단자살극으로 막을 내렸다.

이밖에도 다미선교회 시한부 종말론 사건, 영생교 사건, 아가동산 사건,
장막성전 사건, 천존회 사건, JMS 사건 등 사교집단의 폐해는 조선시대로
부터 21세기에 이르도록 끊이질 않는다.

최근 대학가에는 각종 사이비종교 신도들이 포교에 나서 이들을 막아
달라는 호소가 잇따르고 있다. 밤에 학교를 나서다 사교집단 사람들에게
붙잡혀 '조상에게 제사를 드려야 인생을 편하게 살 수 있다' '제사 비용을
내놓으라'는 강압적인 요구를 받으며 시달리고 있다고 한다. 학교 홈페이
지에 "사이비종교 금품 요구 주의" 팝업창을 띄우고 신고를 받으면 즉시
출동해 구조하는 대응책을 마련한 대학도 있다. 겉으로는 봉사 동아리나
영어회화 동아리이지만 들어가 보면 사이비종교 동아리인 것도 많다.

2012년 광주 전남대 후문에서 벌어진 납치소동 사건은 신천지라는 종
파와 관련돼 있다. 여러 사람이 여대생 한 명을 억지로 차에 태우는 장면
이 동영상으로 전해지면서 여대생 납치 사건인 줄 알았으나 신흥종교에
빠진 딸을 집으로 데려가려는 어머니가 벌인 일이었다. 문제는 딸이 종교
의 자유를 주장하며 버티고 부모의 폭력을 고발하는 기자회견을 자청하

기도 한 것. 법으로 따지면 어떤 결론이 내려질지 모르지만 이미 이 가족이 입은 상처는 회복되기 어려워 보인다.

최근 가장 왕성한 활동을 벌이는 신흥종교 집단, '신천지 예수교 증거장막성전'이란 긴 이름의 종파는 기독교와는 전혀 다르다. 이미 20여 년전 한국 교회가 이단으로 규정하고 경계령을 내린 집단이다.

이만희라는 인물이 장막성전, 통일교, 전도관 등 여러 사교집단을 전전하다 1984년에 독자적으로 세운 종교집단이다. 교회 속에 침투해 교회를 분열시킨 뒤 신도들을 빼내갔기 때문에 한국 교회가 조직적으로 대응할 수밖에 없었다.

왜 쉽게 빠지고 나오지 못하나

떨어져 바라보면 한심하고 답답하지만 당해보면 만만치 않은 것이 이들 종교집단들이다. 약한 사람들의 약한 곳을 파고들고 잘 짜인 매뉴얼을 준비해 집단적으로 작업을 벌이니 개개인이 당해내긴 쉬운 일이 아니다. 어느 집단이든 인간을 세뇌시키는 데는 3가지 방법을 섞어 쓴다. '반복, 지속, 속도.'

처음에는 다정다감과 사랑으로 다가간다. 정겹고 따뜻한 사람으로 접근해 고민을 들어줘 마음을 편하게 한다. 낙오자, 탈락자, 기타 어려움을 겪는 사람들에게 무한한 애정과 격려를 베풀며 끌어들인다. 이 사람을 만나게 된 것이 얼마나 다행스러운 일인가 여기게 만든다.

친해지면 낯선 곳으로 데려간다. 낯선 환경에서 인간은 심리적으로 위축되며 데려온 사람을 의존하게 된다. 그리고 같은 생각, 같은 사상을 갖지 않은 사람들과의 관계가 차단된다. 자신이 섬기는 종교집단을 소개한다고 데려가지만 실제로는 일정 기간 바깥 세계로부터 격리시키려는 것이다. 여기서 종교적 진실에 대한 다른 해석과 검증은 일체 끼어들지 못하고 하나의 해석만을 집중해 반복 청취하면 점점 현실감과 상식적 판단을 잃고 넘어가는 것이다.

그리고 그동안 믿어온 가치관이나 종교에 대해 잘못하고 있는 문제점이나 허점을 파고들며 의문을 갖게 만든다. 기존의 종교의 약한 부분을 집중 공격하는데 먼저 진실만을 쭉 애기해 나가다 중간중간 자기들이 의도하는 속임수와 거짓말을 끼워 넣는다. 착한 사람들은 한 번 끄덕이고 나면 이상한 게 나와도 아까 끄덕인 것 때문에 강하게 반박 못하고 끌려간다. 별것 아닌 사실을 늘어놓아 마음을 열고 믿기 시작하면 결정적 순간에 치명적인 거짓말과 속임수를 끼워 넣어 전체를 믿게 만드는 수법이다. 1대 1 토론이면 몰라도 저쪽은 매뉴얼을 준비한 여럿이고 이쪽이 혼자일 때는 대처하기 정말 어렵다.

만일 잘못되거나 부족한 점을 지적한 뒤 흔들리면 미리 정리해 준비한 내용을 꺼내 놓으면서 공감을 얻는다. 어쩌면 이렇게 잘 풀어줄까 신기하게 여기며 빠져들게 한다. 더 높은 경지에 이른 듯한 사람들을 보여주며 호감과 신뢰, 부러움을 불러일으킨다. 공개토론도 가끔 한다. 비판적 의견이 나오면 저 사람은 아직 진리를 이해 못해 저런다며 몰아가 점점 반대 의견을 눌러버린다. 그러면 결국 모두가 똑같은 의견만 말하게 되고 반대하는 데 대해 두려움을 가지면서 남보다 열광적으로 찬성하는 모습을 경쟁적으로 보인다. 북한의 주체사상 주입과 비슷하다. 이 과정을 치밀하게 조종하면서 구성원들의 성향과 사상을 검열하고 신도들에게는 공개토론을 통해 민주적인 과정을 거친 것처럼 착각을 불러일으키는 효과도 있다.

그리고 자신들이 특별한 집단이라고 강조하고 세상이 멸망하거나 죽음을 맞을 때를 강조하며 공포와 불안을 조성한 뒤 자신들만 구원받는 길이 있다고 속이는 것은 기본 메뉴. 적절히 집단최면도 이용한다. 미친 듯이 박수를 치고 노래를 반복해 부르는 것도 그런 이유. 어색하게 외톨이로 있느니 따라하는 것이 속편하지만 따라하다 보면 최면에 빠져 자발적인 열광으로 바뀐다.

사이비이단 종교에 발을 디딘 초기에는 어색하고 문제의식도 남아 있지만 시일이 지나면 문제점을 느껴도 그동안의 것을 모두 자신의 어리석음이었다고 인정하며 되돌리지 못한다. 그것이 인간의 약함이고 심리학적으로 관성의 법칙이라고 부르는 행태이다. 그러고는 오히려 그 집단에서 성공해 기득권을 누리는 쪽으로 빠져들게 되고 이웃을 끌어들인다. 그렇게 해서 잡초처럼 강한 생명력을 가진 것이다.

사람들은 종교적 신심과 영성도 자본주의적으로 체득해가고 있다. 마치 쇼핑을 하듯 엔터키를 눌러 저장을 하듯 얻으려 한다. 종교적 구원을 얻는 데 선착순이 있고 6개월이면 해당 종교의 진리를 빠삭하게 꿸 수 있다는 광고에 현혹된다. 아니다. 종교적 영성은 온몸과 온 마음으로 오롯이 한길을 걸었을 때 득하는 것이다. 아니다. 그것도 아니다. 종교적 진리는 일생을 따르는 것이지 어느 순간 얻는 것이 아니다.

나름의 신념과 종교적 신앙의 차이는 얼마든지 인정할 수 있다. 그러나 기만과 사술은 차이가 아니라 범죄이다. 아닌 건 아닌 것이다.

여성참정권 쟁취 잔혹사

지방선거를 앞두고 벌어진 세월호 참사의 비극은 40대 엄마들의 표심을 흔들고 있는 것으로 나타났다. 아이를 잃은 부모의 마음, 특히 애끓는 모성이 공명을 불러일으킨 탓이라고 분석된다. 여성 대통령임에도 여성의 마음을 얻지 못했음은 정치적으로는 뼈아픈 실책일 것이다.

우리나라 정계에 소수의 엘리트 여성들은 늘 진출했지만 일반 여성유권자의 정치의식과 정치참여는 아직 미흡하다. 아직도 정치를 남성의 영역으로 여기는 문화와 의식이 많이 깔려 있다. 정당들도 여성 정치인을 공평하게 대하고 키워내려고 투자를 해왔는지 의심스럽다.

선거철에 이르러서야 여성의 몫이 어쩌고저쩌고한다. 이런 미흡한 기반 때문에 국민 경선제를 하면 여성이 불리해지기도 한다. 그래서 지금의 여야 여성 대표도 일시적 현상이지 근본적인 남녀 양성평등을 향한 변화로 보기는 어렵다.

우리나라가 최초로 여성의 정치 참여를 허용한 것은 1946년 12월 12일 남조선 과도입법의원에 여성을 참여시킨 것. 이어 1948년 5·10 선거 때 전체 입후보자 590명 중 18명이 여성 입후보자였다. 그 후 1948년 7월 17일 제헌헌법에 의해 여성과 남성이 동등하게 정치에 참여하는 것을 인정했다.

'전시동원'된 대가로 받은 여성참정권

세계 정치사에서 전국의 모든 여성에게 선거권을 인정한 최초 국가는 뉴질랜드로 1893년, 오스트레일리아 1906년, 노르웨이 1913년 순이다. 제1차 세계대전으로 여성의 사회참여가 대폭 늘어났고 권리도 커져가면서 유럽 국가들의 여성참정권이 급속히 확대됐다. 아시아로 보면 미얀마가 1922년, 태국 1932년, 필리핀 1937년, 중국 1946년 1949년 인도, 파키스탄 1956년.

근대 민주주의의 발상지이자 신사의 나라라는 영국을 살펴보자. 1883년과 1892년에 온전한 여성참정권을 위해 의회에 법안이 제출됐으나 남성 의원들에 의해 모두 부결됐다. 여성에게는 지방의회 투표권만 허용되고 있었다. 여성들은 '전국여성사회정치연맹'을 만들어 '비폭력 시민불복종 운동'을 펼쳤고, 정부는 주동자들을 감옥에 가뒀고, 갇힌 여성들은 단식투쟁으로 맞섰다.

단식투쟁을 중단시키려고 호스를 목에 넣어 강제로 음식을 먹이는 방법이 이때 영국 경찰에 의해 동원됐고 사회문제화 되자 굶으면 풀어주되 경찰이 24시간 따라 붙어 감시하고 건강을 회복하면 다시 잡아넣는 '고양이와 쥐 법'이 이때 만들어졌다.

여성의 시위와 당국의 진압은 점점 폭력적으로 변했고 궁전에 숨어들어 난간에 몸을 묶은 채 시위하는 여성도 생겨났다. 급기야 1913년 런던 근처 엡섬다운스 경마장에서 열리던 유명한 더비 경마대회에서 그 유명한 '에밀리 데이비슨 사건'이 발생했다. 옥스퍼드 대학에서 영문학을 공부하고 여성참정권운동에 참가했던 에밀리 데이비슨이라는 여성이 경마 경주장에 뛰어들어 영국 국왕의 말에 부딪혀 스스로 목숨을 끊은 사건이다. 마지막으로 외친 말이 "여성에게 투표권을!"였다.

왜 이렇게 여성에게 참정권을 주는 데 인색했을까? 여성참정권은 여성이 투표소에 가 한 표 찍는 걸 의미하는 것이 아니다. 이걸 시작으로 사회의 모든 남녀차별에 대해 문제가 제기될 것이 뻔하다. 그러면 남녀차별을 도구로 이용해 사회 각 분야에서 기득권을 누리며 지배하던 남성의 권력구조가 시쳇말로 전방위적으로 도전받는다. 취업, 임금, 가사 등 남성이 꺼릴 것은 많고 많다. 이토록 참정권을 주지 않으려 버티던 남성사회는 제1차 세계대전이 벌어져 남성들이 전쟁터로 가고 여성들이 남성 대신 '전시 노동'에 동원되자 그 보상으로 드디어 참정권을 내놓았다. 1928년의 일이다.

모든 인간은 평등하다, 특히 남성은?

200년 전 프랑스 혁명으로 건너가 보자. 프랑스 혁명이 내건 구호는 "모든 인간은 자유롭게 태어났다"였다. 그러나 여성이나 흑인은 그 '인간'에 포함시키지 않았다. 왕비 마리 앙투아네트는 그래서 정치적 처벌을 받는 국사범國事犯이 아니라 잡범으로 단두대에 올랐다. 그때 단두대에 오른 여성이 또 있는데 이름은 올랭프 드 구주, 그녀는 프랑스 혁명을 기뻐하며 옹호했으나 혁명이 내건 자유와 평등이 남성에게만 해당되자 '여성권 선언문'을 발표했다. 그 일로 그녀는 '자신의 성별에 적합한 덕성을 잃어버린 사람'으로 단죄를 받았다. 단두대에 올라 처형된 그녀가 남긴 유명한 대사, "여성이 사형대에 오를 권리가 있다면 의정 연설 연단 위에 오를 권리도 당연히 있다."

사우디아라비아에서는 "여성의 월경이 정치적 판단을 흐릴 수 있다"가 여성의 정치참여를 배척해 온 명분이었다. 가톨릭도 하나님 앞에서 만인 평등은 아니다. 1999년 교황 요한 바오로 2세는 "사람은 누구나 평등하다. 그러나 어떤 성을 가진 사람은 다른 성을 가진 사람보다 더 평등하다"라고 선언해 여성들에게 실망을 안겼다. 신부가 사제이듯 수녀도 사제라고 여기면 오해. 수녀는 사제서품을 받을 수 없다.

불교? 대한불교조계종 종헌·종법에서 성차별 조항으로 거론되는 것 몇 개만 보자. 비구니는 총무원장 불가, 비구니는 교구본사 주지 불가, 100세의 비구니라 할지라도 갓 출가한 비구에게 먼저 예를 갖춘다. 개신 교도 여성에게 목사안수를 허용하는 교단과 허용하지 않는 교단이 있다. 그리고 예배당 강단에 여성은 올라갈 수 없는 규율도 있었다.

이런 불평등한 구조와 억압을 깨트리는 방법 중 가장 확실하고 필요한 것이 여성의 삶 속으로 정치를 가져오고 정치 속으로 여성이 들어가 자기 목소리를 내는 것이다. 정치는 정치를 바꾸는 게 아니라 삶을 바꾸는 것이다. 엄연히 헌법에 보장돼 있는 권리이다. 그리고 그 권리는 그저 얻어진 것이 아니라 엄청난 희생을 치르며 선배 여성들이 쟁취해낸 것이다. 정치학자 울린이 설파한 대로 "정치는 주어지는 것이 아니라 창조하는 것"이다.

일본 욱일기, 그 잔인한 역사

일본의 욱일기 문제로 시끄럽다. 일본 아베 내각이 '군국주의 상징물 욱일기를 사용하는 것이 아무 문제없다는 정부 공식입장을 추진하고 있다'고 《산케이 신문》이 보도했다. 일본 정부도 굳이 부인하거나 해명이 없이 버티고 있다. 마치 욱일기를 인정하라고 주변 국가들에게 대놓고 요구하는 모습이다.

욱일승천은 무슨… 전범기일 뿐

일본 국기의 법률적 명칭은 일장기日章旗, 닛쇼키이다. 일장日章의 의미는 '나날이 밝아진다'는 뜻으로 중용中庸에 등장한다.

> 비단옷을 입고 홑옷을 걸친 것은 그 화려함이 드러나는 것을 싫어한 것과 같이, 군자의 도는 어두운 듯하나 날로 밝아오고 소인의 도는 확연한 듯하지만 날로 사그라진다.
> 衣錦尙絅 惡其文之著也
> 故 君子之道 闇然而日章
> 小人之道 的然而日亡

일본의 국기國旗는 보통 히노마루ひのまる/日の丸라 부른다. '히노마루日の丸'는

태양의 근원을 의미한다. 일본은 자국을 '해가 뜨는 나라 혹은 태양이 나오는 곳'이라며 태양신 숭배에 매달려 왔다.

태양의 붉은 원은 아주 오래전부터 신사의 깃발 등에 사용돼 왔다. 12세기 일본에서 내전이 발발했을 때 왕을 지키는 사무라이들이 붉은 부채에 금색 동그라미를 그려서 반군과 구별지었는데 이런 연유에서 동그라미는 태양, 즉 천황이라 불리는 왕을 상징한다.

1855년 쇄국정책으로 일관하던 에도江戸 막부가 미일美日화친조약을 체결하고 문호를 개방한 뒤 일본 선박을 외국 선박과 구별할 수 있는 표시가 필요해 흰 바탕에 태양을 한가운데 넣은 기를 선박에 단 것이 정부가 일장기를 사용한 시초이며 이후 히노마루는 상선규칙에 국기로 규정해 일본 선박의 국적 표시기로 사용했다.

그 후 일본 해군이 태양에서 16개의 햇살이 퍼져 나가는 모양의 '욱일기旭日旗'를 제작해 '해군기장조령'에 의해 일본 해군의 군함기로 채택했다. 이것이 후에 변형돼 육군기로 정식 채용됐다. 그 후 욱일기를 응용하여 8줄기 햇살의 장군기將軍旗를 제정했고 청일전쟁, 러일전쟁을 거치면서 욱일기는 일본군의 상징이 되었다.

1945년 일본이 제2차 세계대전에서 패배하면서 욱일기의 사용은 금지되었다. 그러나 일본 해상자위대가 1952년부터 욱일기를 군기軍旗로 제정해 사용하기 시작했다. 지금은 일본 육상자위대도 장군기로 쓰던 8줄기 햇살의 욱일기를 군기로 사용한다.

욱일승천기라는 이름은 출처가 불분명하다. 일본에서는 욱일승천이란 말을 쓰지 않는다. 우리나라에서 유독 '하늘로 뻗어오른다'는 '승천' 표현을 뒤에 붙여 쓰는데 이것은 마치 일본 왕을 천황이라 부르듯 일본 욱일기를 높여 부르는 말처럼 들린다. 천황이란 표현이야 일본인들이 쓰고 남들이 인정 않는 것이지만 욱일승천은 왜 우리가 굳이 붙여주는 걸까? 아마도 욱일승천, '아침 해가 떠오르듯 승승장구 솟아오르라'는 사자성어가 있어 무심결에 붙여 부르는 것 아닐까 싶다.

일본 왕실 문장紋章은 국화이다. 일본 여권 표지 디자인도 국화, 일본 동전에도, '세일러 문'의 요술봉에도 국화가 그려져 있다. 일본 왕실의 문장으로 쓰는 국화꽃 문양은 '기쿠카몬쇼菊花紋章', 혹은 '십육변팔중표국문十六井八重表菊紋, 꽃잎이 16개라는 뜻'이라 한다. 가마쿠라 시대부터 왕실의 문장으로 쓰였다. 공식적으로 일본 왕실의 문장이 된 것은 1869년이다. 16개가 왕의 상징이니 왕이 아닌 다른 왕족은 겸손하게 아래로 눈 깔라고 해서 국화잎이 14개이다. 십사변일중이국문十四井一重裏菊紋이라 부른다. 그래서 욱일기旭日旗도 16개의 햇살이 아니고 16개의 국화 꽃잎이 아니냐는 주장도 등장한다.

실제로 일본에는 가문의 상징에 국화꽃 문양을 많이 쓰는데 욱일기와 비슷한 모양이 나온다. 일본 왕을 숭배하다보니 일본군함 등에 국화꽃 문양을 그려넣기도 했다. 그러나 이름에 태양이라는 욱일 이름이 들어 있고, 일본이 태양신 숭배사상을 갖고 있고, 일본 군함에 일장기를 붙이던 일본 해군에서 욱일기가 시작됐음을 고려하면 욱일기 16개 붉은 줄은 햇살이라고 보는 것이 타당하다. 뻗어나간 모양도 꽃잎은 아니다.

은밀하게 위험하게… 일본의 침략미학

중국은 거대한 자본과 느긋함을 앞세워 지배전략을 펴나가지만 일본은 침략적인 야욕을 탐미적인 화려함과 작위적인 소박함 속에 감춘다. 국화 꽃 속에 칼을 숨기듯 아주 미학적이다. 일본의 국기, 국가에서 드러나듯 섬세하고 곱고 때로는 센티멘털하고 처연한 느낌으로 다가오지만 늘 위험하다. 일본인들이 허리를 90도로 꺾어 절하기를 반복하며 속마음을 감추듯 은밀하게 위험하게 번진다.

독일이나 이탈리아도 20세기 들어 군국주의의 길을 일본과 함께 걸었지만 내용에서 다르다. 독일·이탈리아는 국민대중을 선동해 국민지지 기반을 확보한 뒤 군국주의로 이끌어 갔다. 그러나 일본은 철저히 소수의 권력집단이 과도적인 지배체제를 구축하고 왕을 상징물로 내세운 뒤 국가체제를 강압적으로 재구성한 것이다.

일본의 지배체제 구축은 오히려 김일성의 주체사상, 세습체제와 비슷한 점이 있다. 일본의 사죄와 반성이 쉽게 이뤄지지 않는 것 역시 군국주의의 핵심인 왕과 소수의 군부·관료 지배자들이 살아남아 세습을 거듭하기 때문이다. 또한 신도·신사·왕실·무사도 등의 코드로 국민의 시대인식을 지배하고 있기 때문이다. 그런 세뇌 속에서 전쟁에 동원된 일본군들은 총칼로 탱크를 무찌를 수 있다고 믿었고 피침략국 주민들을 잔혹하게 짓밟았다. 정당들은 군부에 아첨하기 바빴고 정치인, 관료, 언론인, 학자에 이르기까지 모두가 자신의 지조를 지키지 못했다.

이 문제의 해결은 외부에서 지탄만 해 될 일이 아니다. 일본 내에서 양심세력들이 결집해 일본 국민에게 역사를 바로 알리게 해야 하고 진보적 시민운동이 벌어지도록 국제적으로 지원할 필요가 있다. 또한 미일안보조약 체결을 바탕으로 한 거대 보수정당인 자민당의 출범과 일본의 군비증강 및 천황제 유지에 배경이 되어 온 미국의 역할도 놓쳐서는 안 된다. 아시아 각국의 국제적 연대가 필수적이다. 그러나 우리부터 퇴보에 퇴보를 거듭하는 현실은 이런 전략구상에서 멀기만 하다. 당장 과거 권위주의 정권 시절의 구태들이 되살아나고 국민이 둘로 갈려 이념대결의 대리전을 치루는 마당에 무얼 할 수 있을까라는 회의도 든다. 그러나 일본 국민이 다시 과거 군국의 세뇌로 돌아가기 전에 동아시아는 하나가 되어 공동의 연대에 나서야 한다. 너무 늦기 전에.

한반도 병역기피 비리, 그 1천 년의 역사

2013 국회 국정감사에서 '병역기피 해외미귀국자 관련' 자료가 공개됐다. 병역기피를 목적으로 해외에서 귀국하지 않고 있는 병역기피대상 의심자가 올해 들어서만 801명, 지난 5년간 두 배 이상 늘었다 한다.

특히 이들 중 수도권 주요지역, 강남 3구인 강남구와 서초구, 송파구에 주소지를 가진 인원은 108명으로 5개 주요광역시(대전, 대구, 부산, 광주, 울산)를 합한 83명보다 훨씬 많은 것으로 나타났다.

병역기피의 역사는 조선시대부터 있어왔다. 조선 초기에는 양반 아들들도 요식적으로나마 군역을 치르는 제도가 있었으나 양반이 평민들과 군역, 즉 병역의무를 같이 한다는 게 말이 안 된다며 빠져나갔다. 천민은 국가의 노비이거나 양반의 노비이므로 군역 면제.

평민은 징집되거나 대신 세금으로 군포(베) 2필을 바치는 것이 병역의무의 기본이다. 그러나 집안마다 징집되는 것도 1인당 군포 2필도 엄청난 부담이었다. 그래서 평민이 양반집 노비가 되어 피하거나, 머리 깎고 중이 되거나, 무작정 도망치는 기피사례가 생겨났다. 돈으로 사람을 사서 대신 징집 내지 노역에 보내기도 했다. 병무를 담당하는 쪽도 비리가 생겨났다. 베나 돈을 받고 징집된 자를 일찍 집으로 돌려보내주는 방군수포^{放軍收布}, 갓난아이도 군적에 올려 군포를 부과하는 황구첨정^{黃口簽丁}, 이미 죽었는데도 죽기 전 밀린 군포 내라며 군적에서 삭제하지 않고 가족들로부터 계속 군포를 거둬가는 백골징포白骨徵布, 도망간 사람의 군포를 친척이나 이웃에 부과하는 족징族徵·인징隣徵 등 군복무제도가 백성을 무겁게 짓누르고 지방 관리들에게는 부정축재의 수단이 되었다.

왕실 재정이 구멍 나 벼슬을 만들어 팔자 돈으로 벼슬을 사서 군 면제를 받았다. 돈으로 산 벼슬은 본래 납속이라고 해서 군 면제 대상이 안 되도록 표식을 따로 해둬야 하는데 벼슬도 돈으로 사는 마당에 기록 고치는 것쯤은 손쉬운 돈 놓고 돈 먹기.

일제강점기 말에는 징용이나 징병을 피해 도망친 청년들이 산 속으로 들어가 항일투쟁을 벌이기도 했다. 1944년 경상북도 결심대決心隊 사건. 1945년 일본 중앙대학 유학생 출신이 이끈 지리산 보광당 사건, 1944년 경기도 포천抱川 조선민족해방협동단 사건, 강원도 사북면과 설악산 학병 거부자 투쟁 등의 기록이 남아 있다. 학병이나 징병으로 끌려간 젊은이들 중에서 일본군을 탈출해 광복군이 된 사례도 있다.

대한민국 정부수립 후 병역기피의 시작은 국군의 전신인 조선국방경비대의 초대 사령관이자 이승만 정권의 막후 실력자인 원용덕의 아들에서 시작된다. 아들이 육사를 마치고 그 동기생 150명 전원이 전선에 투입될 때 자기 아들만 헌병 병과로 빼돌려 후방에 배치해 온 국민의 분노를 불러일으킨 사건. 중국의 마오쩌둥 주석의 아들이 인민지원군으로 참전했다가 전사해 북한 땅에 묻혀 있고, 유엔군 벤플리트 사령관의 아들도 한국전선에서 실종된 걸 생각하면 창피한 일이다.

1950년대는 징집을 연기하고 도망다니며 징집 나이를 넘기기도 했지만, 대학에 들어가는 게 가장 보편적인 병역기피 방법이었다. 허름한 건물에라도 대학이라고 간판 붙여 놓으면 학생지망자가 몰려들었다. 사립대학들은 청강생·보결생이라는 이름으로 정원이 넘치도록 학생들을 받아 부실부패 사학이 번성하는 기반이 되었다.

전쟁으로 호적이 불타 없어지거나 분실되고 북한에서 피난 내려온 사람들의 호적이 정리되지 않아 병역기피의 기회가 생겨나기도 했다. 임시 호적, 가호적을 만들면서 군 징집에서 빠져나갈 길을 찾은 것이다. 이때 병무행정은 병역비리의 복마전으로 바뀐다.

1953년부터 10여 년간 시행된 해외유학인정 선발시험도 병역기피의 통로가 됐다. 해외로 유학 가 돌아오지 않으면 되는 것. 7천4백 명이 유학 떠나 6퍼센트 정도만 돌아왔다고 한다. 상류층 자제들을 위해 마련된 공개적인 병역기피이다. 2013 국정감사에 등장한 '병역기피 의혹 해외미귀국자 강남 집중' 자료나 조선시대나 해방 이후나 병역기피의 모습은 거기서 거기인 셈이다.

이 나라에 노블레스 오블리주는 존재한 적이 없다

4·19 이후 민주당 정권이 병역미필자에 대한 일제조사를 벌여 병역기피자 10만, 그리고 탈영자가 12만 명에 달하는 것으로 추산했다. 또 21살부터 30살까지의 공무원들을 조사해 병역미필자 2천 700명이 적발돼 해임됐다.

이때 등장한 구호가 "자수하여 광명 찾자"다. 1960년대에도 병역의무 불이행자 지수신고기간은 계속 운영됐고 현역·예비역 의무불이행자 41만 명이 신고한 것으로 알려져 있다. 이 중에는 일부 강제노역에 동원돼 제주도 5·16도로 등 국토개발 사업에 투입되기도 했다.

1970년에 들어서는 병역비리에 대한 집중조사가 이뤄졌다. 이때 병무직원 86명을 포함하여 380명이 처벌을 받는 대사건이 터지는데 이것을 1차 병무비리 파동이라 부른다. 이 사건을 계기로 전문적이고 체계적인 병무행정을 수행할 병무청이 창설되었으나 1972년 7월에 2차 병무비리 파동이 발생해 부패척결 의지를 무색하게 했다. 제2차 병무파동 뒤에는 '병역법 위반 등에 대한 특별조치법'이 만들어져 처벌이 대폭 강화되었다. 또 1968년부터 실시된 주민등록증 제도가 자리를 잡고, 1976년부터는 병무자료가 전산화되고, 기업들이 병역기피자 여부를 철저히 가려 채용하면서 병역기피는 10여 년 사이에 10퍼센트 대에서 0.001퍼센트 대로 줄어든다.

그 이후에 생겨난 애매한 제도가 석사장교이다. 석사 학위자들 중 선발하여 군사훈련 4개월, 전방실습 2개월 합쳐 6개월에 군복무를 마치게 하는 제도여서 일명 '육개장'이라고도 불렸다. 이 석사장교로 혜택을 본 인물 중에 전두환, 노태우 두 대통령의 아들들이 들어 있어 결국 그러려고 만들었다는 비판을 받았다. 그래서 사라진 제도이다.

그러나 누가 알았으랴. 이 제도의 혜택이 계속됐더라면 이회창 후보의 두 아들도 석사장교로 병역을 간단히 마치고 15대, 또는 16대 대선 결과는 뒤바뀌었을지도 모르는 일. 이회창 후보자 아들의 병역사항이 선거에서 쟁점이 되면서 병역비리 수사가 다시 전개됐고 병무직원 89명이 처벌을 받는다.

고위공직자나 재벌 등 상류층 자제의 병역의무 이행에 대한 감시를 강화한 것도 이때부터이다. 그래서 상류층 자제들은 간단히 빠져나가던 과거와는 달리 방위라 부르는 단기사병으로 빠지거나 군대에 일단 입대한 뒤 편한 보직에 배치받거나 의병제대나 의가사제대하는 방식을 궁리해 냈다.

물론 지금의 병역기피는 이전과 비교하면 미미하다 할지 모르지만 문제는 귀족과 특권층, 부유층이 먼저 전선으로 나서는 노블레스 오블리주 전통은 통일신라 이후 이 나라에 존재하지 않았다는 것이다. 그리고 앞으로도 존재하지 않을 거란 우울한 생각이 우리를 답답케 한다.

난징 대학살에서 드러난 일본의 잔혹 유전자

2014년 3월 독일을 방문한 시진핑習近平 중국 국가주석은 일본군의 난징南京 대학살을 거론하며 일본군국주의를 비난했다. 중국 최고지도자가 국제무대에서 일본의 과거사를 공개적으로 비난한 것은 이례적인 일이다. 시진핑 주석은 일본의 침략전쟁에 의해 중국인 3천500만 명이 살해되거나 상처를 입었다고 강조했고, 난징대학살 과정에서 30만 명 이상이 살해됐다고 밝혔다. 난징대학살 희생동포기념관에는 희생자 숫자를 뜻하는 '300000'이라는 숫자가 곳곳에 새겨져 있기도 하다.

그런가 하면 4월에 중국을 방문한 덴마크 마르그레테 2세 여왕은 노란색 장미 한 다발을 들고 난징대학살 기념관을 찾았다. 조문에 들고간 노란 장미를 의외로 여길지 모르나 사연이 있다. 이 장미 품종의 이름은 '영원한 난징, 신드버그 장미Nanjing Forever, Sindberg Rose'이다. 난징 대학살 당시에 중국인 1만여 명의 목숨을 구한 덴마크인 베른하르트 아르프 신드버그를 기리는 이름이다. 그는 난징 교외에서 시멘트 공장을 운영하던 중 학살이 벌어지자 중국인들을 자신의 공장으로 피신시켰다.

그러나 일본은 '중일전쟁 중인 1937년 난징에서 통상적인 전투행위를 하다 보니 군인도 민간인도 희생되었을 뿐 일방적인 학살은 없었다'고 쿨하게 설명한다.

20세기 최악의 사건, 난징 대학살의 실체

난징南京은 송나라, 오나라, 명나라의 수도였던 중국에서 가장 오래된 도시 4곳 중 하나이다. 산둥성山東省과 상하이上海 사이에 위치한 요충지이다.

난징학살 사건은 일본군이 중국 만주에서 난징으로 진격하면서 저지른 만행으로 난징에 도착하기까지 약 30만 명을 살해했고, 난징 점령 뒤에 약 4만 2천 명을 살해한 것으로 알려지고 있다. 물론 숫자는 추산이다.

전쟁 후 극동 군사재판에 제출된 구호단체 자료에 따르면, 난징에서 버려진 시체를 모아 매장한 것이 15만 5천 337구(어린이가 859구, 부녀자가 2천 127구 포함)로 기록돼 있다. 문제는 양쯔 강에 내다버린 시체가 상당한 규모인데 정확히 파악되지 않는다는 것.

당시 일본군 총사령관인 마쓰이와 6사단장 하세 히사오 등 여러 명이 재판에서 책임자로 지목돼 사형에 처해졌다. 판결문에 따르면, 비전투원 1만 2천 명, 패잔병 2만 명, 포로 3만 명이 시내에서 살해되었고, 근교에 피해 있던 시민 5만 7천 명 등 총 12만 9천 명이 살해되었다. 이것은 최소한의 숫자이며 실제로는 30만 명이 넘을 것으로 추산된다는 것.

살해 방식은 저항 못하는 양민을 무차별 사격, 생매장, 가두고 불을 질러 살해하는 방법 등이 동원되었다. 강간과 약탈이 행해졌고 난징 시내의 3분의 1정도가 불에 타 없어졌다. 중국인뿐만 아니라 미국·영국·독일 등의 외교관 저택과 중국인 피난민을 보살핀 외국인의 병원·학교·교회 등도 약탈되었다. 또한 종군위안부를 조직해 여성들을 강제로 성노예로 삼아 괴롭히다 기념촬영 후 모두 살해하기도 했다. '중국인 목 베기 시합'까지 벌였다고 하니 독일 히틀러의 홀로코스트와 더불어 20세기 최악의 잔혹행위이다.

일본인은 왜 그리 잔혹한가?

중국계 미국인 아이리스 장이 쓴 『역사는 힘 있는 자가 쓰는가 원제 The Rape of Nanking, 난징의 강간』가 가장 생생한 난징 대학살의 기록으로 유명하다. 그러나 책 출간 후 아이리스 장은 일본 우익세력으로부터 끊임없는 협박을 받으며 공포 속에서 살았다. 일본 일부 우익파들은 『난징의 강간』을 반일위서 反日僞書로 규정하고 비판에 열을 올렸다.

『난징의 강간』 일본어판을 펴내고자 했던 출판사는 결국 강압에 못 이겨 출판계약을 파기했고 『난징의 강간』은 출판되지도 않았는데 『난징의 강간』 비판서들이 숱하게 등장했다. 아이리스 장은 심한 우울증에 시달려 정신과 진료를 받다 이기지 못하고 결국 2004년 36살의 나이로 스스로 목숨을 끊었다. 이때 『난징의 강간』 비판운동에 참가한 일본 우익들을 '난징사건 부정파'라고 부르는데 가와무라 다카시 나고야 시장도 이 부류에 속하는 듯하다.

미국의 인류학자이자 『국화와 칼』의 저자인 루스 베네딕트는 "일본인들에게 도덕적 규율이란 지역적이고 제한적이어서 해당되는 영역을 벗어나면 정상을 벗어나 돌변한다"고 분석한다. 천황을 제외하고는 자신을 비롯한 모든 사람의 목숨을 한순간 가치 없는 것으로 여기던 전통, 오랜 기간에 걸친 막부와 지역 군벌 통치 아래서 영주나 '오야붕'에게 목숨을 맡기고 살던 풍토가 바탕이 돼 일정 영역을 벗어나면 거리낌없이 생명을 하찮게 여길 수도 있다는 설명이다.

그런 예는 일본인 자기들끼리의 관계에서도 얼마든지 찾아볼 수 있다. 대표적인 것은 엔도 슈샤쿠의 소설 『침묵』의 배경이 된 16~17세기 일본. 토요토미 히데요시가 임진왜란을 일으키기 직전에 전국의 외국인 선교사 추방령을 내린다. 당시 일본 인구는 2천만 정도. 기독교인이 80만 명쯤 되었다. 임진왜란이 끝나고 집권한 도쿠가와 이에야스는 기독교 금지령을 내렸다. 이때 기독교신자라는 이유로 처형된 사람이 20만 명에서 30만 명 정도로 추산되고 이후 250년간 일본에서 기독교가 박해를 받았다.

기독교를 박해한 방법은 잔혹하고도 절묘하다. '테라우케'는 모든 사람은 절에 등록해 기독교인이 아니라는 절의 증명서를 받고 여행, 혼인, 이사, 취직 때는 절에 가 허가를 받아 제출할 것을 말한다. '후미에'라고 해서 1년에 1번 이상 예수의 초상화를 땅에 깔고 침을 뱉은 뒤 발로 밟아 기독교인이 아님을 증명해야 한다는 것도 있다. 이를 어기는 사람은 기독교인으로 간주하고 처형. 처형 방법은 난징 대학살보다 훨씬 잔인하다. 왜냐하면 기독교인들이 죽음을 순교로 받아들이자 최대한 오랫동안 최대한 고통을 받으며 죽어가도록 온갖 고문방법을 고안해 냈기 때문이다. '5호 감시제'는 5가정을 하나로 묶어 서로 감시하고 고발하도록 하되 고발 없이 기독교인이 적발되면 5가정 모두 연대책임을 지는 제도였다. 일본인이 혼내(속마음)을 끝내 숨기고 다테마에(외양)만으로 남을 대한다는 혼내-다테마에 풍조가 이때부터 시작되었다고 한다. 북한의 5호 감시제도는 이를 흉내 낸 것. '기리시단류족 개명제'도 있다. 기리시단은 크리스천을 의미. 기독교인이 발각되면 그 친족들도 모두 집에서 나오지 못하고 격리 수용되어 마을 전체의 감시를 받는 벌칙. 농사일 외엔 집 밖으로 나오지 못한다. 단 집에 불이 났거나 사람이 죽어 산에 묻으러 갈 때는 외출이 허가됐다. 일본의 이지메 전통이 여기서 시작됐다.

우리에게 일제강점의 상처와 독도 문제가 한일관계에서 중요하듯 중일관계에서도 난징 대학살이 가장 중요한 역사청산 과제이다. 사실 중국은 난징 대학살에 대해 공식적으로 일본을 규탄하지 않은 채 상당한 기간을 지내왔다. 아마 경제적 여건 상 많은 부분을 일본에 기대야 하던 시절이어서 그랬을 것이다. 그러나 미국과 양극체제를 구축한 뒤로 중국은 난징 대학살을 적극 알리고 있다.

동북아시아 전체를 두고 볼 때 한국의 종군 위안부, 강제징용·징병 피해, 중국의 난징 대학살, 일본의 원폭 피해는 가해자·피해자를 떠나 동북아시아의 불행한 역사이다. 동북아 3국의 민중이 겪은 아픔을 서로 나누고 이해하고 용서를 빌고 용서하는 작업이 마무리되지 않으면 동북아시아의 공존과 번영은 불가능한 시대이다. 유럽 국가들이 하나가 되고 남미·북미 모두 공존과 공영을 꾀하는 시대에 동북아시아는 '공영'이라는 단어 자체가 대동아공영의 기억을 떠올리며 불순한 언어로 버려져 있다. 물론 그 실마리를 쥐고 있는 건 일본이고 일본의 진정성 있는 사과이다. 그러나 일본의 망언이 시정되지 않은 상황에서 중국마저 동북공정 등 대대적인 역사 왜곡에 나서고 있으니 동북아시아의 공존 번영은 갈 길이 멀다.

스포츠에선 역시 '웬수'와 '라이벌'이 제 맛?

월드컵 축구의 열기가 서서히 달아오르고 있다. 스포츠의 짭짤한 재미 중 하나는 라이벌전이다. 우리나라와 일본은 라이벌이라고 부르기엔 부족한 무엇이 있다. 흔히 숙적이라고 부르는 관계일까? 스포츠에서 라이벌이기 때문에 앙숙이 된 게 아니라 역사 속에서 가해와 피해로 앙숙이 되었기에 스포츠 대결이 진검승부처럼 여겨진다. 분쟁과 전쟁이 끊임없이 이어져 온 지구촌에 운명적 숙적이 어디 한국과 일본 두 나라뿐이겠는가.

잉글랜드 - 아르헨티나

시작은 1962년 칠레 월드컵. 유럽 최강자와 남미대륙 최강자의 대결로 지구촌의 관심을 모았다. 첫 대결은 잉글랜드의 여유 있는 승리. 그 뒤 1966년 잉글랜드와 아르헨티나는 잉글랜드 월드컵 8강전에서 다시 맞붙는다. 이 경기에서 주심이 언어소통이 안 돼 아르헨티나 주장의 항의를 욕설을 퍼붓는다고 오인해 퇴장명령을 내렸고, 거꾸로 아르헨티나 선수들도 퇴장명령을 알아듣지 못했다. 그러다 퇴장명령이었다는 게 전해지면서 선수들의 집단항의로 번져 10분간 경기가 중단됐다.

경기는 잉글랜드가 1대 0으로 승리했다. 그런데 영국 감독이 아르헨티나 선수들의 거친 경기에 화가 나 선수들 간에 유니폼을 벗어서 교환하지 말라고 영국 선수들에게 지시했다. 그러자 경기 후 웃통을 벗고 옷을 바꾸려다 거절당한 아르헨티나 선수들이 또 흥분해 잉글랜드팀 샤워장으로 몰려가 다시 몸싸움이 벌어졌다.

이 과정을 지켜본 잉글랜드 감독이 "정말 짐승들 같았다"고 언론 인터뷰에서 비난을 퍼붓자 드디어 민족감정으로 폭발한 것이 잉글랜드 아르헨티나 축구 앙숙의 사연이다. 그러고 나서 1980년 포클랜드 전쟁으로 민족감정은 다시 불붙고 1986년 멕시코 월드컵 8강전에서 아르헨티나의 마라도나가 손으로 축구공을 쳐 넣어 한 골을 기록하는 '신의 손' 사건을 저질러 잉글랜드에게 복수한다. 물론 영국은 축구에서만 아르헨티나를 라이벌로 쳐줄 뿐이다.

잉글랜드 - 프랑스

오래전부터 장미전쟁, 100년전쟁을 치르며 당연히 앙숙관계이다. 현대 들어와서는 친미 영국에 대해 유럽의 자존심 프랑스가 사사건건 부딪히며 여전히 앙숙관계(?)를 유지하고 있다. 엄밀히 따지면 독일과 오스트리아, 영국(스코틀랜드 웨일즈 아일랜드 제외), 스칸디나비아국가들은 게르만 계통이고 영국의 윈저 왕가는 독일 하노버 왕가에 뿌리를 두고 있어 독일과 숙적인 프랑스는 이래저래 영국의 숙적.

잉글랜드 - 독일

제2차 세계대전을 저지른 독일은 원수지간인 나라들이 많다. 두 나라는 제1차 세계대전 때 확실히 갈라섰고, 제2차 세계대전에서 히틀러가 영국에 폭격을 가하면서 이를 가는 앙숙이 됐다. 축구로는 2000년대가 시작되기 전에는 독일이 우세했으나 그 이후는 영국이 우세하다.

네덜란드 - 독일

네덜란드 사람들이 가장 싫어하는 나라가 독일이다. 제2차 세계대전 당시 네덜란드는 독일의 침공을 반나절도 견디지 못하고 수도 암스테르담을 내주는 치욕을 당했기 때문이다. 지금도 무지 수치스러워하며 독일이라면 치를 떤다.

독일 - 폴란드

히틀러가 제2차 세계대전을 일으키고 가장 먼저 침략한 곳이 폴란드. 그리고 독일 민족의 우수성을 뽐내려고 폴란드 바르샤바에서 폴란드와 축구경기를 펼쳤다. 이때 독일군은 히틀러 앞에서 혹시나 체면을 구길까 싶어 폴란드 선수단에게 알아서 무너지라고 협박했다. 그러나 폴란드 선수들은 오기로 독일팀을 눌러 경기 후 총살당했다고 한다. 폴란드는 과거 세 조각으로 찢겨져 러시아, 프로이센(독일), 오스트리아에 분할통치를 받은 아픈 역사가 있어 숙적과 앙숙이 여럿이다.

이스라엘 대 독일이나 이스라엘 대 팔레스타인, 아랍 국가는 생략한다. 그 다음으로 눈여겨볼 나라들은 러시아와 일본이다.

러시아 - 일본

러시아 쪽에는 러일전쟁에서 패배한 '멘붕'이 가시지 않고 남아 있고, 일본은 북방 4개 섬 반환 문제가 숙원으로 남아 있어 앙숙관계이다. 지난 2002년 한일 월드컵 대회 때 요코하마에서 열린 H조 예선에서 일본이 승리하자 러시아 축구팬들은 폭동 수준에 이르러 러시아 내 일본제 차들을 부수기까지 했다고. 일본의 보수세력들은 "북방 4개 섬 반환 협상을 유리하게 이끌기 위해서라도 축구에서 본때를 보여야 한다"고 민족 감정을 부추겨 잔디밭에서 벌이는 '제2의 러일 전쟁'이라고 부르기도 했다.

브라질 – 아르헨티나

남미 대륙을 대표하는 두 나라이고, 국토 크기나 축구 솜씨도 비슷하고 전쟁의 상처도 있어 라이벌이다. 아르헨티나는 스페인의 지배를 받았고 브라질은 포르투갈의 식민지여서 아르헨티나는 스페인어를 사용하고 브라질은 포르투갈어를 사용한다. 또 아르헨티나는 유럽계 백인들이 99퍼센트를 차지하고 브라질은 물라토나 메스티조 등 여러 혼혈인종들이 다수를 차지한다.

과거 아르헨티나가 남미에서 독보적으로 잘나가는 나라일 때 브라질, 칠레, 페루, 파라과이 등을 거렁뱅이들이라고 무시한 상처도 남아 있다. 역사적으로도 1825년부터 3년간 전쟁도 치렀다. 브라질의 시스플라티나 지방이 자치를 요구하면서 아르헨티나의 지원을 받아 브라질에 전쟁을 일으켜 결국 우루과이라는 독립국이 되었다.

두 나라 축구경기가 있거나 할 때는 조심할 필요가 있다. 2002년 월드컵 당시 어느 브라질 축구팬이 아르헨티나 술집에서 아르헨티나가 다른 나라팀에게 골 먹는 순간 무심코 '와!' 소리쳤다가 몰매 맞아 숨지는 사고도 발생했었다.

페루 – 칠레

남미 대륙에서 칠레라는 나라를 설명하기란 쉽지 않다. 유럽의 영국 같고 아시아의 일본 같은 나라? 함께 뭘 하자고 하면 꼭 혼자 튄다. 국경을 맞대고 있는 나라들, 페루나 볼리비아, 아르헨티나와 골고루 분쟁을 겪었다. 아르헨티나와 영국이 포클랜드 전쟁을 치를 때 뒤에서 영국을 도운 나라도 칠레다.

칠레의 항구 이키케^{Iquique}, 아리카^{Arica}(타라파카주의 주도와 도시)는 원래 페루 영토였으나 칠레가 빼앗은 지역이다. 페루의 타크나^{Tacna}지역은 칠레에 빼앗겼다가 주민들이 투쟁해 페루로 돌아온 땅이다. 더구나 칠레에 빼앗긴 땅들이 지금 칠레 와인의 주산지인 것을 생각하면 페루로서는 열불이 날 수밖에 없는 일. 페루와 에콰도르가 국경분쟁으로 싸울 때 에콰도르에 무기를 대준 나라도 칠레다. 페루 사람들 앞에서는 무조건 칠레 욕을 해야 친해질 수 있다.

호주 - 뉴질랜드

오세아니아 대륙의 라이벌? 럭비 경기에서는 두 나라가 라이벌 의식을 보인다. 특히 뉴질랜드는 죽기 살기로 대들고 호주는 떨떠름하게 받아주는 정도. 그러나 다른 분야에서 호주는 뉴질랜드를 가난한 시골 사람들 정도로만 여긴다. 그러나 뉴질랜드는 모든 분야에서 호주를 경쟁상대로 여기고 이야기마다 호주를 들먹거리고 돈 벌러 갈 때는 호주로 간다.

미국 - 캐나다

호주-뉴질랜드와 비슷한 경우가 미국-캐나다. 북미대륙에 덩치 큰 두 나라이지만 미국은 캐나다에 별로 신경 안 쓰고 산다. 하지만 캐나다 사람들은 미국을 숙적이라 여긴다. 미국이 조금 흥분하는 경우가 아이스하키 경기 정도. 한때 육상 100미터에서 스포츠 라이벌이 된 적은 있었다. 칼 루이스와 벤 존슨이라는 걸출한 스타들 때문이다. 미국사람들은 캐나다를 사실상 미국의 한 부분이라고 여기며 무시하기도 한다.

우리도 감정 건드리지 않도록 조심하자. 우리는 무시하지만 우리를 라이벌로 여기는 나라들이 있다. 대만에게 우리는 신경 끄고 산다. 하지만 대만 사람들은 아시아에서 일본이 앞서가고 그 다음이 대만이라고 여기며 살아오다 자기네를 제치고 앞서간 한국을 몹시 경계하고 견제한다. 더구나 한국이 중국하고 수교하며 대만을 버렸다고 감정이 좋지 않다.

말레이시아도 우리를 라이벌로 여기고 싶어 한다. 스포츠로는 축구나 배드민턴 종목에서 두드러지지만 경제 분야에서 늘 한국을 의식한다. 베트남도 한국을 경계하는 나라다. 스포츠 경기가 있으면 몹시 신경쓰는 분위기다. 베트남전쟁에 참전한 한국에 대해 당연히 가질 수밖에 없는 감정이다. 그런데 우리는 불쌍한 나라 정도로만 여기며 무시하기 일쑤이다. 상대의 감정도 존중할 만큼은 하며 문화강국, 동방예의지국답게 행동하자.

주한미군이 '특별한 이유'… 그리고 잊혀진 사실들

국회 외교통일위원회가 세월호 참사 와중에 제9차 한미 방위비분담 특별 협정^{SMA} 비준동의안을 가결했다. 9차 SMA에 따라 올해 정부가 부담해야할 분담금은 9천 200억 원이다. 앞으로는 전전前前년도 소비자 물가지수^{CPI}를 적용(최대 4퍼센트)해 매년 지원분을 인상하도록 돼있다.

성실히 임무 수행만 하면 모를까 걸핏하면 도심을 어지럽히고 시민을 상대로 난동을 부리는 주한미군에게 쏟아 부을 돈이 아까운 건 당연하다. 지구촌에서 주둔 미군의 범죄는 어느 나라나 골칫거리이고 솜방망이 처벌이다. 어디나 마찬가지라지만 주둔 미군의 역사적 배경을 따지자면 같다고만 여길 수는 없다.

우리나라는 미군의 주둔 배경이 독일·일본 등 다른 나라와 분명한 차이가 있다. 독일·일본은 2차 세계대전의 전쟁범죄 국가이자 패전국이다. 필리핀은 미국이 식민지(미국과 스페인의 영토 전쟁에서 미국이 승리함에 따라 쿠바·푸에르토리코·괌 등과 함께 스페인령에서 미국령으로 넘겨졌다)로 삼자 미국에게 독립전쟁을 벌였다가 패했다. 간단히 말하자면 점령군의 성격을 갖는다. 그러니 독립을 위해 '미국의 적국인' 일본을 상대로 무장투쟁을 벌인 우리나라는 미군 주둔의 배경이 확연히 다른 것이다.

우리나라 최초의 미군 범죄는 '일본 경찰 살인 방조'

1945년 9월 8일, 미군은 인천항으로 상륙하면서 상륙작전에 방해가 될까 봐 일본 경찰을 동원해 주민들의 외출과 인천항 접근을 통제했다. 그래도 일부 시민들은 미군을 환영한다며 태극기와 성조기를 들고 인천항으로 모였다. 이때 경비구역을 침범했다는 이유로 일본 경찰의 총격을 받아 2명이 사망하고 10여 명이 부상당했다.

다음날인 9월 9일 상륙부대인 미군 7사단은 보병연대 하나만 인천에 남겨놓고 서울로 향했다. 서울을 점령하는 것이 급해서였다. 그리고 오후 4시 일본군은 미군에 공식 항복했고, 조선총독부 건물에는 일장기 대신 성조기가 걸렸다. 이때 사망자의 장례는 인천시민장으로 성대하게 열렸다.

장례식이 끝난 뒤 유족들은 인천시민들을 향해 발포한 일본 경찰을 미군정에 고소했지만 군사재판에서 미군은 '일본 경찰이 폴리스 라인을 넘은 인천시민들에게 총격을 가한 것은 정당했다'고 판정했다. 이것이 주한미군에 의해 우리 국민이 죽고 다친 최초의 사건이다. 직접적인 위해는 아니었지만 죄목을 따지자면 '살인 방조'라고 할 수 있다.

이 조치로 봐도 미국은 우리를 우방국으로 대우하지 않았음을 알 수 있다. 1945년 2월, 미국은 얄타회담에서 소련에게 함께 일본을 무너뜨리자고 요청했다. 그러자 소련은 냉큼 받아들여 8월에 만주로 진격한 뒤 이틀 만에 한반도에 들어서 영토 확장을 꾀했다. 한반도를 빼앗기겠다 싶어 다급해진 미국은 서둘러 한반도 분할 통치를 결정(미국 육군부 정책과장이던 딘 러스크는 《내셔널 지오그래픽》이 발간한 낡은 한반도 지도 한 장을 펴서 수도 서울을 남쪽에 두고 한반도 북쪽은 소련에게 주고, 서울이 있는 남쪽은 미국이 차지하면 된다며 3 · 8선을 별 고민 없이 그어버렸다는 유명한 일화가 있다)했다.

미국은 사전에 일본총독부에 밀사를 보내 미군이 들어갈 때까지 당분간 지휘체제를 그대로 유지할 것을 명령했고, 일본은 조선 건국준비위원회에 모든 권한을 이양하겠다는 우리 국민에 대한 약속을 취소했다. 그후 등장한 것이 맥아더 포고문 제1호이다.

"일본의 항복문서 내용에 의해, 나의 지휘하에 있는 승리에 빛나는 군대는 금일 북위 38도 이남의 조선영토를 점령한다. 오랫동안의 노예상태와 적당한 시기에 조선을 해방 독립시키라는 연합국의 결심을 명심하고, 조선인민은 점령목적이 항복문서를 이행하고 자기들의 인간적 종교적 권리를 보호함에 있다는 것을 새로이 확신하여야 한다. 태평양 방면 미국 육군부대 총사령관인 나에게 부여된 권한에 의하여 나는 이에 북위 38도 이남의 조선과 조선주민에 대하여 군사적 관리를 하고자 다음과 같은 점령조건을 발표한다. 제1조 - 북위 38도 이남의 조선영토와 조선인민에 대한 통치의 전 권한은 당분간 나의 권한하에서 시행한다."

이처럼 미군 범죄는 점령군으로 시작된 불평등한 한미관계라는 구조적인 문제에서 비롯된다. 그리고 불평등한 주한미군지위협정SOFA, 미군들의 점령군처럼 구는 잘못된 인식과 태도, 강대국의 눈치를 살피는 한국 정부라는 세 가지 요인이 복합적으로 작용하여 나타나는 사회문제이다.

난 미군, 언제나 소중하니까…

우리나라에 신병이 인도된 미군은 기결의 경우 남자는 천안소년교도소에, 여자는 천안구치소에 집결 수용된다. 미결은 전국 18개 교정시설에 수용하고 있다. 미군은 SOFA에 따라 '최소한도의 수준'을 갖춘 교도소에 가두어야 하기 때문이다. 최소 72평방피트(약 2.02평)의 독방에 미군당국으로부터 직접 공급받은 음식물로 스스로 조리해 먹을 수 있는 것을 말한다. 그래서 그 감방에는 냉장고, 스토브 등을 구비하고 작은 식당을 별도로 마련하거나 미군 수용자들이 그들의 거실 내 테이블에서 식사를 할 수 있는 것으로 알려져 있다(한미 합동위원회 합의의견 제13호).

절도에서 환경오염까지, 주한미군이 얽힌 각종 사회문제가 떠오를 때마다 그들이 누리는 특수하고 불평등한 지위에 대해 논란이 발생한다.

솜방망이 처벌에 철저히 인권을 존중하는 이런 대우를 받으니 범죄 후 처벌을 두려워할 리 없고 범죄는 끊이지 않는다. 흔히 주한미군 지원자의 수준이나 자질이 문제라는 이야기도 하지만 설득력은 약하다. 그보다는 군대라는 조직의 특수성에서 기인하는 군사주의와 인종차별주의, 점령군으로 착각하는 데서 오는 우월감, 그리고 불평등한 대미관계 등 넓은 시각에서 보는 것이 타당하다.

또 다른 원인으로 미군이 범죄 전과나 정신장애가 있는 문제 신병들을 무분별하게 뽑은 것이 이유라는 지적이 있다. 2008년 미국 하원 정부개혁위원회에서 공개된 미 국방부 자료에 따르면 강도나 폭행 등 중범죄 전과가 있는 미군 신병이 2006년 249명(미 육군 기준)에서 2007년 511명으로 2배 이상 늘었다는 것이다. 이라크와 아프가니스탄전쟁으로 병력이 부족하자 무분별하게 신병을 모집했기 때문이라고 해석되는 부분이다.

또 이라크전과 아프가니스탄전에 참가하고 귀국한 미군들이 외상 후 스트레스장애에 시달리며 범죄에 쉽게 빠진다는 보고도 있었다. 알코올 남용 건수는 2배, 가정폭력은 3배로 늘었고 강간 사건은 3.8배 증가했다는 내용이 들어 있다.

한국에 파병된 미군 중에도 2007년 4월 서울 강남구 청담동 성폭행 미수범, 군산 공군기지 주변 택시절도 미수범 등은 참전 후유증을 앓고 있다고 법정에서 진술했다. 전쟁 트라우마가 주한미군 범죄 증가로 이어지고 있다는 추론이 가능하다.

'주한미군범죄근절운동본부'가 미군 측에 주한미군으로 복무하고 있는 군인들 중 이라크·아프간 전쟁 경험자들이 얼마나 있으며, 전쟁 후유증을 겪고 있다고 진단된 군인들에 대한 미군당국의 대책은 무엇이냐고 물었지만 대답은 없다.

대답도 없고 대책도 없다. 9·11 테러 직후에는 미군의 안전을 위해 야간통행금지조치를 취했다. 이때 미군 범죄는 급감했다. 한국인도 안전을 되찾은 것이다. 통행금지 조치가 해제된 이후 미군범죄는 다시 늘고 있다. 이러니 일단 미군 측이 뭔가 특단의 조치를 취하고 인식을 바꾸는 게 필요하다.

그 다음은 주한미주둔군지위협정SOFA 개정이다. 우리 경찰의 수사와 형사재판권은 미군과 군속의 범죄에 관해 지극히 제한적이다. 미군 범죄가 문제가 되면 그때그때 SOFA 형사재판권 운영개선을 위해 머리를 맞대고 합의사항을 만들어 붙이고 있지만 합의사항은 강제력이 없어 늘 미봉책이다. SOFA의 본문 개정과 보완이 이루어져야 한다. 주둔군 범죄에 대해 대답도 대책도 없이 이대로 갈 수는 없다.

낀 세대, 그들은 킬리만자로의 표범일까?

'낀 세대'라는 신조어가 유행이다. '낀 세대는 누구를 가리키는 것일까? 미국에서는 '낀 세대'를 트윅스터^{Twixter}라고 부른다. '비트윅스트 앤드 비트윈$^{betwixt \& between}$'에서 나온 단어이다. 이러지도 저러지도 못하는 애매한 세대라는 뜻인데 우리가 쓰던 '캥거루세대'와 비슷하다. 대학교를 졸업해서 독립할 나이가 되었는데도 직업을 갖지 않거나, 직장을 다녀도 독립적으로 생활하지 않고 부모에게 경제적으로 의존하는 20~30대의 젊은이들을 일컫는다. 고등학교만 졸업해도 독립시키는 서구에서는 비꼬는 의미가 강하다. 트윅스터스^{twixters}는 결혼과 출산도 꺼린다. 결혼은 독립해 어른이 되어야 한다는 것을 전제로 하니 그렇다. 결혼 이후를 위해 돈을 저축하는 것보다는 자꾸 줄어드는 젊음을 조금 더 즐기는 것에 초점을 맞추며 사는 것이 특징이다.

영국에는 '키퍼스^{kippers}'가 있다. 부모의 퇴직연금을 축낸다는 뜻이다. 프랑스에서는 '탕기^{Tanguy}'라고 부른다. 자유로워지고 싶은 부모에게 달라붙어 죽어도 독립 않는 아들을 묘사한 프랑스 코미디 영화 '탕기'에서 유행시킨 말이다. 이탈리아에서는 '맘모네^{mammone}'라 하여 어머니가 해주는 음식만 먹으려 한다는 의미로 부른다. 캐나다에서는 일도 없이 나가 쏘다니다 밥 먹을 때 되면 집으로 돌아온다는 뜻에서 '부메랑 키즈$^{boomerang kids}$'라고 칭한다. 호주에서는 가정을 먹고 자는 곳으로 쓴다는 의미에서 '마마호텔mama hotel '이라는 비유가 있다.

먹이를 찾아 어슬렁거리는 하이에나를 본 일이 있는가

우리 사회의 '긴 세대'는 젊은 세대가 아니라 나이 든 세대를 가리킨다. 이야기를 '묻지마라 갑자생(1923년생)'으로 거슬러 올라가 시작해 보자. 갑자생은 태어나보니 일제 치하였다. 학교에서 일본말 배우고 사회로 나가려하니 태평양전쟁에 징용·징병이 들이닥쳤다. 죽을 고비를 넘겨 해방조국을 맞았는데 일제 때 배운 건 별 소용없고 사회혼란만 거듭되다 6·25전쟁이 터졌다. 다들 결혼은 생각도 못하다 전쟁 끝나고 허겁지겁 결혼해 가정을 꾸렸다.

남에게 내세울 거라곤 고생한 것과 훌쩍 장년이 되어버린 나이밖에 없는 서러운 갑자생. 이 갑자생을 비롯해 일제 말기에 유년시절을 보낸 세대들의 아들딸이 늘 거론되는 베이비붐세대(1955~1963년생)이다. 갑자생 언저리 부모들과 그들의 베이비붐 자녀세대 사이에 긴 세대가 최근 흔히 거론되는 한국의 '긴 세대'이다.

흔히 '잊혀진 세대'라고도 부르는 예비 노인 세대이다. 1948~1954년생(59세부터 65세까지이다). 베이비붐세대는 엄청난 지각변동을 가져올 거라며 저출산 고령화 대책의 초점이 그들에게 맞춰졌다. 덕분에 '긴 세대'는 아직 노인이라고 인정하는 65세가 안 돼 혜택 못 받는 게 많고 새로운 혜택은 베이비붐세대에 맞춰 몇 년 뒤에 시작된다고 하고 영 사회의 주목을 받지 못했다. 억울하다. 베이비붐세대에게 할 말이 있다. "그래도 당신네는 6·25 전쟁은 피해 갔지 않느냐, 우리는 전쟁통에 태어나 죽을 고생도 했다."

노령사회 다가온다면서 노후대비 잘 해놓아야 한다는 충고가 유행할 때 이미 긴 세대는 은퇴가 다가온 뒤여서 별 준비도 못했다. 은퇴하고 나와보니 노인 일자리 정책은 전혀 자리 잡지 못한 채로다.

베이비부머세대가 본격적으로 나올 때쯤이나 모양새를 갖출 것으로 보이니 몇 년 참고 기다려야 한다. 자산은 주로 부동산에 초점을 맞춰 챙겨났다. 그러니 융통할 수 있는 현금이 없는데 부동산 경기도 내리막길이다. 늙긴 했으니 이제는 자신을 위해 돈을 써야 하는데 아직도 자녀 양육과 교육비 대느라 고생하는 사람도 있다. 대학원에 유학까지 보내다보니 자식 부양에서 졸업을 못한 것이다.

바람처럼 왔다가 이슬처럼 갈순 없잖아

미국도 그런 고민이 있는 모양이다. 미국의 50대와 60대 초반이 샌드위치세대이다. 대부분 은퇴가 임박했지만 메디 케어(노령자 건강보험)와 사회보장(소셜 시큐리티) 수혜 대상도 아닌 어정쩡한 세대. 그런데 연로한 부모도 아직 살아 있고 취업 못한 자식도 남아 있는 세대. 이 세대를 '스퀴즈 세대Generation Squeeze'라고 부르는데 번역하면 '낀 세대'가 될까? 이런 악조건 때문에 이들 세대가 더 일찍 죽을지 모른다는 분석도 나왔다. 악조건 속에서 건강 악화와 소득 및 심리적 불안까지 겹치기 때문이라고 한다.

베이비붐세대도 자신들이 '낀 세대'라고 주장한다. 자신들은 부모님 모시는 걸 자식의 당연한 도리라고 생각한 반면 자식들은 부모 스스로 준비해야 한다고 생각하니 당연히 모셔야 하는 부모세대와 자신들을 안 모시려 하는 자녀세대 사이에 끼었다고 하소연한다.

그런데 40대 초반에서 50대 초반에 이르는 이른바 중년세대도 자기들도 끼었다고 생각한다. 후배들은 신세대, X세대, N세대 등등 사회의 주목을 받았지만 자신들은 잠깐 386세대로 주목을 받았을 뿐 지금은 사회의 주도권을 쥔 베이비붐세대와 후배세대 사이에 낀 '샌드위치세대'라고 여긴다.

아직 자식교육과 가족부양의 짐이 무겁기만 하고 요즘은 조용필 님 노래에 기대어 위안을 얻는다. 3040세대도 힘들다. 집 장만에 자녀양육으로 맞벌이가 불가피하다. 20대는 스펙 쌓기와 취업난에 좌절하고 10대 청소년도 입시준비가 여전히 고달프다.

이렇게 따지면 모두가 낀 세대고 너나 할 것 없이 다 아프다. 외국의 예들에서 보듯이 이것은 세계가 함께 치른 전쟁과 제국주의, 냉전 대결에 이어진 인구구조의 변화와 기술문명의 발달에 따른 디지털 구조조정에 뿌리를 두고 있다.

노인의 고용시장 진입이 청년 것을 잠식하고 젊은 세대에 치여 우리가 고생한다는 식의 생각은 문제를 제대로 짚지 못한 것이다. 넓게 멀리 보며 서로를 격려하고 어깨를 걸자.

아베 정권을 향한 교육투쟁, 조선학교 살리기

일제강점기와 해방 직후에 일본으로 건너간 우리 동포들과 그 후손들은 현재 '재일동포 6세'까지 대를 이어 일본에서 살고 있다. 일본은 재일한국인 사회를 흩어놓으려 끈질기게 차별하고 핍박했지만 동포들은 일본에 매몰되지 않고 민족정체성을 유지해오고 있다.

이것이 가능했던 것은 우리말 우리 문화를 가르친 '민족교육' 때문이다. 미국 등 다른 나라 교민사회에서 교포 2세만 되어도 민족성이 옅어지고 민족문화로부터 멀어지는 것에 비교하면 재일동포 사회 속에서 민족교육이 갖는 비중을 짐작할 수 있다.

일본 내 우리 민족학교 투쟁사

1945년 8월 광복 직후, 일본의 동포들은 우리말과 우리글을 되찾고 자녀들에게 우리의 것을 가르치기 위해 학교 설립을 서둘렀다. 그때 내건 구호가 "돈이 있는 자는 돈을, 힘이 있는 자는 힘을, 지혜 있는 자는 지혜를" 이다. 이렇게 국어강습소로 시작된 민족학교 설립운동으로 1년만인 1946년 9월에 학교 수 525개, 학생 수 약 4만 4천 명에 이르는 놀라운 성과를 이뤄냈다.

일본 내에서 벌어지는 우리민족의 단합과 민족정신 계승을 일본 정부가 그냥 두진 않았다. 일본 정부는 한국인의 단결도 싫어했지만 특히 왕권에 대항해 혁신을 부르짖는 좌파적 성향이 강해지는 것도 걱정했다.

점령군이던 미극동군 총사령부도 한반도에서 불거진 제주 4·3 사건과 남북한 단독정부 수립, 한반도 분단 반대투쟁의 불똥이 일본으로 튀는 것을 경계했다. 패전국 일본 시민들의 자주권 요구로 이어질지 모른다고 염려한 것이다.

그래서 한국인 민족교육에 대한 탄압이 시작됐다. 1948년과 1949년에 "일본의 치안을 어지럽히는 조선인의 민족학교를 폐쇄한다"는 폐쇄령이 내려졌다. 재일한국인 아이들은 일본 소학교·중학교를 다닐 것, 민족학교 과목에서 한국어를 뺄 것, 이상의 명령을 지키지 않는 학교는 폐쇄시키겠다는 등의 내용이다. 이로 인해 일본 전역의 '조선학교'는 폐쇄되거나 일본학교에 강제적으로 통합되었다.

민족학교에 대한 강제폐쇄는 유혈사태로 번졌다. 65년 전인 1948년 4월 24일, 고베 시에서 수천 명의 재일한국인이 현청에 몰려가 현지사로부터 민족학교의 폐쇄를 철회하겠다는 약속을 받아냈다. 당황한 미군 사령부는 일본 지사가 약속할 권리가 없으니 무효라고 선언하고 그날 밤 고베 시 전역에 비상사태를 선포했다.

이에 항의하다 일본 경찰과 미군 헌병에 의해 검거된 동포가 1천 973명. 그러나 항의집회와 시위는 계속됐고, 오사카에서는 4월 26일 항의집회에 참가한 김태일 학생(당시 16살)이 경찰관의 총에 맞아 숨졌다. 이 재일한국인들의 저항을 '4·24 교육 투쟁'이라고 부른다.

이런 희생 덕에 재일한국인 사회의 민족학교는 40퍼센트 정도 살아남았다. 그러나 한반도에서의 이념대립이 남북분단이 되고 남과 북의 대결이 치열해지면서 재일동포 사회의 이념갈등도 더욱 격해졌다. 그에 따라 다시 좌파 성향의 재일동포 조직 재일본조선인연맹조련에 대한 강제해산이 벌어지고, 조련 산하의 민족학교들도 결국 강제폐쇄 또는 개편에 다시 내몰렸다.

그러나 우리 동포들은 6·25 전쟁 후 1955년부터 다시 민족교육기관인 '조선학교'를 재건하기 시작하였다. 이때 김일성 정권은 조선학교를 지원했고 이승만 정부는 지원을 거부했다. 이승만 정권의 기본입장은 반공반일이어서 모두 남한으로 돌아오라는 것이었고, 김일성은 이런 틈을 노려 재일동포 사회를 정치적으로 장악해가기 시작했던 것.

이런 과정 속에서 조선학교를 북한이 설립한 학교라 오해하기도 한다. 민족학교는 좌우 진영 모두 세워 운영을 했고 조총련은 초중등 각급 학교를 대거 세워 지금껏 '조선학교'로 고수하고 있는 반면 민단 측의 민족학교는 상급학교들은 차차 사라지고 소학교 수준에서 약간만 운영되고 있다.

친공산주의계의 동포조직은 재일본조선인연맹약칭조련. 이에 대항한 반공 우파 조직은 조선건국촉진청년동맹건청, 신조선건설동맹건동이다. 이후 조련은 조총련이 되고 건청·건동은 재일본대한민국민단민단이 된다.

이처럼 조선학교는 북한이 세운 학교가 아니고 재일동포 사회 속에서 유구한 내력을 지닌 학교이며, 일본 인구의 0.5퍼센트 미만인 재일동포사회의 민족정체성을 이어가는 구심점이다.

아베의 역사왜곡에 이은 역사 지우기

일본의 모든 고등학교(외국인학교 포함) 학생에게는 1인당 12만 엔의 '취학지원금'이 지급된다. 그리고 지방자치단체의 교육보조금이 있다. 그러나 일본 정부는 이것을 줄이고 없애는 중이다. 망언으로 주목받는 아베 신조 총리의 '조선학교에 대한 고교무상화제도 부적용 방침'이 바로 그것이다.

일본 문부과학성은 일본의 학교교육법에 근거한 일본 제도권 학교로 조선학교를 뜯어고친다면 고교무상화정책의 적용대상으로 넣겠다고 말한다. 이렇게 되면 '일본어' 과목 외에 모든 과목을 우리말로 실시해 온 조선학교의 교육방침을 포기해야 한다. 그러지 않으면 취학지원금을 주지 않겠다는 것. 그러나 취학지원금은 학생에게 주어지는 것이지 학교 지원금이 아니다. 학생들의 교육받을 권리를 명백히 침해하는 것이다.

결국 일본의 요구는 일본의 국가적 교육통제 아래로 들어오라는 것이다. 표면적 이유는 조선학교가 조총련을 통한 북한의 영향력 아래 있다는 것. 그러나 지금껏 지원하던 것을 북한의 영향력이 약해지고 있는 지금에 와서 끊을 이유는 없다. 실제로는 일본 사회의 우경화와 이에 걸림돌이 되는 소수 민족 특히 우리 동포사회를 제압하는 것이 목표인 것이다.

이런 의무교육정책 상의 차별은 일본 사회에서 한국인들은 차별받아 마땅하다는 잘못된 메시지를 일본사회에 전파하게 된다. 실례로 어린이들의 안전을 위해 채워주는 방범버저를 조선학교 학생들에게서 회수하려는 움직임도 있었다 한다. 도쿄와 오사카의 코리아타운에서 배외주의단체가 한국인에게 대한 '헤이토스피치(인종 등의 속성에 관련된 모욕적이고 공격적 표현)'를 공공연하게 자행하기도 했고 혐한류 행진도 꾸준히 전개된다. 과거와 달리 공영주택 입주, 지방공무원 임용, 국가자격증 취득 등에서 한인들에 대한 예외적 차별은 잦아드는 듯 보이나 그 대신 한국인을 적으로 몰아세우는 혐한 시위가 번져가고 있는 것이다. 물론 시작은 극우 단체들이 주도한다. 하지만 일반 시민들의 반한 감정도 나빠지고 있는 것이 눈에 띌 정도이다. 6월 22일이면 한일 국교 정상화 49주년을 맞는다. 그때 당사자들은 국교의 정상화란 어떤 것이라 생각한 것일까?

진격의 거인 미국,
달나라에도 등기 마쳐두려 하나

탐욕이 지배하는 세계를 말하다

중국은 북한을 포기할 수 있을까?

"중국이 북한을 포기할 수도 있다"라는 제목의 기사가 보도되었다. 중국 사회과학원 아시아 · 태평양 전략연구원의 「2014년 아시아 · 태평양 지역 발전보고서」에 등장한 내용을 인용한 기사이다.

"중국과 북한이 혈맹관계를 맺고 있고 북한은 중국에게 지정학적 자산이다. 하지만 핵실험 등의 돌출행동을 반복하면 중국은 '한반도 안정'이라는 더욱 큰 국가적 이익을 위해 북한을 포기할 수도 있다는 신호를 북한에 보내야 한다"라는 것이 보도된 내용의 골자.

북한에 대한 중국의 지배력은 그동안 너무 포근하게 대하고 당근만 주어 느슨해졌는데 새로운 김정은 체제를 다스리려면 초기에 야단도 치고 채찍도 사용해야 한다는 의견으로 해석된다. 우리 언론들은 한결같이 '중국 북한을 포기할 수도…'라고 제목을 달고 보도하는데 실제로 이 보고서에는 우리나라에 대한 경고도 다음과 같이 담겨 있다.

"한국이 중국의 대북정책에 근본적 변화가 발생한 것으로 오판하지 않도록 해야 한다."

우리 언론 중에 이 같은 한국에 대한 중국의 오판 금지 경고를 기사 내용 중에 집어넣어 제대로 보도한 곳은 몇 곳 되지 않는다.

'포기할 수 있다'와 '포기할 수도 있다고 경고를 주어야 한다'는 같은 의미일까? 분명한 건 '포기경고도 가끔 줘야 한다'와 '포기할 때는 포기해야 한다' 사이에는 분명 꽤 먼 거리가 있다. 이 말은 중국과 북한의 근본적인 관계 자체를 변화시킬 필요는 없다는 인식을 깔고 있는 것이다. 이런 중국의 태도에 대해 모호하고 애매하다는 비난이 나올 수 있다. 그러나 이 지점에서 중국에 대해 이해해야 할 부분이 있다.

양다리가 어때서, 사랑하기 딱 좋은 자린데

첫째 중국에서는 양다리 걸치기가 흉이 되지 않는다. 흔히 하는 말대로 중국에는 '올인'이라는 게 없다. 1992년 8월에 우리나라는 중국과 국교를 맺었다. 중국의 조건은 한국이 대만하고 관계를 끊어야 한다는 것이었다. 그러면서 자기들은 북한하고 하던 그대로 관계를 이어갔다. 나는 양다리가 돼도 너는 안 된다는 것인데 이는 중국의 문화적 배경에서 비롯된다.

중국인들이 스스로 하는 말이 있다. "중국인 우리 사람은 불의는 참아도 불이익은 못 참아." 사회주의 국가 공산당 일당독재 국가에서 돈만 벌 수 있으면 무슨 짓이든 하는 온갖 불법편법비리들이 난무하는 배경이 이것이다.

또 하나, 양다리를 걸칠 수 있으려면 시간을 지배할 수 있어야 한다. 시간적 여유를 갖고 느긋해야지 조급한 사람들에게 양다리 걸치기란 쉽지 않다. 중국은 그런 점에서 만만디 기질을 갖고 있어 양다리 전략을 유용하게 구사할 수 있다고 할 것이다.

그런 배경에서 중국에는 북한에 대한 강경론과 포용론이 늘 맞서며 논쟁이 되어 왔다. 중국 정계와 학계는 북한을 쓸 만한 수하로 남겨둘 것인지 아니면 부담스런 혹덩이로 간주하고 처리할 것인지 늘 논란이 있어 왔다. 이것을 표현하는 용어가 '전략적 자산'이냐 '전략적 부채냐'이다.

이와 관련해 살펴볼 것 중 첫째가 '북중 우호협조 및 상호원조 조약'이다. 이 조약은 상대 국가가 군사공격을 받으면 다른 한쪽은 자동으로 전쟁에 개입한다는 게 골자이다(1961년 7월 체결). 30년씩 2번 연장돼 2021년까지 유효하다. 그런데 중국 내부에서 이 조약은 냉전 종식과 함께 사문화된 것으로 봐야지 현실적으로 얽매일 필요가 없는 조약이라는 주장이 존재한다. 북중 우호협조 조약은 그저 정치적 조약일 뿐이라는 견해이다. 그렇게 해석하는 이유는 북한과 중국 사이에는 합동군사조직도 없고 서로 간에 군사기지나 군대주둔을 교환한 것도 전혀 없기에 군사안보동맹은 아니라고 주장할 수 있는 것이다.

그 다음은 북한의 봉건적 세습권력에 대한 불만에서도 입장차가 드러난다. 1980년 김일성 주석에게서 김정일 위원장에게로 권력이 넘겨질 무렵부터 제기된 비판인데 당시 런민르바오人民日報 사설을 읽어보자.

　　"수령은 인민이 선택하는 것이지 개인적인 숭배와 신격화로 가는 건 일종의 미신이자 반마르크스주의이다. 당은 기관이고 조직이지 특정 개인이 아니다."

이후 북한 중국 관계는 떨떠름해지긴 했지만 악화일로를 걷지는 않았다. 북한의 세습에 당황했지만 '그냥 저렇게 살게 놔둬' 라는 현실성의 인정인 셈이다. 중국 내부의 기류가 사회주의 이념을 원칙대로 강하게 주장하기보다는 현실적인 국가 이익을 중시하는 쪽으로 바뀌면서 벌어진 일이다. 중국의 미래전략과 현실적 이득을 고려해 북한관계를 대응하는 것으로 역시 불의는 참아도 불이익은 못 참는다는 중국 정신문화의 한 단면이라 하겠다.

중국은 이 북한을 국제관계에서 우위를 유지하는 데 이용하고 미국을 움직이는 지렛대로 삼아왔다. 한반도가 통일되면 이런 이점을 놓치게 되고 동맹국 하나가 사라지는 것이니 괜한 꼬장꼬장함으로 손해볼 수는 없는 일이다. 또 북한 정권이 붕괴되면 북한난민 수백만이 강을 건너 중국으로 밀려들어와 사회 불안정을 야기할 수도 있다는 점을 중국은 주시하고 있다. 그리고 북한이 무너지면 그동안 중국이 원조한 만큼 뽑아내지도 못하고 투자한 걸 잃어야 한다는 점도 계산에 넣고 있다.

중국은 과연 한반도 통일을 원하는 걸까?

베트남 전쟁 때 중국은 베트남의 공산통일을 위해 엄청난 지원을 했다. 그러나 공산통일된 베트남은 중국과 거리를 두며 미국하고 관계를 개선해 자본주의를 뿌리 내리고 무역을 통한 이익을 꾀했다. 전쟁에서 적으로 싸운 한국하고도 마찬가지로 친해지고자 애썼다. 중국의 양다리 정책과 다를 것 없지만 손해 보기를 싫어하는 중국으로서는 떨떠름한 일이다. 그런 점에서 중국은 한반도 통일보다는 분단 상태로 지속되는 것이 나쁠 게 없다. 중국에 대한 의존을 이어가는 한 세습은 묵인할 수 있고 다만 통제 불가능으로 보일 만큼의 사단은 자제했으면 하고 바란다. 그리고 북한에 새로운 발전 전략을 찾아보라고 권한다. 중국의 개혁개방과 한국의 발전 전략을 합쳐서 북한식의 개방과 발전을 해보라는 것이다.

이런 중국의 대북한 정책기조에 반발하는 것은 미국에 겨루는 세계 2대 강국의 하나로 자리를 잡았으니 북한이라는 작은 이익에 매달리지 말자는 주장이다. 한반도에 통일한국이 들어서려 한다면 과감히 지지해 주고 북한을 개방으로 유도하고 한반도의 안정과 평화를 확실하게 굳혀 근본적으로 한반도 문제를 해결하는 게 중국의 미래에 도움이 더 된다는 의견이다.

앞으로 중국의 대북정책은 당근과 채찍으로 나가는 데 있어 새로운 방법들을 모색해낼 가능성이 크다. 당근과 채찍은 지배력을 키우려는 것이고 겉으로는 독립된 나라이지만 실제로는 중국에 예속된 위성국가로 끌고 갈 수도 있다.

진격의 거인 미국, 달나라에도 등기 마쳐두려 하나

미국항공우주국^{NASA}이 2014년 3월 내셔널지오그래픽채널의 〈코스모스^{원제} COSMOS: A SPACETIME ODYSSEY〉 첫 방송을 기념해 사진 공유 사이트에 우주의 사진들을 공개했다. 가장 주목받은 사진은 〈검은 진주^{Black Marble}〉라는 제목의 사진으로 우리나라를 포함한 아시아 전 지역의 야경 모습도 담겨 있다. 한반도 남쪽은 밝은 불빛이 덮고 있지만 북쪽은 불빛이 전혀 보이지 않아 마치 대한민국이 섬처럼 보인다.

미국 버락 오바마 대통령은 "'코스모스'의 정신은 다른 사람들보다 더 큰 꿈을 꾸고 더 멀리 나아가는 탐험의 정신이다. '코스모스'를 통해 새로운 세대의 모험정신과 상상력을 고취시킬 것"이라며 내셔널지오그래픽의 프로그램을 시청해보라고 추천하기도 했다.

그러나 지구촌 사람들이 끼어들면 뭐든 아름다운 채로 남기 어렵다. 최근 우크라이나 사태로 미국과 러시아의 관계가 급랭했다. 그러는 중에 미국 법원이 통틀어 26억 달러(약 2조 6천 832억 원)에 이르는 러시아산 로켓 엔진 구입 중지 명령을 내렸다(오바마 대통령이 발동시킨 1차 러시아 제재 행정명령에 근거한 판결이다). 두 나라의 정치 · 외교적 갈등은 우주공간으로 뻗어나가려는 모양이다. 러시아는 당장 달러 수입이 줄어든다. 미국항공우주국도 미 공군도 로켓발사 계획에 차질을 빚어 밥그릇이 흔들린다.

달에 미 국립공원 만들자고?

미국의 하원의원들은 2013년 여름 달에 역사공원을 조성하자는 법안을 발의해서 화제가 됐다. '아폴로 달 착륙 유산법'이라는 이름이지만 문제는 공원의 성격이 국립공원이라는 것. 지난 1969년 달에 착륙한 아폴로 11호를 시작으로 1972년 아폴로 17호까지 미국이 달 표면에 남긴 모든 인공물로 국립공원을 만들자는 주장이다. 미국이 달에 남긴 흔적 주변들이라고 하다가 훗날 그 점들을 선으로 이은 뒤 관할지역이라고 주장하면 얼마만한 면적이 나올까?

핵심은 법안 제안서에 담겨 있다. "민간기업과 다른 나라들이 점점 달 착륙 능력을 확보하고 있기 때문에 아폴로의 달 착륙 지점을 영원히 보호하는 게 필요하다"는 주장이다. 결국 쫓아오는 사람들이 생겼으니 등기를 마쳐둬야 한다는 것. 미국은 화성에도 도착했다. 무인탐사선 큐리오시티를 화성에 안착시켜 화성 표면을 분석하고 있다.

미국이 수선을 피우는 까닭은 중국 때문이다. 중국은 50년 전부터 우주개발계획을 추진하고 있다. 위저우멍宇宙夢이라고들 부른다. 최근 유인 우주선 선저우神舟 10호가 실험용 우주정거장인 톈궁天宮 1호와 도킹한 뒤 무사히 돌아왔다. 2015년에는 톈궁 2호가 발사된다. 선저우 11호와 12호도 준비 중이다. 2020년쯤에 독자적인 우주정거장을 건설하는 것이 중국의 꿈이다.

러시아는 우주 분야에서 선두라면 선두다. 자존심을 지키기 위해 거액을 투자하고 있다. 향후 10여 년간 달과 화성 탐사에 집중하고 운석으로부터 지구를 보호할 프로그램도 구상 중이라 한다.

유럽우주국 ESA도 미국과 러시아에 뒤질세라 2025년 유인 화성탐사를 목표로 오로라 계획을 추진 중이다. 인도도 우주개발에서는 강국에 속한다. 자체 개발한 지구정지궤도위성발사체를 성공시켰다. 위성발사체의 성공이란 수십억 달러어치의 상업위성발사 시장에 끼어들게 되었다는 걸 의미한다. 우리나라는 나로호의 성공적인 발사로 우주 클럽의 11번째 회원으로 들어갔다. 몇 번의 실패와 고생 끝에 이룬 값비싼 성공이지만 아직 미국, 러시아, 중국 등 우주강국과는 스케일에서 큰 차이가 있다.

1967년 유엔 의회에서는 '우주조약' – "우주 공간과 천체는 특정 국가에 전용되는 것에 귀속되지 않는다"에 합의했다. 그러나 이 약속을 지킬 강대국은 없다. 하나 더 생각할 것이 있다. 강대국이라고 무한한 능력을 가진 건 아니다. 미국만 해도 막대한 연방정부의 재정적자와 경제침체로 오바마 행정부가 우주 프로그램을 줄여가는 추세이다. 분명히 해 둘 것은 우주개발의 막대한 재정을 구할 곳은 미국 내부가 아니라 주변 국가들이라는 점이다. 무역과 개발에서 이권을 독차지하려는 미국의 무한욕망도 결국 세계 최고의 지위를 유지하고 우주도 선점하고픈 미국의 야망에 기초하고 있는 것이니 그렇다.

아메리칸 프렌들리? Oh No!

최근 '진격'이라는 유행어가 생겨났다. 일본 아라키 테츠로 감독의 애니메이션 〈진격의 거인〉에서 생겨난 말이다. 식인 거인이 성벽을 파괴하고 침범하면서 벌어지는 참상과 인간의 복수를 그린 작품이다. 이런 작품이 등장하게 된 이념적 배경은 일본의 근대사에 들어 있다.

1853년 여름 일본의 에도(지금의 도쿄)만 우라가 항에 미국 전투함 4척이 나타난다. 당시 일본 군함보다 10배나 큰 이 배를 일본 사람들은 흑선구로후네이라 불렀다. 일본을 개항시키러 온 페리 제독이 이끄는 군함들이었다.

쇄국정책을 펴며 나가사키만 무역항으로 개방했던 일본은 미국의 압박에 쩔쩔매고, 페리 제독은 1년 후 다시 돌아올 테니 그 때까지 결정하라 위협하고 떠난다. 결국 1년 뒤 일본은 문을 열고 굴욕적인 미일수호통상조약을 맺었다(일본 애니메이션 '진격의 거인'이 이 사건을 상징적으로 그려내고 있다). 일본의 복수의 칼은 한반도를 향해 겨누어진다. 1876년 강화도에 일본 군함 운요호를 무조건 정박시키고 전투를 벌인 뒤 책임지라며 윽박질러 강화도조약이라는 불평등조약을 맺었다.

필리핀으로 가보자. 1896년 필리핀은 독립전쟁을 벌여 스페인을 물리친다. 미국은 필리핀 독립군이 스페인군을 마닐라 시내에 몰아넣고 항복을 받아내려는 시점에 배를 상륙시키더니 스페인 무찌르는 걸 도와주겠다며 마닐라로 진격한다. 그런데 미국은 스페인과 마닐라 시내에서 만나

전투를 벌이는 게 아니라 비밀협상을 벌였다. 두 나라는 무찔러주는 척 물러가는 척하기로 작전을 짜고 전쟁을 마무리지었고 미국은 파리조약을 통해 필리핀을 헐값에 사들인다. 이어 마닐라 시 주변에 줄을 긋고 미군 관할구역으로 선포했다. 미국은 날마다 새로운 줄긋기 작업을 벌여 땅을 넓혀갔고, 그 안에 살던 필리핀 사람들은 자꾸 밀림으로 내몰렸다. 그러다 미군 관할 지역에서 필리핀 병사가 미군에게 사살당하는 사건이 발생하는데 미군은 필리핀이 지배국인 미국을 습격한 반란이라며 필리핀 독립운동에 대한 대대적인 탄압을 시작했다. 이것이 미국-필리핀 전쟁이다. 인종청소에 가까운 참혹한 학살 끝에 필리핀 사람 100만 명 이상이 숨지고 필리핀은 미국 땅이 된다.

지구는 넓고 먹을 땅은 많다

미국의 땅 따먹기는 베트남에서도 유사한 패턴으로 시작된다. 베트남을 지배하던 프랑스가 2차 대전으로 물러났다가 베트남을 되찾기 위해 다시 침략했다. 미국은 프랑스를 거들었다. 프랑스가 힘에 부쳐 베트남에서 퇴각하자 미국은 베트남 부패정권을 통해 베트남을 미군기지로 삼아 인도차이나반도를 지배하려 들었다. 베트남의 자주독립 세력이 저항해 여의치 않자 미국은 직접 개입을 위해 통킹만 사건을 벌였다. 1964년 미 해군 구축함 매독스호가 통킹만에 정박해 있던 중 북베트남 어뢰정의 공격을 받았다는 것. 이 사건을 빌미로 미국-베트남전이 시작되지만 1971년 뉴욕 타임스가 국방부 기밀문서 「펜타곤 페이퍼」를 입수해 처음부터 끝까지 미국이 조작한 사건임을 폭로한다. 베트남 사망자 2백만 명, 미군 사망자 5만 8천명, 한국군 사망자 5천여 명에 이르는 전쟁은 조작극에서 시작됐던 것.

　1898년 2월에는 쿠바 하바나 항구에 정박 중이던 미 군함 메인호가 폭발사고로 두 동강나 266명이 숨진다. 왜 폭발이 일어났는지 지금도 모르지만 스페인의 공격은 없었다. 그러자 미국은 스페인이 설치한 기뢰 때문이라며 스페인에게 선전포고를 한다. 스페인과의 '신나는 작은 전쟁'을 통해 미국은 쿠바, 푸에르토리코, 괌을 얻었다. 그리고 필리핀에 상륙해 인종청소 학살을 벌였던 것.

1847년 미국은 개척자를 지원한다는 핑계로 밑으로 내려가더니 해병대를 시켜 국경분쟁을 일으킨 뒤 멕시코를 침략한다. 결국 텍사스, 캘리포니아, 뉴멕시코, 애리조나, 네바다, 유타, 그리고 콜로라도가 미국으로 넘어가버린다. 멕시코는 그래서 '미국하고는 너무 가깝고 하나님하고는 너무 먼', 세계에서 가장 불쌍한 나라가 되어버린 것이다.

하와이도 마찬가지. 저항하는 사람들의 90퍼센트를 학살하고 섬을 얻었다. 또 미국은 북아메리카를 완전히 지배하기 위해 아메리카 인디언의 90퍼센트를 학살하기도 했다. 그 과정에서 면역력이 없는 아메리카 인디언들에게 천연두를 퍼뜨리기 위해 천연두균이 묻은 담요를 인디언에게 선심 쓰듯 돌리기도 했다.

지구촌 어디고 간에 제국주의 강국이나 세계지배의 야심을 가진 초강국이 배를 정박시키거나 깃발을 꽂거나 하면 그 땅에서는 뭔가 험악한 일이 벌어진다. 이제 일본도 '진격'에 동참하겠다고 나섰다. 태평양 전쟁을 일으켰던 일본이다. 70년 전의 일을 물고 늘어지지 말라한다. 헌법에 규정한 '전쟁과 전력 보유, 교전권을 포기'한다는 약속은 곧 취소된다. 아베 신조 총리의 일본은 군대를 보유하는 '보통 국가normal nation'로의 복귀다. 그러나 일본은 보통 국가일 수가 없다. 멕시코 · 필리핀 · 쿠바 · 베트남을 점령해간 미국이 여전히 이라크 · 아프가니스탄 등에서 전쟁을 벌이듯 침략과 점령이라는 제 버릇이 쉽게 포기될 리 없다.

우리나라를 비롯한 아시아 주변국들에 대한 도발이자 망동을 유감이니

일제강제동원 피해자 명부를 60년 만에 발견하는 등 일제가 남긴 역사 문제를 풀기위한 움직임이 활발하다. 그러나 역사 문제에는 한일 양국만이 아니라 동북아의 정세와 미국의 계산이 모두 얽혀있다.

우려니 말로만 규탄할 상황이 아니다. 중국 등 주변국들을 규합해 일본을 압박하고 고립시키는 전략이 필요하다. 여기에 다시 미국이 끼어든다. 최근 오바마 대통령은 변칙적인 국빈대우를 받으며 일본을 방문했다. 아베 정권의 목적은 무엇보다도 중국과 영유권을 다투는 섬들에 대해 미·일 안보조약을 적용하자는 동의를 받아내는 것이었다.

오바마 대통령은 아베 정권의 요청에 긍정하는 자세를 보였다. 아직 공언하지 않는 것은 미국이 중·일의 무력 충돌이 벌어지고 거기에 말려들어가고 싶지 않기 때문이다. 그러나 일본이 집단적 자위권을 '해금解禁'하고 군사 대국화로 가는 데는 보다 확실한 OK 사인을 내고 있다. 그러면서 우리나라에 와서는 종군위안부 희생자와 관련해 '무서운 인권침해요, 진상 규명이 필요하다'며 양다리를 걸친다.

동아시아는 미국의 철저한 계산 속에 혼선이 계속될 것이다. 서로 다른 꿈을 꾸면서 미국에 기대려 할 것이고 중국의 눈치를 볼 것이다. 이렇게 대단히 가변적이고 혼란스런 상황에서 역사적 문제를 풀기에는 현 정부의 신뢰도가 걱정이다. 대통령의 수첩에 어떤 해답의 실마리라도 적혀 있기를 기대하지만 아무리 좋게 보아도 이는 난망이다.

스위스 비밀계좌의 비밀스런 역사

스위스 은행의 비밀주의가 깨지고 있다. 스위스 정부는 2014년 5월 비밀계좌를 통한 탈세를 막기 위해 국가 간 계좌정보 자동교환 제도에 합의했다. 유럽연합EU이 2013년부터 본격적으로 탈세와의 전쟁을 벌이면서 생긴 일이다. 스위스는 이 제도에 따라 해외계좌에 대한 기본정보와 계좌소유주, 신탁계정의 법적구조 등 다양한 정보를 공유하게 된다. 물론 탈세방지라는 제한된 목적에서만 활용되는 것이지만 스위스 은행의 철옹성 같던 과거를 생각하면 큰 변화이다.

우리나라와 스위스 간의 조세조약은 2012년에 발효됐다. 이름이나 주소 등 특정 인적사항이 없더라도 계좌번호만으로 정보제공을 요청할 수 있도록 두 나라 과세당국이 합의해 지난 10일 스위스 베른에서 조세조약 비준서가 교환됨으로써 이뤄지는 조치이다. 기존의 조세조약에는 정보교환 규정 등이 없어 스위스 현지계좌에 대한 조사가 이뤄질 수 없었다. 하지만 이번 조세조약 개정으로 개인이나 기업의 명의로 스위스에 개설된 계좌의 명세 및 금융거래내역을 우리 정부가 받아볼 수 있게 됐다. 무엇보다 이름, 주소 등 인적사항 없이 계좌번호만으로도 정보제공을 요청할 수 있도록 협의된 부분이 핵심 포인트다. 국세청 역외탈세 조사도 더 탄력을 받을 수 있게 됐다.

스위스 은행이 예금주의 신분을 철저히 감춰주며 '검은 돈의 은신처'로 불리는 것은 스위스 은행법에 따른 것이다. 거액의 개인비밀예금을 주로 취급하는 스위스 은행은 약 120여 개에 이르는 것으로 알려져 있다.

방크^{BANK}라는 이름도 없이 조그마한 건물에 직원 수도 많지 않은 비밀 계좌전문 은행도 많다고 한다. 통상 스위스 은행의 비밀계좌는 예금주 이름 없이 숫자와 문자의 조합으로만 이뤄져 비밀을 보장하게 된다.

모든 거래는 계좌번호로만 이뤄지니 전표가 유출돼도 예금주가 드러나는 일이 없고 예금의 주인은 극소수의 은행간부 및 고위층만이 알고 있다고 한다. 최소 10만 스위스 프랑(1억 3천만 원) 이상은 되어야 한다고 한다.

비밀계좌의 비밀스런 역사

프랑스에서 가톨릭교도와 개신교도(위그노) 사이에 치열한 대립이 전쟁으로까지 번지다 결국 낭트칙령에 의해 양쪽이 타협을 본다. 국가가 개신교의 기득권을 보장하고 개신교는 가톨릭을 국교로 인정해 공격하지 않기로 한 것이다.

그러나 가톨릭 측의 반발이 이어지다 1685년 루이 14세가 '낭트 칙령'을 폐지해버리자 개신교도들은 궁지로 몰리며 급히 가까운 스위스로 피신해 은행업을 시작했다. 그러자 곤란해진 것은 정작 루이 14세였다. 영토 확장은 하고 싶고 왕실 재정은 바닥나고 어쩔 수 없이 스위스로 피신한 위그노 개신교도들에게 돈을 빌려야 할 처지가 됐다. 그래서 신분을 감추고 고객의 비밀을 보장하는 방법으로 스위스 은행의 돈을 빌리면서 비밀계좌의 역사가 시작됐다.

그 뒤 프랑스혁명이 일어나자 프랑스 귀족과 부자들이 스위스 은행에 몰려가 재산을 맡기면서 스위스 비밀금고는 가장 안전한 피난처로 각광을 받았다. 경제가 금본위로 돌아가던 시절이니 금을 가장 많이 갖고 있는 각 나라의 왕들이 신용보증과 무역결제의 기초이다.

그런데 혁명으로 왕이 쫓겨나는 판국이니 왕실 귀족 부자들은 왕 아닌 다른 신용 보증처를 찾아야 했는데 스위스 은행이 단연 돋보였던 것. 혁명을 성공시킨 프랑스 부르주아세력이 프랑스 왕실 귀족 계좌를 내놓으라 하자 스위스는 단연코 거부했다. 이를 욕하는 프랑스 혁명 부르주아들에게 너희들도 별 수 없이 우리가 필요해질 것이라고 응수했다 한다. 정말 프랑스에 좌파 정권이 들어서자 프랑스 부르주아들이 스위스은행에 돈을 맡기는 사태가 발생했다고 한다.

스위스는 이어 1차 세계대전 때 정치적 중립을 지키면서 가장 안전한 돈과 은행을 갖고 있는 나라로 부각되었다. 그래서 유럽 유대인들의 돈도 스위스 은행으로 몰리기 시작했다. 그리고 프랑스가 세금 확보를 위해 스위스 은행을 뒤지기 시작하고, 독일 나치정권도 유대인 계좌를 눈독들이자 스위스는 1934년 비밀주의를 국법으로 제도화했다.

나치 독일이 유대인 재산 색출을 위해 고객정보 공개를 요구했으나 이를 거부했고 대신 유대인으로부터 약탈한 나치 정권 역시 고객으로 받아들여 양다리 비밀주의를 지켜나갔다.

비밀보호주의와 관련된 사건들도 유명한 것이 많다. 1943년 스위스의 한 은행원은 74개 비밀계좌의 고객정보를 나치에 빼돌리다 종신형을 선고받았다. 1945년 연합군이 전쟁에서 이긴 뒤 독일 나치 일당의 비밀계좌를 열라고 스위스에 요구하자 어느 계좌인지 정확히 대면 열어주겠다며 버티다 연합국이 파악한 정확한 나치 계좌만 넘겨주고 나머지는 입을 닫아버렸다. 그리고 나치 잔당이 나중에 나타나 왜 내 계좌를 남에게 열어줬느냐 항의하자 다시 그 돈을 지급했다가 들통이 나기도 했다.

왜 돈의 비밀을 지켜주는가

이런 스위스 은행의 태도는 비밀을 지켜주면 결국 그만큼 돈이 돌아 온다는 믿음이 있기 때문이다. 1982년에는 로마에서 비밀계좌 해외영업을 하던 스위스 은행 직원 2명이 체포됐다. 이탈리아 검찰이 비밀계좌 예금주의 신원을 털어놓으면 면죄부를 주겠다며 타협안을 내놨다. 그러자 한 사람은 고객의 신원을 고해바치고 풀려났고 다른 한 명은 끝까지 입을 열지 않고 실형을 선고받았다.

그러나 비밀을 털어놓고 풀려난 은행원은 스위스 법에 의해 5만 스위스 프랑의 벌금형에 처해지고 비밀을 지킨 은행원은 국가적 영웅이 되며 고생한 대가로 보상금을 지급받았다. 2008년 4월에는 스위스 UBS 은행 간부가 미국 억만장자 탈세를 돕다가 미국 마이애미 공항에서 체포되기도 했다.

국민 여론조사에서 고객에 대한 '비밀주의'를 지켜야 한다는 응답이 80퍼센트에 이를 만큼 스위스 은행 비밀주의는 뿌리가 깊다. 은행업에 스위스 경제가 달려 있기 때문이다. 스위스는 인구가 760만 명에 불과하지만 은행이 300개가 넘는다. 은행금융업이 스위스 국내총생산GDP의 11퍼센트, 고용시장의 6퍼센트를 차지한다.

세금을 피해 스위스에 묵혀두고 있는 해외 예금만 2조 달러(2천 500조 원)에 이르는 것으로 추산하고 있다. 여기에 스위스 정부는 스위스 은행에게 국제기준보다 훨씬 엄격한 기준을 적용해 재정건전성을 높게 유지한다. 자기자본비율이 19퍼센트를 넘겨야 한다. 유럽기준은 9~10.5퍼센트.

1990년대부터 스위스 정부와 은행의 비밀주의는 지구촌의 지탄을 받게 되고 서서히 압박에 떠밀리다 2001년 9·11 테러로 궁지에 몰린다. 미국이 테러단체의 돈줄을 쫓다 스위스 은행의 벽에 막히자 문제 제기에 나선 것. 그러나 아주 강하게 밀어붙이지는 않았다. 미국 은행들도 갑부들의 뭉칫돈을 비밀 관리해 먹고사니 그랬다.

그러나 서서히 밀리기 시작한 스위스 은행은 2009년 4월 영국 런던에서 열린 G20회의에서 결정타를 맞는다. 금융정보의 교환을 기피하는 조세피난처 국가나 비밀계좌 운영 국가들에 대한 성토가 이어졌고 강력한 제재가 필요하다는 쪽으로 국제여론이 기운 것.

그 후 재정이 고갈된 미국도 스위스를 더 몰아붙였다. 미국인들이 해외로 자산을 빼돌려 입는 세수 손실이 연간 1천억 달러(130조 원)에 이른다며 탈세 혐의 미국인 5만 2천 명의 계좌 내역을 요구한 것이다. 그러자 유럽 나라들도 스위스를 경제협력개발기구OECD의 '블랙리스트'에 올리겠다며 으르렁거렸다.

은행 측이 미국의 압력에 떠밀려 공개하려 했으나 스위스 정부가 은행비밀법에 따라 불가하다고 버텨 국제 재판까지 벌어졌다. 스위스의 평판이 나빠지자 스위스 법무장관이 '은행비밀주의'가 고객의 범죄행위까지 보호해야만 하는 것은 아니라며 물러서 탈세혐의가 있는 4천 450명의 명단이 미국에 넘겨졌다.

스위스는 거액의 비밀계좌뿐 아니라 새로운 상품들을 개발해 세금을 피하고 싶은 부자들을 돕는다. 범죄와 탈법을 숨겨주는 가장 위험한 사업, 그래서 이윤도 크다. 세상의 부패와 범죄에 대해 미필적·잠재적 협력을 하고 있는 셈이고 쉬운 말로 하자면 장물아비라고 해야 하나?

엘리자베스 여왕, 가문의 위기와 영광

아일랜드는 독립운동 100주년 기념행사 준비로 떠들썩하다. 2014년 4월 엘리자베스 2세 여왕은 아일랜드 마이클 히긴스 대통령과 만찬을 가지면서 "아일랜드 독립운동일 기념행사를 돕겠다. 독립운동 기념일에 영국 왕실가족이 참석하도록 하겠다"고 밝혔다. 이 행사는 2016년 부활절에 치러질 아일랜드 '부활절 독립 봉기' 100주년 기념식을 지칭한 것으로 보인다. 엘리자베스 2세 여왕은 2012년에 즉위 60주년을 맞으며 지구촌의 화제가 됐고, 이번엔 영국을 신사의 나라로 보아 줄만한 결정을 내려 주목을 받았다. 엘리자베스 2세 여왕은 64년간 왕위를 유지한 빅토리아 여왕에 이어 두 번째로 즉위 60년을 넘겨 신기록에 도전하고 있고 여왕이 임명한 총리만 12명에 이른다.

영국인들 다수는 국가의 안정과 번영을 위해 왕실이 필요하다고 여긴다. 《가디언》지 보도를 보면 70퍼센트가 "왕실이 없으면 나라 사정이 더 나빠질 것"으로 대답했다. "왕실이 없어지면 영국이 더 좋아질 것"이라 대답한 사람은 22퍼센트. 미국이 실용과 이익을 따지는 데 비해 영국은 불편해도 전통과 정체성을 중요시하고 있음이 드러난다. 전쟁과 경제난, 급속한 사회변혁을 겪으면서 전통문화와 가치관이 흔들리면 사람들은 불안해지기 마련인데 영국 사람들은 왕과 왕실을 마음의 고향 비슷하게 여기는 모양이다.

또 제2차 세계대전이 끝난 뒤 신자유주의를 가장 격렬하게 추진해 온 나라가 영국인데 이에 대한 반작용으로 전통의 왕실을 지지하고 의지하는 경향이 생겼다는 분석도 나온다. 물론 공화국으로 전환하자는 의견도 있다. 시대에 뒤떨어진 군주제를 언제까지 부여잡고 있을 것이냐, 혈세를 들여 그 왕족, 귀족들을 모실 이유가 무엇이냐는 공화주의자들을 지지하는 여론도 조금씩 높아지고 있는 중이다.

노블레스 오블리주와 가문의 영광

노블레스 오블리주Noblesse oblige, 사회적 명예와 지위는 그에 상응하는 의무를 가진다는 의미의 이 말은 프랑스어지만 영국과 관련이 있다. 14세기 영국과 프랑스의 백년전쟁 때 프랑스의 항구도시 '칼레Calais'는 영국군에게 포위당해 저항하다 결국 항복한다. 그런데 점령군이 항복하면 시민의 생명을 보장하겠지만 그동안의 저항으로 영국군에 막대한 손실을 입힌 책임을 누군가는 져야 한다는 조건을 제시했다.

이 때 가장 부자인 생 피에르를 비롯해 시장, 상인, 법률가 등의 귀족들이 처형받기를 자청했다. 그러나 처형 직전 영국 왕비가 영국 왕 에드워드 3세에게 사면을 간청했고 임신한 왕비의 청을 왕이 받아들여 사면한 것이 '노블레스 오블리주'라는 말의 시작이라 알려져 있다.

영국 여왕 엘리자베스 2세는 1945년 조국을 위해 봉사하고 싶다며, 아버지 조지 6세의 허락을 얻어 또래 소녀들이 봉사하고 있는 영국여자국방군에 입대해 구호품 전달 서비스부서에서 군복무를 했다. 그 때 여왕의 나이가 19살. 계급은 소위였다. 맡았던 임무는 트럭 운전병으로 타이어 바꾸고 엔진 수리하던 모습이 국민에게 깊이 각인돼 있다. 공주 때 애칭은 릴리벳Lilibeth.

남편 필립 공도 2차 대전 참전 용사이다. 찰스 왕세자는 공군 전투기 조종사. 앤드루 왕자도 아르헨티나와의 포클랜드 전투에 참전했다. 손자 중 윌리엄은 공군 복무 후 전역, 해리 왕자는 아프가니스탄에서 군 복무 중이다.

이 같은 전통은 엘리자베스 2세 여왕의 어머니 엘리자베스 보우스 라이언 왕대비(영국에서는 퀸 마더)에서 시작된다. 그녀는 제2차 세계대전이 터지려 할 때 남편과 함께 미국 캐나다를 방문해 전쟁 참여를 호소하면서 국제적으로 부각되기 시작했다. 그리고 독일이 영국 런던을 집중 폭격할 때 안전한 지방으로 몸을 피신하라고 권했으나 이를 거부하고 런던에서 끝까지 왕궁을 지켜 온 국민의 존경을 받았다.

독일의 히틀러가 엘리자베스 왕대비를 일컬어 "유럽에서 가장 위험한 여인"이라고 불러 그 별칭이 훗날까지 전해진 인물이다. 그녀는 스코틀랜드 귀족의 딸로 영국의 둘째 왕자 앨버트(작위로는 요크공)와 결혼해 왕자비가 됐다. 남편 앨버트 왕자가 왕자로 끝날 줄 알았는데 시아주버니인 에드워드 8세가 왕위를 내놓고 방랑의 길에 오르면서 남편 앨버트 왕자(요크공)가 왕위에 올라 조지 6세가 되고 엘리자베스는 공작부인에서 왕비가 된다. 그들의 큰딸 릴리벳이 즉위 60주년을 맞은 지금의 엘리자베스 2세 여왕이다.

로맨스 좋아하다 가문의 위기

엘리자베스 2세 여왕의 큰아버지 에드워드 8세는 훗날 윈저 공으로 불린다. 미국 출신의 이혼녀 심프슨 부인과 사랑에 빠져 왕위를 내려놓고 훌쩍 떠나버린 그 인물이다. 나중에 윈저 공으로 작위를 받았기 때문에 그 세기의 로맨스의 주인공들을 '윈저 공과 심프슨 부인'이라고 흔히 부른다.

그런데 심프슨 부인은 영국에 주재하던 독일대사와 가까운 사이여서 염문이 나돌 정도였는데 심프슨 부인과 사귀던 윈저 공도 친독일 성향을 보여 비난을 샀다. 영국이 독일과 본격적으로 전쟁을 시작하자 중립국인 스페인으로 피신해 살았는데 독일 사람들과 자주 어울려 온 국민의 지탄을 받기도 했다.

부왕인 조지 5세가 "내가 죽으면 저 인간이 왕이 될 텐데 1년도 안 돼 제 무덤을 제가 팔 거야"라고 했다는 말도 전해지고, 처칠 수상이 울화통이 터져 '제 발로 오지 않으면 내가 끌고 오겠다'고 소리쳤다는 일화도 남아있다.

이렇게 시아주버니가 망쳐놓은 왕실의 명예를 제수인 엘리자베스 왕대비가 폭탄이 떨어지는데도 런던을 지키며 살려내고 엘리자베스 2세 여왕도 19살 나이에 군에 입대해 트럭을 몰면서 가문을 지킨 것.

우리나라 지도자들의 노블레스 오블리주 이야기는 생략하자. 할 말이 없다.

'핵에 쩔은' 일본… 후쿠시마 출신을 차별하다

3·11 후쿠시마 원전 폭발 참사. 참사 현장에서는 지금도 원자로 건물 잔해를 제거하고, 망가진 원자로시설 안에 있는 핵연료봉을 안전하게 빼내 다른 수조에 저장하는 작업 등이 펼쳐지고 있다.

1일 평균 3천 명이 작업에 투입되고 있는데 망가진 원자로 근처에만 가도 방사성 물질이 정상적인 수치의 1만 배 이상이라 한다. 피해주민들 일부는 멀리 타지로 이사를 갔다. 그럴 능력이 되지 못하는 주민들은 후쿠시마 현 내에 마련된 임시 가설주택(무료)에 머물며 지낸다.

가설주택이 불편한 노인들은 방사능 수치가 높은 마을에 그냥 머물고도 있다. 도쿄전력은 나이에 상관없이 매달 1인당 10만 엔(약 145만 원) 씩을 보상하고 있다. 피난민의 기준은 사고 현장으로부터 30킬로미터 내에 거주하던 사람이다.

후쿠시마 사람들 그리고 동물들

후쿠시마 원전 참사 이후 벌어진 사회현상 중 하나가 후쿠시마 출신의 차별이다. 사고 직후에도 후쿠시마에 살던 여성이 간사이 지방에 떨어져 살고 있던 남자친구에게 갑작스런 파혼을 통고받아 화제가 되었다. 사고 직전까지 만날 약속을 잡아놓고 잘 지내다 갑작스레 파혼을 선언했으니 후쿠시마에 산다는 것말고는 다른 이유를 생각하기 어렵다.

사고 직후 재앙을 피해 후쿠시마를 벗어난 후쿠시마 주민들을 다른 지역 숙박업소들이 거부하기도 했다. 그 이후에도 차별은 이어진다. 도쿄 등 안전한 대도시 지역으로 이사를 간 후쿠시마 주민들이 학교에서 아이들이 따돌림을 당하고 이웃이 경계의 눈초리로 대해 후쿠시마 가설주택으로 되돌아오기도 했다. 명절 때 멀리 있는 친척에게 과일을 보내겠다고 해도 괜찮으니 신경 쓰지 말라며 거절한다고 한다.

2011년 8월에 열린 후쿠시마 네트워크 모임에서 아이들이 꺼내놓은 이야기.

"원전 사고 이후 밖에서는 전혀 뛰어놀 수가 없어요."

"우리는 몇 살까지 살 수 있나요?"

"우리도 건강한 아이를 낳을 수 있나요?"

어머니들 이야기도 들어보자.

"9살 아들의 눈 밑에 기미가 생기고 8살 딸은 코피를 흘리는 횟수가 잦아지고 있다. 원인불명의 건강 이상을 호소하는 아이들이 후쿠시마 전체에서 급증하고 있다."

어머니들의 가장 큰 걱정은 아이들의 미래이다. 취직을 하고 결혼을 할 때 또 어떤 차별을 받게 될지 불안한 예측을 떨칠 수 없다. 참사 현장에 그대로 남겨진 동물들도 있다. 책으로 나온 『후쿠시마의 남겨진 동물들』이란 현장 르포에 실린 이야기들이다.

- 사료를 주니 녀석은 허겁지겁 먹기 시작했다. 녀석은 곧 다 토해버리고 말았다. 토하자마자 다시 먹고 또 다시 토하고……. 토하는 것을 알면서도 배가 고픈 녀석은 같은 행동을 되풀이했다.
- 소들에게 물을 먹여보기로 했다. 물그릇을 내밀자 조금 먹다가 이내 토해버리고 말았다. 소는 주저앉은 채 내 앞에서 눈물을 주르륵 흘

렸다.

- 소가 비닐을 먹고 있었다. 배가 고파서 뭐라도 먹는 것일 텐데 미안하게도 내게는 줄 것이 없었다.
- 후쿠시마 제1원자력발전소 바로 옆에서 만난 두 마리의 개. 계측기로 지면의 방사선량을 재어보니 280마이크로시버트(평소 사람들이 노출되는 방사선량의 약 2천 배)였다.
- 먹을 것을 주니 개가 닭에게 먼저 먹으라고 양보한다.

일본의 핵마피아와 우경화

일본은 그래도 핵에 대한 미련을 버리지 못하고 원전사업을 밀고 간다. "우리는 후쿠시마 원전 사태로 인해 세계에서 유일하게 원전 사태에 대응할 수 있는 기술력과 경험을 축적했다"라며 핵 수출을 시도하고 있다.

일본 정부·군·전력기업 연합체가 안보관련 정보와 해석을 독점한 채 마피아처럼 굴고 있다고 일본 내 양심세력들은 비판하고 있다. 일본 후쿠시마의 비극은 제대로 된 비판과 점검 없이 급성장한 핵산업은 결국 모두의 위기로 돌아온다는 교훈을 주었다.

예측할 수 없는 사고 위험성을 늘 내포하고 있는 핵실험과 원전에 대해 핵산업 당사자들은 시뮬레이션 해보니 안전했다 한다. 하지만 그것은 시뮬레이션일 뿐 실제로 어떤 일이 벌어질지 장담할 길이 없다. 후쿠시마가 그 본보기이다.

일본은 왜 핵에 집착할까? 1945년 제2차 세계대전이 끝나고 미국, 소련, 프랑스 등 일부 선진국이 핵의 주도권을 빼앗기지 않으면서 국익을 도모하기 위해 원자력의 평화적 이용이라는 명분으로 원자력 산업을 육성하고 주변국에 원전기술을 수출했다.

일본 역시 핵의 피해자이지만 평화적 이용이라는 명분을 그대로 차용해 과학계의 열정과 국민의 절대적인 지지 속에 핵개발에 돌입, 50년 만에 원전 보유수 세계 4위, 핵재처리 시설까지 갖춘 핵선진국으로 올라섰다.

일본이 지닌 플루토늄은 10톤 정도로 추정되고 핵무기 1천 250발 분에 해당한다는 분석이다. 미국·러시아·영국·프랑스에 이어 세계에서 5번째, 아시아에서는 압도적인 1위다. 일본은 우라늄 농축기술을 보유하였고, 인공위성 발사도 몇 차례 성공하였다.

북한이 빌미만 준다면 일본도 몇 발이건 핵탄두와 그 운반 수단인 장거리탄도미사일을 얼마든지 만들어 낼 수 있다. 또 우려한 대로 일본은 대지진과 원전폭발 이후의 국가적 통합을 위해 국가주의를 내세우며 파시즘세력이 등장하고 있다. 평화 공존을 무시하는 극우정권이 득세하는 것도 후쿠시마 비극에 이어져 있는 변화이다.

인류는 핵이 안고 있는 문제를 꽁꽁 싸맸을 뿐 핵의 구조적인 위험과 기술적인 결함을 해결하지 못했다. 미완성의 위험한 기술이다. 원전사고, 핵무기화, 폐기물 처리 등 핵이 안고 있는 문제는 지금껏 어느 것도 해결된 것이 없다. 다만 묻어두었을 뿐이다. 그리고 동북아시아에는 원전과 핵무장을 적극 추진하는 3개국, 북한·일본·중국이 몰려 있다. 우리나라마저 원전 수출에 몰두하고 있어 동북아시아에서 '핵'이란 어떤 존재인지 이제라도 심각히 시민사회의 공동논의가 필요하다.

야스쿠니신사에 얽힌 '침략과 배신의 환술'

2014년 4월 23일 버락 오바마 미국 대통령이 일본을 국빈방문했다. 그런데 미국 대통령이 오기 직전임에도 일본 지도자들은 야스쿠니신사 참배를 감행했다. 아베 총리는 21일 도쿄 야스쿠니신사의 봄 제사(4월 21~23일)에 공물을 보냈고 개인 돈으로 공물 비용 5만 엔을 냈다. 오바마 대통령에게 보란 듯이 정치적 제스처를 쓴 것이다.

우리 외교부는 "과거 식민침탈 및 침략전쟁을 미화하는 야스쿠니신사에 공물을 보낸 것은 무라야마담화 등 역대 내각의 역사인식을 계승한다던 아베 총리 자신의 공언에 배치되는 것"이라고 지적했다. 중국 외교부도 "일본 지도자가 야스쿠니신사에 공물을 봉납하는 것은 일본 내각이 역사를 잘못 보고 있음을 증명한다"고 비난했다. 미국《뉴욕타임스》도 '아베 총리의 공물 봉납은 오바마 미국 대통령의 도쿄 방문을 이틀 앞두고 한국과 중국을 화나게 하는 행동'이라고 평가했다.

그러나 아베 총리도 주변의 정치인들은 거들떠보지도 않는다. 일본 정치지도자들의 야스쿠니신사 참배가 갖는 문제점이 무언지를 살피자면 신도와 신사의 역사 전반을 되짚어볼 필요가 있다.

일본의 종교적 성향과 군국주의

일본의 신도神道는 사람 사는 일과 온갖 자연현상을 관장하는 신이 곳곳에

널려있다고 믿는 일본의 고유 종교이다. 신사에 모시는 각종 신이 800만에 이른다는 추산도 있다. 이런 신들을 모신다고 하는 곳이 신사이다.

신도를 따르는 일본인들은 태어나서부터 일생동안 신사에 가 참배를 하고 가정에도 신단을 두어 일상을 함께 한다. 우리나라의 성황당이 국가적 종교로 발전했다면 이런 모습일까? 종교를 창시한 교조도 없고 경전도 없다. 그러나 일본인의 삶 밑바닥에 강력한 힘으로 존재하고 있음을 절대 간과해선 안 된다.

야스쿠니신사는 근대 일본이 치른 내란과 전쟁에서 숨진 전몰자들을 신으로 승격시키고 그 명부를 보관한 신사(묘지가 아님)이다. 246만 명의 신령이 된 인간을 제사지내는 곳이다. 여기에 태평양전쟁의 A급 전범 14명이 포함되어 있어 국제사회는 이를 경계하며 지켜봐왔다.

그러나 문제는 A급 전범에 대한 참배만이 아니다. 전범에 대한 참배와 추악한 과거에 대한 미화작업이 가져올 미래의 불행이 무엇일지에 집중해야 한다. 종교와 관련한 일본 역사의 특징 중 하나는 개방과 배척이다. 외국에서 다른 종교가 발전해 일본으로 수입되면 일본인들은 쉽게 문을 열어 맞아주고 자기들 전통신앙과 섞어버린다. 그러다 융합작업이 끝나면 밖에서 들어온 종교를 솎아내 묻어버린다. 에도 시대에 유교는 유교신도론에 의해 공격을 받았고, 불교는 '신불神佛 습합'이라는 과정을 통해 토사구팽당했다.

불교의 예를 살펴보자. 일본에 불교가 들어와 절이 세워지자 일본은 절을 지키는 신사를 세우고, 신도에 모신 신들에게 보살 칭호까지 붙이며 불교에 신도를 접목시켰다. 그러다 민족주의를 내세워 신도가 불교를 누르기 시작했고, 메이지유신 때 신도와 불교를 철저히 분리시킨 뒤 불교에 대한 파괴공작이 벌어졌다.

신도가 일본의 군국주의와 침략전쟁을 옹호하는 파시즘체제로 바뀌면서 일본의 불교도 군국주의에 순응해 타락의 길을 걸었다. 침략을 일삼는 제국주의 군대를 선전하며 전투의지를 북돋우는 역할을 맡았고 일왕(천황) 숭배를 부르짖었던 것.

"집착을 버려라, 생과 사가 다르지 않다. 네가 죽이는 것과 저 사람이 죽는 것은 다 업에 의한 것이니 슬퍼할 필요가 없다. 전사하면 내세에서 다시 태어난다"는 식의 설득에 의해 병사들은 자살특공대가 되고 침략지에서 학살을 저지르는 자기 자신을 변명했다.

신도와 불교가 이렇게 사상적·종교적으로 뒤를 받치고 있기 때문에 일본이 전쟁에서 패한 뒤에도 전범들은 과거를 반성하지 않고 자기들이 정당했고 구원받아 극락왕생할 것이라고 버텼다. 또 그 뒤를 잇는 정치지도자들이 서슴없이 망언망동을 일삼는 것이고 일본 국민들이 이를 옹호하는 우경화의 길로 기울어가는 것이다.

일본은 기독교도 서양문물을 받아들이는 통로로 이용하고 임진왜란에 동원한 뒤 엄청난 학살과 박해로 제거해버렸다. 대한제국에 접근해 을사보호(?) 조약, 내선일체라는 논리를 내세워 한반도를 수탈했고, 모두가 평등한 황국신민이라며 징용·징병·학살로 우리 민족을 짓밟은 것도 마찬가지로 겉과 속이 다른 토사구팽의 '저팬 스타일'이라 하겠다.

일본 신사가 모시는 神은 일본 그 자체

그 핵심에 야스쿠니신사가 자리 잡고 있다. 일본 신도의 '신神'이라는 개념은 기독교, 이슬람교, 유대교의 신과 다르다. 바람의 신, 숲의 신, 음식의 신, 조상신…… 즉 일본국 및 일본인들과 관련된 모든 것이 신이 된다. 신도가 섬기는 신은 현실을 넘어선 절대적인 신, 즉 인류 모두에 대한 보편성이나 영원성에 기초한 신이 아니다. 일본이라는 나라, 일본인이라는 사람들에게만 국한되는 신이며 일본국과 일본 왕족, 귀족의 현실과 이익

자체가 신이라는 성격을 갖고 있다.

일본의 신사는 천황과 황족을 신으로 떠받들던 곳이다. 메이지유신 이후에 귀족, 장군들이 추가되었다. 그 이후 일반 국민이 국가에 의해 신으로 대접받는 유일한 통로가 생겼는데 그것은 일본 왕을 위해 장렬하게 전사하는 것이다.

어떤 인생을 살았건 문제되지 않는다. 일본 왕을 위해 죽으면 된다. 그런 이유로 야스쿠니신사에서 떠받드는 신은 청일전쟁, 러일전쟁, 조선 진압, 시베리아·만주 정벌, 중일전쟁, 태평양전쟁 등을 치르며 숨진 사람들로 계속 대상자가 늘어왔다. 그렇게 246만 명이다.

야스쿠니신사는 이렇게 국가적 전란에서 사망한 사람들을 초혼의식을 통해 신으로 승격시켜 대접하며 일본 군국주의와 천황제, 국가신도체제를 연결하는 고리 역할을 맡았고 지금도 그 역할은 계속되고 있다.

일본의 국립군사박물관이 그 안에 있다. 일본 최대의 도검진열장이자 전사자 유품, 전리품, 각종 병기를 전시한 군사적 계몽시설이다. 여기에는 자살병기들을 진열한 코너가 따로 있고, 6천 명의 자살영웅들을 기리는 설명문이 붙어 있다. 야스쿠니신사에는 육군장교클럽 본부도 있었다. 애국부인회 본부도 있었고, 일본제국 재향군인회 군인회관도 있었다.

일본이 전쟁을 반대하는 국민여론을 잠재우고 국가총동원령을 밀어붙이려 계엄령을 선포했을 때 계엄사령부로 쓰였다. 일본 내 호국영령을 제사 지내는 호국신사는 내무성 소관이지만 야스쿠니신사는 해군성과 육군성 소관이다.

야스쿠니신사에 제신 처리된 전몰자는 246만 명. 그 유족과 자손들을 합치면 얼마나 될까? 엄청난 규모가 된다. 또한 신도는 일본인 모두의 삶이다. 정치인들은 야스쿠니신사를 정치적으로 이용할 수밖에 없다. 그것은 일본의 우경화를 더욱 부추긴다. 결국 일본인의 삶 속에 깊이 뿌리내린 신도와 신사는 새로운 침략적 이데올로기의 발흥을 돕게 된다. 이것이 야스쿠니신사가 갖는 21세기의 의미이다.

오키나와, 식민지에 총알받이에 군사기지로

중국과 일본은 센카쿠(중국 명 댜오위다오) 문제로 분쟁 중이다. 그런데 중국이 일본을 압박하기 위해 오키나와 귀속 문제를 꺼내 들었다. 그리고 아예 오키나와 독립단체를 지원하자는 주장까지 나온다.

오키나와, 류큐인의 아픈 역사

오키나와의 옛 이름은 '류큐'이다. 이는 대만 열도의 일부분이라는 것이 중국의 주장. 오키나와는 일본 큐슈와 대만 열도 사이에 자리 잡은 섬의 군락이다. 그래서 류큐제도라고 부른다.

원래 오키나와는 여러 개의 부족국가이다가 1429년 통일된 왕국, 류큐 왕국을 세웠다. 중국에 조공을 바치며 반독립국 정도의 지위를 유지해 가던 중 1609년 도쿠가와 이에야스가 조총부대로 류큐를 공격해 정벌했다. 이후 류큐 왕국은 일본·중국에게 동시에 조공을 바치는 형식으로 존속한다. 하지만 1879년 메이지유신을 치른 일본은 다시 류큐 왕국을 점령하는데 이번에는 류큐 왕을 폐위시키고 '오키나와 현'을 설치해 버린다. 류큐 왕국이 일본령 오키나와가 된 것이다.

오키나와의 근대 역사는 참혹하다. 일본은 태평양전쟁에서의 패배가 확실해지자 정전협정을 염두에 두고 지연작전에 들어가기로 한다. 군국주의 천황체제와 군부의 기득권을 보존하기 위해 본토에 강한 방어진지를 구축하고 장기전에 들어가 시간을 끌며 협상을 벌이기로 한 것. 그러기 위해 일본은 오키나와와 우리 제주도에 방어진지와 비행장 등을 만들어 미군의 진격을 늦추려 했다.

1945년 3월 26일 새벽, 미군이 오키나와 본섬 동쪽에 있는 게라마에 상륙하면서 전투가 시작됐고 3개월간 54만 명의 미군이 오키나와 전투에 뛰어들었다. 이에 비해 일본군의 병력은 겨우 7만여 명 정도였다 한다. 일본은 부족한 병력을 채우기 위하여 만 14세에서 70세까지의 오키나와 남성과 여학생까지 전쟁에 강제동원하는 만행을 저질렀다. 오키나와 전투 희생자 총 20여만 명 중 오키나와 주민이 12만여 명, 미군이 약 1만 2천 명, 일본군이 약 5만 5천 명, 징용이나 종군위안부로 끌려온 한국인이 1만여 명으로 추산된다.

전쟁이 끝나고 미군이 점령한 오키나와에 대해 일본은 1948년 2월에 히로히토 일왕의 메시지를 맥아더 점령군 총사령관에게 전달한다. 내용은 미국이 오키나와가 일본 땅인 걸 인정하면 25년에서 50년, 원한다면 그 이상 오키나와를 지배해도 좋다는 것. 그렇게 오키나와는 태평양 최고의 전략요충지로 미국 군사기지가 된다. 일본의 도마뱀 꼬리 자르기 수법인 셈.

영토분쟁의 일본, 뒤에서 웃고 있는 미국

류큐, 오키나와의 새 주인이 된 미국은 주민들에게 자치권을 부여하고 '오키나와'란 일본 용어 대신에 원래의 '류큐'를 쓰도록 했다. 일본 왕의 연호사용도 금지했다. 그러다 1962년 사모아가 미국령에서 독립하고, 1970년 피지와 통가도 독립국이 되는 등 태평양 섬나라 사이에 독립의 열풍이 불었다. 류큐인들은 당연히 독립국이 될 줄 알고 1970년 '류큐독립당'까지 만들고 공화국을 세울 꿈에 부풀었다.

그러나 1972년 5월, 미국은 오키나와를 일본에 반환했다. 당시 미국은 베트남전쟁으로 재정난을 겪고 있었던 때여서 미국이 오키나와에 건설한 사회간접자본(수도·전기·도로·공항 등) 비용을 지불하라고 요구해 일본으로부터 3억2천만 달러를 받아냈다. 어쨌거나 류큐는 다시 '오키나와'가 됐고, 일본 본토를 오가는 비행기는 국제선에서 국내선이 되고, 미국식으로 우측통행하던 자동차는 일본식으로 좌측통행을 시작했다.

일본의 속국이 되고 총알받이가 된 다음 미국에 팔아넘겨졌다 다시 배신당하며 일본에 넘겨진 것이 오키나와 류큐인의 역사이다. 중국이 이런 아픈 곳, 빈틈을 노려 오키나와 독립을 부추기지만 오키나와 주민 중 독립을 주장하는 여론은 20퍼센트 정도이다. 반미 반일본 운동이 성공하면 높아질 가능성은 있지만 쉽진 않다. 이미 오래전부터 독립파, 미국령 잔류파, 일본 귀환파 등으로 나뉘어 여론이 분열되어 왔기 때문에 통일된 여론 형성은 어려워 보인다.

주목해야 할 것은 싸우고 있는 중국, 일본이 아니라 미국이다. 동아시아 여러 영토분쟁의 배경에는 항상 미국이 존재한다. 하지만 미국은 영토분쟁에는 일본을 앞세우고 뒤로 빠져 관망하며 실익만을 노린다는 걸 간과해서는 안 된다. 우리 독도 문제도 미국이 오락가락하며 우리와 일본을 놓고 저울질하는 것도 그런 배경이다.

납북 일본인에 얽힌 못난 놈, 나쁜 놈, 추한 놈

2013년 여름, 라오스에서 북송된 탈북 청소년들 중에 일본인 납치 피해자 자녀가 포함됐을 가능성이 있다는 주장이 제기됐다. 우리 언론이 익명의 소식통을 인용해 시작한 추측보도는 1977년 북한에 납치된 마쓰모토 교코(마쓰모토 교코는 1977년에 돗토리현 요나고시의 자택에서 뜨개질 교실 갔다 오겠다며 나간 뒤 행방불명된 일본인)라는 일본인의 자녀일 가능성이 있다는 이야기까지로 진전됐다.

이번 탈북 청소년 북송 사건에서 북한 당국이 유난히 적극적인 외교공세를 펴자 언론은 혹시 고위권력층 자녀가 포함된 것 아니냐는 추측을 내놨었다. 그러다 납북 일본인의 자녀가 있는 게 아니냐는 쪽으로 방향이 바뀌었다. 우리 정부는 '아는 바 없다'는 것이고 일본 정부는 '사실일 가능성이 매우 낮다'는 입장이다. 그러나 일본 언론들은 우리 언론을 인용하며 들썩이고 있다.

북한이 동쪽으로 간 까닭은?

1970~1980년대에 북한은 남한에서 납치한 어부나 일본에서 건너간 북송 재일동포들에게 간첩교육을 시켜 재일교포나 일본인으로 위장한 뒤 일본과 한국에 침투시키려 했다. 그래서 일본어와 일본 사정을 가르칠 일본인이 필요했다고 한다. 그러나 단순히 교육용 강사가 필요했기보다는

몰래 납치한 일본인은 북한에 숨겨두고 그 사람의 일본인 신분으로 간첩을 침투시키려 했다고 분석할 수 있다.

북한으로 납치된 일본인은 정확히 파악되지는 않지만 12건에 피해자는 17명으로 일본은 파악하고 있다. 주로 동해에 접한 니가타, 후쿠이 현 등지에서 북한 공작원들에 의해 끌려갔다. 북한은 그런 일 없다고 딱 잡아떼다 결국 2002년 9월 평양을 방문한 고이즈미 준이치로 일본 총리에게 8건에 13명의 일본인을 납치했다고 털어놓는다.

그 중 8명은 사망했고 남은 5명은 가족상봉을 위해 일본을 일시 방문해도 좋다며 일본행을 허가했다. 그러나 일본은 합의를 깨고 북한으로 돌려보내지 않았다. 고이즈미 총리가 간신히 데려 온 납북 피해자를 되돌려보낼 리 없고 북한과 일본은 서로를 비난하며 냉각기에 들어갔다.

지금도 일본의 강경 우파는 납북 일본인을 빌미로 '자위대를 더 강하게 무장시켜야 한다' '한반도 유사시 자위대가 바로 한반도로 투입돼 납북일본인을 구해야 한다'며 정치적으로 이용하고 있다. 또 하나의 문제는 북한에 그들의 가족이 남아 있다는 것. 2004년 일본은 북한과 협상해 자녀 5명을 일본으로 데려왔는데 얼마나 더 있는지는 파악되지 않는다. 이번에 논란이 된 납북 일본인의 자녀는 이런 맥락이다.

일본인을 일본인이라 부르지 못하고

그렇다면 납북 일본인과 북송 재일동포는 무엇이 다른가. 그 배경은 이렇다. 일본은 전쟁에서 진 뒤 사회를 재건하면서 재일동포를 잠재적 불순분자로 여겼다. 좌파 성향을 가진 사람들이 섞여 있고, 일본에 대한 반감도 크고, 다들 가난해서 사회적 비용만 들어가고 국가적으로 부담스럽다는 것이다.

한편 북한은 전쟁으로 젊은 사람들이 턱없이 부족해 극심한 인력난을 겪고 있었다. 그래서 궁리한 것이 재일동포를 대거 북한으로 들여오는 방책이었다. 더구나 재일동포와 함께 재일동포의 자금 및 전문기술들도 유입되니 수지가 맞는 장사였다.

일본은 내쫓고 싶고 북한은 데려오고 싶어 둘의 이해관계가 맞아떨어지자 북송사업은 대대적으로 전개되었다. 북한은 1959년부터 일본의 재일동포들을 북한으로 데려가는 이른바 북송사업을 시작했다. 이 사업으로 1984년까지 8만~9만 명의 재일동포가 북송선을 타고 북한으로 건너갔다. 지금도 일본은 북송 재일동포와 그 일본인 배우자 문제는 드러내고 싶어 하지 않는다. 졸렬한 암거래가 있었으니 그렇다.

해방 이후 좌우대립과 6·25전쟁을 치르면서 이승만 대통령의 재일동포정책은 반공반일을 내세워 한국으로 돌아오라는 것이었다. 그러나 재일동포 중에는 징용으로 끌려간 사람도 있지만 제주 4·3 사건이나 거창 양민학살 사건처럼 남쪽에서 국가의 폭력에 의해 피해를 입은 가족들이 많았다. 제주도에서만 4만 내지 5만이 일본으로 건너갔을 정도이다. 그러니 그들이 쉽게 한국으로 돌아올 리는 없었다.

김일성은 이런 빈틈을 노려 재일동포 사회에 지원 자금을 대주며 학교를 세우게 하는 등 선심정책을 써 정치적 주도권을 잡아 나갔다. 북한에서 집도 주고 직장도 주고 무상교육도 시켜준다고 하자 재일동포들은 짐을 싸 북한으로 갔다. 그러나 북한은 얼마 후 지옥으로 변했다.

북한 주민들마저 자기들 살던 집을 차지하고 특별대우를 받던 재일동포들을 질시했다. 다급한 불을 끈 북한 당국은 재일동포에 대한 대우를 깎아내렸다. 재일동포들이 불만을 토로하고 일본 가족에게 폭로 편지를 쓰면서 재일동포는 북한 사회에서 체제불안 요소가 돼 버렸고, 당국의 감시와 탄압이 본격화되었다. 일본의 가족친지에게서 돈을 얻어올 때만 대우를 해줬다. 인질이 되어버린 것이다. 그렇게 북송사업은 시들해지다

1984년 막을 내린다.

이 2개의 사건에는 일본의 졸렬한 이중성과 편견이 깔려 있다. 재일동포들이 만경봉호로 북송될 때 그 탑승자 중에는 재일동포와 결혼한 일본인 배우자도 1천 5백 명 이상 포함돼 있었다. 하지만 일본은 이들을 납북 피해자로 여기지 않는다. 한국인과 결혼한 일본 여성은 일본이란 국가와 일본 헌법이 보호할 의무에서 제외된다는 태도이다. 이것이 일본 우익 정권의 진면목이다. 헌법만 평화헌법이라 이름 지었을 뿐 일본의 식민 제국주의는 아직도 건재한 것이다.

터키의 민주화, 그 뒤에 얽힌 세속과 종교

터키를 11년간 통치한 레제프 타이이프 에르도안 총리가 2014년 8월 대통령선거에 출마하겠다고 한다. 집권 정의개발당은 당대표인 에르도안 총리 주재로 대선전략을 논의해 의원직을 3연임으로 제한한 당규를 유지하기로 했다. 에르도안 총리는 2001년 정의개발당을 창당하면서 의원직 연임을 3회로 제한하는 당규를 제정했기 때문에 총리 4연임을 위한 총선 출마의 길이 막혀있는 상태다.

2013년 말부터 비리스캔들로 궁지에 몰린 에르도안 총리로서는 당규를 바꿔 총리 4연임을 시도하려다 막혔으니 대선출마로 마음을 굳히려는 모양이다. 최근의 지방선거에서 승리한 배경이 있으니 승산 있다고 분석한 것이다.

터키는 2007년 헌법 개정으로 대통령 직선제를 도입했으나 정치체제는 내각책임제를 유지하고 있다. 우리가 지방선거를 실시할 무렵 터키는 대선정국으로 접어든다. 터키 대선정국을 이해하려면 근대에서 '2013 민주화 운동'에 이르기까지의 터키 역사를 살펴볼 필요가 있다.

80년 집권의 세속주의 엘리트 동맹

터키 건국의 아버지라 불리는 무스타파 케말. 젊은 장교시절 급진개혁운동에도 몸담았던 그는 영국, 그리스와의 잇따른 전투에서 공을 세워 국가

253

적 영웅으로 떠오른다. 그리고 군사쿠데타를 일으켜 오스만투르크왕정에서 공화정으로 국가체제를 바꿨다.

그는 정교분리 원칙에 따라 이슬람과 정치권력을 엄격히 분리했고 정당정치, 남녀평등, 신앙의 자유 등 민주제도를 대폭 도입했다. 또 국가주도의 경제개발 추진 등 터키 근대화의 기반도 마련했다. 그 대신 왕정복고나 소수민족 독립 등은 철저히 탄압하고 언론도 통제해 철권통치를 벌여나갔다. 그러나 부정부패, 친인척 비리, 정치적 경쟁자 탄압은 없었다. 그리고 터키 군부는 혁명과제를 이룬 뒤 민정으로 이양하겠다는 약속을 지켰다.

이런 배경 때문에 터키 군부는 국민이 가장 신뢰하는 정치집단이다. 군부는 사법부, 고위관료층, 지식인 사회까지 끌어들여 거대한 지배세력을 구축하고 오스만투르크왕정과 이슬람 보수주의를 밀어냈다. 이것을 흔히 '세속주의 엘리트동맹'이라고 부른다.

이 동맹은 우여곡절을 겪으며 80년 장기집권한 끝에 1997년 야당인 복지당에게 패배했다. 복지당은 최초의 이슬람 집권당이다. 이때부터 세속주의와 이슬람세력의 밀어내기 싸움이 본격화 되는 것. 복지당은 먼저 세속주의를 약화시키고 친이슬람주의로 방향을 선회하려했다. 그러나 군부는 세속주의는 헌법이 정한 것인데 집권세력이 이슬람 종교를 정치에 끌어들이는 것은 위헌이라며 헌법재판소를 움직여 집권여당을 해산시켜버렸다.

이후 과도기를 거치며 2002년에 다시 등장한 것이 지금 집권당이자 총리가 이끄는 온건이슬람계 정의개발당이다. 엘리트 지배세력에 염증을 내며 민주화를 원하던 터키 국민은 정의개발당을 지지했고, 정의개발당은 총선 때마다 승리를 거두며 장기집권에 돌입한다.

친군부 세속주의 엘리트 세력은 다시 한 번 친이슬람 집권당을 해산시키려다 실패하고 군 장성들이 대거 퇴진하며 세력이 약해져 여권을 견제하기엔 역부족이 돼버렸다.

두 세력을 성격적으로 비교하자면 세속주의 엘리트세력은 서구지향적이고 친유럽연합 성향을 띠며 문화적으로는 개방적이다.

세속주의에서 이슬람주의로, 과연 가능할까?

여기에 맞서는 현 친이슬람 집권세력은 경찰, 하급공직자, 시민단체, 언론이 뭉친 이슬람과 민주화운동세력의 연대라고 볼 수 있다. 정치적으로는 민주화를 지향하지만 이슬람 성격이 짙고 이념과 문화로는 보수적이다. 집권 후 신중산층과 이슬람세력을 모아 체제를 굳건히 해 왔고 세속주의 일방으로 흘러온 터키의 진로를 바꾸려고 한다.

그러나 터키 헌법은 정치에 이슬람이라는 종교가 영향력을 행사하지 못하게 규정하고 있고 국민 다수가 원하는 바이기도 하다. 그리고 의원 내각제로 대통령과 총리가 권한을 나누어 견제하고 균형을 잡아가도록 했다.

문제는 야당의 견제 없는 여당의 독주에서 시작된다. 2003년 기득권 엘리트동맹을 물리치고 집권한 정의개발당의 에르도안 총리는 터키의 고도성장을 이끌어내며 높은 지지를 얻었다. 그리고 자신의 지지기반인 이슬람을 강화하려 한다.

그러나 국민들은 이슬람교도이지만 이슬람 전통적 가치에 충실한 이슬람 원리주의적 방식은 원하지 않는다. 그런데 집권세력은 심야 주류 판매를 금지하고 공공장소에서의 남녀 간 애정 표시를 규제하는 등 방향전환을 꾀하다 반발을 샀다. 또 의원내각제를 대통령제로 바꿔 장기집권도 노리고 있다.

시민들의 저항을 두고 대통령과 총리의 입장이 다르고 집권당을 이끄는 총리가 시위 배후에 불순세력이 있다고 주장하는 배경은 이런 것이다.

이러한 문화적 충돌과 민심이반은 10년간 야권 견제가 미미한 채로 독주하다보니 벌어지는 상황이다. 퇴근 후의 술 한 잔, 남녀 간 애정표현, SNS를 사회악으로 규제하기에는 이미 이슬람 전통가치관에서 너무 멀리 와 있다. 하지만 집권세력은 이를 읽지 못하고 있다.

보수적인 이슬람 문화로의 방향전환과 일방적 개발정책에 항의하는 반정부시위를 '독재 대 반독재', '세속주의 대 이슬람주의'의 충돌로 보는 건 무리가 있다. 물론 앞으로의 사태 진전에 따라 반독재민주화 시위로 번져나갈 가능성은 크다.

우리도 독립하련다, 스코틀랜드의 브레이브 하트

우크라이나 크림공화국이 우크라이나로부터의 독립, 그리고 러시아 귀속을 추진하면서 크림반도의 정정은 포성 속으로 빠져들었다. 크림공화국은 주민의 67퍼센트가 러시아계이고 러시아어를 공용으로 써온 곳이다. 1991년 소련에서 우크라이나가 독립해 나올 때도 크림반도는 우크라이나가 아닌 러시아의 자치공화국으로 가야한다는 반론이 일기도 했다. 크림공화국 다음에 자치독립이 거론될 곳은 우크라이나 동부 지역. 친러시아 정책을 펴다 쫓겨난 야누코비치 전 우크라이나 대통령이 주지사를 지낸 지역이다. 자칫 우크라이나는 세 쪽으로 나뉘고 두 쪽이 러시아로 넘어갈 수도 있다.

우리도 독립하련다 - 스코틀랜드의 브레이브 하트

유럽에는 강대국의 틈바구니에서 독립 논쟁을 벌이는 나라들이 더 있다. 그 중 하나가 9월 18일, 독립에 대한 국민 찬반투표가 실시되는 스코틀랜드.

유나이티드 킹덤, 영국은 섬나라이다. 가장 큰 섬이 그레이트브리튼-남쪽의 잉글랜드, 북쪽의 스코틀랜드, 그리고 서쪽의 웨일스로 이뤄져 있다. 그리고 다시 바다를 건너 아일랜드가 있고 그 중 북아일랜드가 영국령이다.

스코틀랜드는 서기 843년에 왕국이 된 나라이다. 잉글랜드가 앵글로색슨족인데 반해 스코틀랜드는 켈트족이다. 앵글로색슨족에게 시달리다 북쪽으로 쫓겨가며 이룬 나라가 스코틀랜드. 잉글랜드는 개신교인 성공회를 국교로 삼았지만 스코틀랜드는 전통적으로 개신교 중 장로교가 국민 다수를 차지하고 있다. 잉글랜드의 침략과 지배에 시달린 스코틀랜드는 1314년 베닉번전투의 승리를 계기로 완전 독립을 이뤘다. 영화 〈브레이브 하트〉의 무대가 이 무렵이다. 하지만 200년 뒤 플로든필드전투에서 대패하며 다시 잉글랜드 지배하에 놓였다. 그리고 1707년 5월에 합병을 마무리지어 잉글랜드와 스코틀랜드가 합쳐진 지금의 유나이티드 킹덤이 되었다.

300년 동안 영국의 한 부분이었지만 국민 일부에서는 늘 독립을 꿈꿔왔다. 2011년 5월에 스코틀랜드 집권국민당이 독립 찬반 국민여론조사를 해보니 46대 38로 나왔다. 독립반대가 조금 많았지만 독립찬성도 만만치 않다. 그러자 영국은 독립반대 지지율이 높을 때 국민투표를 빨리 실시하자고 나섰고, 스코틀랜드 집권세력은 독립찬성표를 끌어올리기 위해 시간을 벌려고 했다. 그래서 확정된 것이 2014년 바로 올해 9월이다. 1314년 베닉번전투의 대승리가 스코틀랜드 독립의 기반이 되었으니 베닉번전투 대승 700주년을 기념하는 해에 독립 붐을 불러일으켜 독립 지지표를 모으려는 의도이다. 스코틀랜드 앞바다에는 북해유전이 자리하고 있다. 이 유전에 대한 권리를 온전하게 가져오려는 게 스코틀랜드의 목표이다. 그래서 유럽연합보다는 북유럽 스칸디나비아 국가(노르웨이·덴마크·스웨덴)들과 연대해 북유럽의 강국으로 당당히 일어서려는 것.

통일 대박은 만드는가 주어지는가

영국·스코틀랜드 상황은 러시아·우크라이나와 비슷하다. 러시아가 우크라이나 천연자원과 우크라이나를 지나는 러시아 가스송유관, 크림반도의 러시아 해군기지를 걱정했듯이 영국도 스코틀랜드에 있는 영국 핵잠수함기지와 북해유전을 고민한다. 영국은 스코틀랜드 민심을 자극하지 않으려 주민투표를 막지 않는다. 다만 스코틀랜드 주민들을 상대로 반대해 줄 것을 호소하고 있다. 스코틀랜드가 독립하면 영국 파운드화를 사용할 수 없게 되고, 독립한다 해도 유럽연합 회원국이 되지도 못할 거, 가면 뭐하냐는 것이다.

그런데 최근 외신을 보면 북해산 원유와 천연가스로부터 유입되는 수입이 크게 줄고 있고, 스코틀랜드의 재정적자가 계속 커지고 있다 한다. 《파이낸셜 타임스FT》의 보도이다. 영국이 재정적자에 시달리니 그 부담을 스코틀랜드가 함께 지는 것보다는 독립해서 우리가 잘 먹고 잘살자는 게 독립 추진의 골자인데 원유부문 세수가 크게 줄어들면서 영국보다 재정적자 비율이 오히려 더 커져버렸다. 영국 쪽에서는 독립하면 '국민 1인당 빚이 늘어날 것이다' '세금 더 내야 할 것이다' '공공서비스와 복지가 줄어들 것이다'라는 식으로 스코틀랜드 국민에게 겁을 주고 있다. 어쩌면 언론들의 보도 뒤에 영국이 있을지도 모르는 일. 과연 북해유전의 수익성이 떨어진 탓인지 스코틀랜드가 과감히 투자를 늘려 수익이 준 것인지 확인은 안 되지만 스코틀랜드 국민은 지금 민족적 자존심과 현실적 이익 두가지를 가늠하며 고민하고 있다.

우크라이나와 크림 공화국, 스코틀랜드의 독립 논란은 한반도의 통일과 민족의 자주자립을 염원으로 간직한 우리에게 생각할 거리를 안겨 준다. 독립이든 통합이든 그 중심에는 경제가 있다. 미래의 먹고 살 거리가 충분해야 한다. 그리고 경제에 큰 변수가 될 수 있는 배경은 인종과 종교와 문화와 차별이다. 통일대박이 현실과제로 등장하기 이전에 우리는 국민통합, 양극화의 해소, 산업과 국토의 균형발전, 중소 · 대기업의 상생으로 탄탄한 기반을 마련해야 하는 것이다. 그리고 지금의 지역감정과 정치적 지역구도, 이념갈등은 결정적인 순간에 어떤 위험요소가 되어버릴지 모른다. 그 과제와 책임을 최우선으로 하고 있는 것이 민주정치인데 퇴보로만 가고 있으니 안타까운 일이다.

기자 그리고 '기자 비슷한' 자

언론 같지 않은 언론을 말하다

기자 그리고 '기자 비슷한' 자

저널리즘이 궁극적으로 지향해야 할 바는 인간人間, 그리고 사회적 여건과 운명에 얽혀들어가는 인간의 정황情況이라고 생각한다. 그러나 인간을 지향하는 것과 뉴스가 인간 개개인에게 함몰되는 것은 전혀 다르다. 뉴스 가치가 있는 사안이라면 거기에는 시대적 배경이 있고 사회구조에 따른 맥락이 존재한다. 그러나 오늘날의 뉴스는 배경과 맥락은 외면하고 개인의 영욕에 초점을 맞춘다. 그나마 거창하고 고상한 것인 양 치장도 해준다.

대표적인 사례가 정치에 주목하지 않고 정치인에게 몰입하는 것이다. 정치에는 신념과 철학이 있고, 국민의 권력을 위임받는 과정이 있고, 책임이 있고 비전과 미래가 있을 것인데 언론은 거기 얽혀들어 싸우는 인물들을 좇기에만 바쁘다. 선거국면에서 나타나는 경마식 보도는 가장 극명한 예다. 누가 이기느냐에 매달려 여론조사에 나타난 지지율에만 매달린다. 표밭 분석과 학연·혈연에 얽힌 지지구도만 분석한다. 시민의 정치적 갈망, 국가와 지역의 현실과제, 각 정당의 이념과 실천력, 새로운 정당정치와 쇄신, 각 후보가 내세운 공약의 실현가능성은 뒷전으로 밀린다.

국정원 대선개입 보도에서 드러나는 것도 비슷한 양태이다. 국정원이 선거에 조직적으로 개입했다면 그 의도와 기획과정, 전개과정, 선거결과에 미친 영향, 진상조사와 진실규명, 조사결과에 따른 합당한 처리가 언론이 주목하고 추적해 밝혀낼 사안들이다. 그러나 언론은 여당과 야당 사람들이 입씨름하는 것만을 중계할 뿐 더 나아가지 않는다. 제목으로 여야 간의 '팽팽한 신경전'이라 걸어놓았지 내용은 별 게 없이 느슨하다. 진실을 캐기보다는 양측의 주장을 산술적으로만 균형 있게 다룬다. 자극적인 언사를 옮겨 적으면서 양측의 말꼬리 잡기 싸움만 격렬하게 만들지 검증과 탐사는 없다. 보다 못해 시국선언이 국내외에서 터져나오고 시민들이 거리로 나서 시위 행렬을 이루면 슬그머니 외면해 버린다. 정치인 한 명한 명의 입은 주목하면서 다수 시민의 물결은 회피하는 행태를 무어라 설명할 수 있을까?

'대통령님 안아주세요'

언론의 이런 행태는 대통령 관련 보도에 이르면 극에 달한다. 박근혜 대통령의 중국 방문보도 때는 대통령의 한복 패션과 중국어 실력을 칭찬하느라 법석을 피웠다. 귀한 손님이라 하늘에서 상서로운 천둥번개를 내렸다고 은근슬쩍 아첨을 떠는 취재칼럼도 있다. 국빈방문을 국가원수가 국가원수를 만나러 간 것이 아니라 귀하신 분이 중국에 간 개인적 뉴스로 격하시킨 것이다. 취재할 기자가 '대통령님, 안아 주세요'라고 앙증맞게 굴었다는 이야기도 들었다.

세월호 참사의 취재 보도에서도 박근혜 대통령이 등장하는 기사는 본질에서 벗어나기 일쑤였다. 박근혜 대통령이 사고 직후 17일 만에 두 번째로 진도를 다시 찾았을 때 30여 분 동안 비공개로 면담하면서 실종자 가족들은 쌓아왔던 울분을 토해냈다고 목격자들은 증언한다.

그러나 공영방송 KBS 뉴스는 실종자 가족들이 "해수부 장관을 어떻게 할 것이냐"고 항의했다는 사실만 전한다. MBC 뉴스는 가족들이 "철저한 구조 수색과 책임자 처벌을 요청했다"고 전한다. 가족들이 울분을 터뜨렸다고 보도한 건 오히려 상업방송인 SBS였다.

KBS 길환영 사장의 퇴출을 촉구하는 집회에서 한 시민이 '굿바이 KBS'라는 문구를 가슴에 달고 있다. 최근 언론이 보인 행태는 국민적 불신과 언론에 대한 거부를 불러일으켰다.

　주요 공영방송의 회색빛 보도는 대통령에 대한 원망을 덮어버리는 데서 끝나지 않는다. KBS는 "대통령이 바지선에 접근하자 실종자 가족들이 잠수요원들을 격려하기 위해 건 현수막이 눈에 들어온다. 사랑하는 아들·딸을 만나기 위해 이제 믿고 의지해야할 사람은 잠수요원들뿐. 대통령의 당부도 끝까지 최선을 다해 달라는 것"이라고 생생하게 현장을 보도했다. 대통령이 바지선에 도착하며 대통령 스스로 마이크를 잡고 뉴스 리포트를 하듯 1인칭 시점에 가까운 절묘한 신종 어용 뉴스보도이다. 유족들이 아무리 울부짖으며 책임을 촉구해도 공영방송의 보도에는 '호소'라고 기록된다.

　'뉴스의 개인화'와 '개인의 뉴스화'는 무엇이 다른가. 그것은 국정원 사건을 전직 국정원장의 문제로 다루는 것과 국정원 및 국정원을 움직일 수 있는 권력의 문제로 다루는 것의 차이이다. '국정원 사건 국정조사'를 국민의 대표기구인 국회가 국정원의 선거개입 음모를 파헤치는 조사로 보느냐, 아니면 여야 간의 힘겨루기에서 불거진 정쟁의 산물로 보느냐의 차이일 수도 있다.

'뉴스의 개인화'는 독자와 시청자·청취자들이 해당 뉴스가 전달하는 것이 자신의 삶과 행로에 어떤 영향을 미치고 사회에 어떤 변화를 불러올지 생각하게 하는 것이다. 개개인이 자신과 관련된 문제로 받아들여 궁리하고 고개를 끄덕일 수 있게 만드는 뉴스로 전하는 것이다.

반면 '개인의 뉴스화'는 독자와 시청자와 청취자를 구경꾼으로 만드는 데서 그친다. 맥락을 읽어내고 힘들게 분석하기보다 그대로 옮겨 적고 즐겁게 묘사할 테니 편히 감상이나 하라고 던져주는 뉴스이다. '개인의 뉴스화'는 취재도 쉽다. 꽤 많은 사람들이 즐겨 읽는다. 탈도 나지 않는다. 이것이 언론이 '개인의 뉴스화'에 안주하는 이유라고 하면 거짓일까?

국민 다수가 언론을 거부하고 거리로 나선 지금도 언론은 그 안락함에서 빠져나올 줄을 모른다. 이런 연유로 우리 언론이 전하는 걸 사람들은 진실이라고 여기지 않는다. 진실이 아니라 '진실이 적당히 섞인 것 Truthiness'이라 여긴다. 국민이 우리가 전하는 것을 진실이 아니라 진실 비슷한 것이라 꿰뚫어 본다면 우리는 기자가 아니라 기자 비슷한 사람이 된다. 우리의 민주주의는 민주주의 비슷한 것이 되어 버린다.

B급에도 알맹이와 수준이 있다

가수 싸이의 '오빠 강남스타일' 열풍, 거친 수다가 이어지는 팟캐스트 방송 〈나는 꼼수다〉돌풍, 그리고 빼어나게 잘난 출연자 없는 〈무한도전〉〈무릎팍 도사〉등등의 인기 배경은 무얼까? 이런 종류의 것들을 총칭해 우리는 'B급문화의 돌풍'이라고 불렀다. 품위와 격식에서 벗어나 본능에 좀 더 충실한 의도된 싼티, 날티를 그리 부른 것이다.

B는 A 다음이 아닌 A와 달라서 B

B급이라는 표현은 미국에서 비롯됐다고 한다. 1920년대 미국 영화관에서 관객들을 끌어 모으느라 영화 한 편에 영화 한 편을 얹어 보여주며 마케팅을 벌였다는데 우리식 표현으로는 '2편 동시상영'이다(이건 한자말이라 딱딱하고 요즘 말로 1+1). 이때 본 상영작을 A무비, 끼어 넣은 걸 B무비라고 불렀다. 이름 없는 무명배우, 뻔한 스토리, 거친 제작기법을 특징으로 하고 있었다. 그런데 훗날 돌이켜보니 이런 영화들에도 뭔가 메시지가 담겨 있었다. 시대를 비웃는 풍자와 해학, 음울함이 촌스럽지만 쿨하게 담겨있었던 것이다.

그것은 주류문화의 고급스러움과 세련됨을 코웃음치며 비꼬는 반항의 정신이기도 했다. 이것은 수준이 낮아서 B가 아닌 A와 달라서 B라고 부를 차별화였고, B급문화가 갖는 시대정신이기도 하다는 인식을 하게 된 것이다.

우리 사회에서 B급문화도 비슷한 성질을 띠고 있는 듯하다. 강남스타일이나 젠틀맨 등을 접하며 느끼는 묘한 쾌감이 아마 그것일 것이다. 사회는 진보·보수로 나뉘어 다투긴 하는데 너무 어렵고 복잡하고 엄숙하다. 보통 사람이 나섰다간 이념이 선명치 못하다, 배경지식도 없이 끼어든다고 질책당하기 십상이다. 그러면서 다른 방식의 소통이 생겨났는데 좀 더 편하고 자유롭고 사람 냄새 나는 B급 소통의 장과 B급 미디어가 시작된 것이다. 멀리는 딴지일보에서부터 디시인사이드, 오늘의 유머, 일간베스트저장소, 망치부인, 나는 꼽사리다 등등 우리 사회 B급 미디어는 15년 정도의 역사를 갖고 있다.

B급문화는 A급 미디어인 지상파 방송에도 스며든다. 〈무한도전〉〈무릎팍 도사〉 등이 그런 류가 아닐까 싶다. 출연자들이나 프로그램의 진행이 세련되지 못하고 오히려 보통보다 못해 보일 때도 있지만 사회를 향해 날리는 메시지가 분명히 담겨있다.

그런가하면 B급이 아닌 척 하나 B급인 텔레비전 방송프로그램도 생겨난다. 그것은 바로 케이블 TV 종합편성 채널의 시사보도프로그램들이다. 2013년 11월 방송통신심의위원회 주최로 "종편 시사토크프로그램에 대한 진단과 평가"라는 주제의 토론회가 열렸다. 조선·중앙·동아·매경이라는 거대한 4개의 신문사에 주어진 케이블방송의 종합편성 채널마다 시사평론가와 기자, 아나운서, 연예인 등이 어우러지는 시사토크프로그램이 가득 편성돼 있는데 과연 바람직한가를 토론하는 자리였다.

사람 냄새 나는 B를 기대한다

토론회의 내용을 요약하자면 종편채널의 시사보도 비율은 60~70퍼센트에 이르고 있다. 지상파는 25~30퍼센트 정도. 당시 종편 시사토크프로그램은 모두 14개다. 본방을 기준으로 채널A가 1주일에 1천 500분으로 가장 많고, TV조선 1천 475분, JTBC 880분, MBN 750분이다. 그리고 종편 4곳이 방송심의규정과 선거방송심의규정 위반으로 제재를 받은 건수는 모두 37건이었다. 이는 방송 전체 제재 현황의 67.6퍼센트를 차지하는 수치다. 이들 프로그램에 적용된 조항은 방송심의규정 제27조(품위유지) 위반이 44.1퍼센트로 가장 많았고, 명예훼손(11.9퍼센트), 객관성(10.2퍼센트) 조항 위반 등이다.

참석자들은 "민망한 수준의 시사토크도 많다, 저널리즘의 품격을 최소한이라도 지켰으면 좋겠다, 만약에 지상파가 저런 식으로 보도했다면 보수신문이 그냥 있었겠는가, 보수신문이 막상 방송에 뛰어들고보니 경쟁에서 살아남는 게 만만치 않자 두려움 때문에 오히려 더 흥분하는 듯하다, 그러면서 강한 정파성을 띄다보니 보수성이 오히려 희화화되고 가볍게 취급된다, 엠바고도 없고 프라이버시도 없다, 개인의 삶의 공간에서 정치를 바라본다는 느낌이 강하다, 자기들끼리 재미있지 별 재미없을 때가 많다" 등등을 지적했다.

왜 텔레비전 방송에서 시사토크를 많이 내보내는가는 예나 지금이나 이유가 같다. 제작 단가가 싸다. 몇 명 앉혀 놓고 작가가 대략적인 원고를 써주면 진행이 되니까. 또 시사보도에 집중하는 사람들은 상대적으로 학력이 높고 학력이 높으니 소득수준도 상대적으로 높은 편이어서 그들의 구매력 때문에 기업광고 유치가 쉽다. 그런데 여기서 수준을 살짝 낮춰 B급으로 가면 오락성까지 더해져 수익과 재미를 챙기기 유리한 것이다. 그런데 문제는 종종 정파적 편향성을 노골적으로 드러내며 수익과 재미 2마리 토끼 외에 '권력에 줄 대기'라는 세 번째 토끼도 잡으려 한다는 것이다. 사람 냄새 아닌 퀴퀴한 하이에나의 냄새를 맡게 되는 것은 편견일까?

종편채널의 시사토크는 과연 A급일까, B급일까? 묻는다면 A급이라고 자신하진 않을 것이다. 그렇다면 B급인가? B급이라면 B급다웠으면 좋겠다. 우리 사회의 왜곡되고 위선적인 그늘에 대해 통렬한 펀치를 날리기 바란다. 지상파 텔레비전이 대충 얼버무리거나 못 본 척 외면하는 현안을 새로운 방식으로 흥미롭게 전달하는 '똘끼'를 기대하고도 싶다. 지상파의 엄숙주의나 관료주의로는 접근할 수 없는 방식으로 B급 미디어만의 색깔을 보여줬으면 좋겠다. 표현이 분방하고 적나라하고 거칠지만 내용 속에 촌철살인의 위트와 해학도 있고, 그러면서 사람 냄새 물씬 나는 시사토크라면 좋겠다. 그랬으면 좋겠다.

참을 수 없는 가벼움을 홀짝이다, 스타 스캔들

연예계 톱스타들의 연애를 추적해 단독보도하며 주가를 높이는 인터넷 언론이 있다.《디스패치》다. 연예계 스타들의 연애를 주로 추적해 보도하는 디스패치가 주목받는 것은 이유가 있다. 그동안 스포츠신문이나 각종 신문의 연예면에서 쏟아내는 가십(유명인의 스캔들, 뒷이야기) 기사의 상당 수가 '~카더라, ~아니면 말구' 식이었다. 이에 반해 디스패치는 끈질기게 취재해 사진을 찍어 증거를 확보하고 사실 위주로 전달하는 특징을 갖는다. 파파라치는 유명인의 사진을 찍어 돈을 받고 여기저기 파는 것이고, 사진을 찍어 보도에 사용하고 본인 반박에 대응해 증거로 쓴다면 파파라치류로 간주할 수는 없는 일이다.

이름을 무어로 규정하든 연예인 가십을 대중들이 목말라하고, 엔터테인먼트산업으로 돈은 몰려들고, 스포츠신문과 인터넷신문의 연예면 등이 치열하게 경쟁하다가 드디어 연예계 연애폭로 전문매체가 생겨났다는 것을 주목할 일이다.

홀짝홀짝 읽는 남의 뒷담화, 가십

추문이라고 부르는 스캔들, 이웃 특히 유명한 사람의 사생활에 관한 소문……. 이런 종류의 것들을 묶어서 흔히 '가십gossip'이라 부른다. 가십의 어원은 미국 독립전쟁 때 조지 워싱턴 장군이 이끄는 미국 측 첩자들이 적군 지역 술집에 밀파돼 적군에게 술을 '홀짝 홀짝$^{go\ sip\ go\ sip}$' 하게 만들고 부대 내부의 사정을 떠벌리게 유도한 뒤 첩보를 수집한 데서 유래한다고 전해진다.

오래전에 가십은 소문으로만 떠돌던 이야기였다. 17세기 말과 18세기 초 인쇄업이 발달하며 대중문화로 떠오르기 시작했다. 당시 일반대중이 글자를 배우고 신문을 받아보면서 가장 궁금해 한 것은 "우리보다 나은 사람들의 나쁜 행태"였다. 왕족, 귀족, 장군 등 상류층이 따지고 보면 우리보다 나을 것도 특별할 것도 없다는 걸 확인하려 한 것은 피압박자의 설움이나 열등감이 반영된 것일까? 또 여성의 문자 해독률이 높아지면서 정치경제보다 조금은 더 감성적인 읽을거리들이 비중을 늘려간 것도 가십기사의 발전을 거들었다.

영화배우가 가십의 대상이 된 건 1930년대 후반 미국 할리우드에서 시작되었다. 이때 영화배우전문 가십칼럼을 쓰는 사람들은 영화제작사로부터 봉급을 받고 썼기 때문에 부정적이거나 치명적인 것은 피하고, 영화 흥행에 도움 될 것들을 썼다. 1950년대 들어 가십잡지가 등장하는데《컨피덴셜》이다. 남녀배우의 야하고 은밀한 행실을 다룬 이 잡지는 프랭크 시나트라의 여성편력, 로버트 미첨의 대마초 흡연, 멋진 '훈남' 록 허드슨의 동성애(에이즈로 사망) 등을 특종보도했다.

영국은 저속한 것이라고 가십을 꺼리는 분위기였다. 그러다 1963년 영국에서 유명한 프러퓨모^{profumo} 사건이 발생한다. 영국 보수당 출신 장관 존 프러퓨모가 매춘부와 연애를 하는데 매춘부와의 관계에 소련 간첩이 끼어들어 시골저택에서 집단으로 파티를 벌이며 변태적으로 즐겼다는 국가보안과 관련된 섹스스캔들이다. 이 사건으로 맥밀런 정부가 허물어졌다. 이 사건을 치르면서 영국 언론들은 가십을 무시할 게 아니라 이걸로 대박을 낼 수 있다고 판단해 앞다투어 왕족, 귀족, 정치인 관련 가십에 매달리기 시작했다.

미국은 《내셔널 인콰이어러》라는 유명한 가십전문지가 있어 가십문화를 이끌었다. 《내셔널 인콰이어러》는 불륜, 동성애, 에이즈감염, 변태성향에 관한 수많은 특종들을 지금도 쏟아내고 있다. 그 비결은 가십거리와 사진을 가져오면 듬뿍 보상하는 제도 때문이다. 엘비스 프레슬리의 사망이나 O.J. 심슨 아내와 그 애인 사망 사건 등을 특종을 했고, 타이거 우즈 스캔들도 이 잡지 특종이다. 거의 모든 스타들이 다뤄졌고 심지어 오바마 대통령도 이 잡지의 보도로 스캔들에 휩싸였다(물론 오보로 판명됐다). 스티브잡스가 췌장암으로 곧 사망한다고 알린 것도 이 잡지. 결국 《워싱턴 포스트》나 《뉴욕 타임스》 같은 점잖은 신문들도 가십에 신경을 곤두세우는 상황으로 변해버렸다.

참을 수 없는 세상의 가벼움

흔히 '가십거리'라고 격을 낮추어 불렀지만 이제는 결코 하찮은 이야기가 아니다. 가십은 사회문화의 주요 구성요소가 되어 버렸다. 언론사마다 클릭수를 올리려 페이지뷰를 늘리려 가십에 매달린다. 걸핏하면 연예인의 연애뉴스가 뉴스 앞머리를 장식하고 정권에 치명타를 가하기도 한다. 그리고 커뮤니케이션의 발달로 인터넷, SNS를 통해 마구 번져가고 언제든 되찾아 볼 수 있게 되었다. 자본주의 사회의 빈부격차도 가십을 번지게 하는 이유 중 하나이다. 배우, 가수, 재벌, 스포츠스타가 돈을 못 버는 직업이면 가십은 번성해나가기 어려웠을 것이다. 명성과 재산을 모두 가진 사람들이 질투의 대상이 되고 가십의 대상이 된다.

세상은 가십을 쫓는다. 물론 그다지 건강한 건 아니다. 서로에게 건강한 관심, 사회문제에 대한 진지한 고민이 있어야 우리 사회가 건강해진다. 그러나 사람들은 고된 삶 속에서 진지와 경건을 고달파한다. 자기를 성찰하고 채찍질해야 하니 불편하다. 그래서 이웃과 사회의 은밀히 뒷이야기만 훑는다. 가끔 몇몇이 그러는 것이 아니라 매일 모두가 그런다면 그 사회는 어디로 가는 것일까? 가십에의 몰입은 우리 사회의 지적 · 문화적 빈궁함과 산만함을 보여주는 척도가 되는 것이다.

이야기를 다시 디스패치로 옮겨 보자. 세월호 사고에서 활약한 작고 강한 독립언론, 인터넷언론들을 거론한다면《노컷뉴스》《뉴스타파》《국민TV》《민중의 소리》《미디어 오늘》등 으레 짐작할 수 있는 이름들이다. 그런데 뜻밖에도《디스패치》가 등장한다.《디스패치》는 '세월호의 침몰 참사로 상처를 입은 실종자 가족들이 정부를 불신하게 된 이유'를 집중 조명하는 기사로 주목받았다. "불신은 어떻게 시작됐나? … 실종자 가족의 48시간"이라는 제목의 기사다. 디스패치는 대책본부의 혼선은 물론이고 해경 특수구조단과 민간잠수협회 고위관계자를 인터뷰해 잠수사의 구조정보에 관한 오해와 진실도 전했다. 네티즌들은 갸우뚱하면서도 반가워했다.

"이런 시기에 괜찮은 기사, 국민의 마음을 읽는 기사가 하나라도 나와 그나마 다행이란 생각이 든다" "디스패치의 좋은 점은 명확한 자료를 근거로 기사를 쓴다는 것이다" "모든 방송사가 디스패치 하나를 못 이기네. 수신료 정상화나 지껄이고 뭐하냐?"

이럴 때 쓰는 표현인지는 모르지만 아이러니컬하다고 해야 할까? 아니다. 어쩌면 이는 통탄할 일이다. 끈질긴 취재와 현장 중심, 사실 위주의 보도라는 저널리즘의 기본을 제대로 갖추고 있는 언론이 전통의 기성언론이 아닌 연예전문매체라면 이는 우리 사회의 비극이기도 하다. 사족일지 모르지만 디스패치의 흔들림 없는 진군을 기대한다. 늘 기성언론을 부끄럽게 만들어주기 바란다.

'찌라시의 사회학', 찌라시는 그저 자투리가 아니다

최근 '찌라시'의 폐해에 대한 걱정들이 다시 등장하고 있다. '별장 성접대 리스트'라는 정치적 이슈부터 '남녀 인기가수들의 스캔들과 가족분쟁'에 이르기까지 찌라시 내용들이 잇달아 사회의 관심을 모았다.

찌라시는 시중에 나도는 '사설정보 서비스 문건'을 일컫는 말이다. 권력자 주변 이야기, 기업과 재력가들의 속사정 이야기, 연예계 뒷담화 등이 실려 있다. 찌라시는 '지라시ちらし'라는 일본어에서 온 것이고 이것은 지리스(뿌리다)의 명사형으로 광고용 전단을 일컫는 말이다.

찌라시 누가 만들고 누가 보는데?

서울 여의도나 광화문 등지에서 열리는 정보 담당자들의 계모임이 찌라시의 근원지이다. 기업체의 홍보/대외협력팀 담당자, 기획조정 부서의 정보분석 담당자, 사정기관이나 정보기관의 전·현직 요원, 주간지 기자, 금융사 정보분석 담당자, 정치인들의 보좌관 등이 참여하는 계모임이 10여 개 이상 운영되는 것으로 알려져 있다. 이들은 모아 온 정보를 꺼내서 공유하고 평가해 보고용 문서를 만든다. 그 자리에서 함께 또는 모임 후 개별적으로 만들어 상부나 상관에게 보고한다.

이 보고내용은 관련 기관이나 기업 내에서 돌려보다 사설 정보지를 운영하는 업자나 업체로 흘러 들어간다. 업자들이 다시 정리해 상품화된 것이 우리가 찌라시라고 일컫는 종합정보지이다. 격주로 발행되는 것이 보통인데 한 달에 구독료는 30만~50만 원 수준이다.

이 찌라시 내용은 계모임 참석자, 찌라시업체 관계자, 유료로 구독한 기관의 정보 방출, 취재기자의 입수 등을 통해 대중에게 전파된다. 증권가 찌라시라고 부르는 건 각종 정보에 민감한 다수의 증권사들이 여의도에 몰려있고, 증권사들이 빠짐없이 찌라시를 구입해 읽고 유통시킨 탓으로 보인다.

찌라시의 구독자 역시 기업, 기관, 연예기획사, 언론계 등이다. 정보가 권력인 만큼 어떤 정보든 신뢰도에 관계없이 빨리만 입수하면 확인해 비즈니스에 활용할 수 있다. 골프나 술 모임에서 이런저런 최신 정보, 첩보를 풀어내면서 좌중을 이끌어가는 것도 비즈니스니까.

또 찌라시의 가십과 뒷담화를 주고받는 행위는 모인 사람들끼리의 동류의식 내지는 공범의식을 북돋아 친밀감을 높여주는 효과도 있다. 마치 훔친 물건을 슬쩍 건네받는 행위와 비슷해 보인다. 발 없는 말이 천리를 간다는 소문이나 추문과는 달리 찌라시에 의한 가십은 선택된 사람들에게만 전달되는 정보의 형태를 띠기에 동류의식이 높아지는 것.

자기 조직에 대한 험담은 물 타기나 틀어막기로 방어할 수도 있다. 또 경쟁 상대의 부정적 정보는 널리 퍼뜨려 깎아내릴 수도 있다. 자기 조직 정보가 찌라시에 실리도록 작업을 해 노이즈마케팅의 효과를 노릴 수도 있다. 그런 활동을 함에 있어 조직에 돈과 인력이 풍부해 정보팀을 운영하면 좋지만 현실적으로 어려우니 사설 정보종합지인 찌라시에 의존하는 것이다.

찌라시의 신뢰도는 과거보다 떨어지고 질도 낮아지는 추세이다. 과거에는 사실과 부합되는 정보가 20~30퍼센트쯤으로 여겼는데 요즘은 10퍼센트 정도라는 평가들이다. 또 이전에는 정치 · 경제 · 사회 쪽 비중이 컸는데 최근 연예정보의 비중이 커지고 있다.

딱딱하고 골치 아픈 정치경제 정보 틈틈이 독자들이 쉬어가게끔 서비스로 집어넣던 연예계 뒷담화가 21세기 들어서는 주요 품목이 되어버린 것. 신뢰도와 질은 낮아지지만 인터넷, 스마트폰, SNS에 의해 전파력과 파괴력은 오히려 커지고 있는 것이 문제이다. 더구나 찌라시에 나온 내용이라며 찌라시를 핑계로 얼마든지 괴담과 헛소문을 만들어 퍼뜨릴 수 있으니 부작용은 커지고 있다.

개인이나 사회가 자꾸 음모론에 익숙해져 가는 것도 문제다. 뭐든 뒤에 음모와 배후가 있다는 식의 해석, 그리고 그 해석에 맞지 않는 정보는 외면하는 풍토는 위험하다. 특히 우리나라에 거주하는 외국 공관이나 바이어 투자자들이 이런 거친 첩보 수준의 내용을 소식들로 접할 때 어떻게 한국을 이해할지도 걱정된다.

찌라시의 또 다른 문제는 집단관음증이다. 장자연 씨 자살 사건 때 피해자는 사회적 약자이자 철저히 '을'인 여성 연예인이었다. 그녀에게 가해진 폭력적이고 야만적인 연예계 무력, 사회 지도층에 뿌리 내린 남성 우월주의, 돈과 권력이면 된다는 금권주의적 폐해가 사건의 핵심이지만 사람들은 성접대의 구체적 내용, 즐긴 사람들의 '리스트'에만 관심을 기울였다.

이번 별장 성접대 의혹 사건 때도 정말 참석했는지 여부도 확인되지 않은 채 마약에 집단섹스가 어쩌구 하며 여론재판이 진행됐다. 이런 사례들은 개인의 피해를 넘어 우리 사회의 통합을 저해하고 국가 신인도를 떨어뜨리게 된다. 그럼에도 남들이 모르는 정보를 전파하는 것을 우월감 내지는 특권으로 여기는 그릇된 정보문화가 해결을 어렵게 만들고 있다.

찌라시는 그저 자투리가 아니다?

결국 찌라시는 고급정보나 다른 조직의 내부 사정, 스캔들 등의 정보를 구하려 기웃거리는 사람, 구해다 편집하는 사람, 유통시키는 사람, 거기에 허위정보를 끼워 넣어 정보를 조작하려는 사람들이 얽힌 커다란 네트워크라 하겠다. '찌라시' 네트워크는 공적인 언론보도와 정부 발표, 기업의 홍보만으로는 한국 사회를 제대로 읽을 수 없다는 국민의 불만과 불안이 뒷받침하고 있다.

또 우리의 문화적 · 지적 삶이 피곤하고 빈곤하다는 것도 원인이다. 지적인 빈곤과 피곤을 해소하기 위해 손쉬운 대안을 찾으면서 찌라시의 뒷담화들이 인기리에 소비되는 것이다. 매체는 기하급수적으로 늘고 소통의 도구도 발전하지만 정보가 넘쳐나면서 사람들의 주의력은 산만해졌고 사회도 주의력, 집중력이 떨어지고 있다. 찌라시 소식은 진지한 주의력이나 분석력을 필요로 하지 않으니 계속해 소비가 된다.

앞으로도 언론이 진실을 제대로 전하지 않고, 사실 관계를 충분히 설명치 못하는데, 사람들마저 진지한 탐구와 분별에 인내심을 발휘하지 못한다면 찌라시는 자투리, 끄트러기로만 끝나지 않을 것이다.

보도자료에는 세계관과 철학이 없다

날이 더워지고 여성의 노출이 늘어난다. 성폭력과 성추행범죄도 여름철에 늘어난다. 일부 여론이 여성의 노출이 남성 성폭력범죄의 원인이라고 비난한다면 어떻게 기사를 쓸 것인가? 여성의 노출이 남성의 본능을 자극하니 당연히 성범죄가 늘어난 것이라고 받아 쓸 것인가? 그것은 마치 콧물이 흐르더니 감기몸살이 시작되는 걸로 봐서 콧물이 감기의 원인이라고 단정 짓는 것이나 마찬가지의 오류이다. 여름에 성범죄가 늘어나는 건 사실이지만 노출 때문이기보다는 밤늦게까지 집 밖이나 야외에 머물고, 밤에도 문이나 창문을 열어놓는 계절적 특성 때문이다. 여름철 성범죄 피해자의 연령대가 10대나 20대에 몰리지 않고 다른 계절과 큰 차이가 없음을 봐도 알 수 있다. 조금만 더 관련 자료를 찾아보고 전문가들에게 물어보면 기자가 편견에 붙잡혀 오보를 써내는 일은 생기지 않을 것이다.

여성의 노출이 성폭력의 원인?

어떤 사회현상의 결정적 원인이나 이유가 있다. 그런데 그것을 빼버린 채 연관성이 적은 것을 원인과 결과로 이어붙이는 걸 '결합효과의 오류' 또는 '공통원인 무시의 오류'라 부른다. 사회범죄가 벌어지는 데는 사건마다 나름의 배경과 이유가 있다. 물론 공통된 배경도 있다. 각각의 범죄가 갖고 있는 배경과 특수한 상황, 공통된 사회배경을 일일이 파악하려면 복잡하고 고된 과정을 거쳐야 한다. 이것도 스트레스라면 스트레스이다.

　그래서 인간은 현상의 원인을 간단한 몇 가지로 몰아감으로써 복잡한 사유로부터 빠져나가려는 본능을 보인다. 사회심리학에서 '근본적 귀인의 오류'라고 부르는 현상이다. 유아를 성추행하고, 여성을 납치해 잔인하게 살해하고, 오랫동안 숱한 여성을 괴롭힌 범죄자들에게 놀라 충격을 받으면 사람들은 '본래 미친놈들이었겠지'라고 간단하게 원인을 결론짓기도 한다. 이것도 '근본적 귀인의 오류'이다. 범인은 동네에 소문난 미치광이가 아니라 늘 우리 주변에 머물던 이웃이고 친구이고 내 가족이다. 그걸 인정하고 대책과 과제를 생각하면 골치 아파진다. 그래서 정부와 사회는 미친놈, 불량배, 위험분자들을 필요로 한다. 경찰은 묻어둔 불심검문권을 되돌려달라고 하고, 정치인은 문제의 성욕을 법으로 제거해버리면 문제가 해결된다고 한다. 사회 전체가 세월호에 충격을 받고 선장·선원은 죽어 마땅한 범죄자가 되고 사건발생의 원인으로 구원파까지 단숨에 대서특필되는 것도 일정 부분 비슷한 유형이다.

　다수의 국민도 고개를 끄덕인다. 다 잡아들이면 간단히 해결될 것처럼 기대한다. 여기쯤에서 '제3자 효과'라는 것도 작동한다. 이것은 자기를 빼고 따지는 것을 가리킨다. '운전 중에 휴대폰 사용은 위험하니 휴대폰을 꺼둡시다'하면 옳은 지적이라고 수긍한다. 그러나 운전에 익숙한 자신은 해낼 수 있다고 여기며 휴대폰을 집어드는 것과 마찬가지이다. 내가 불심검문에 고생할 리 없고, 내 자식이 어디 가 성범죄를 저지를 리 없고, 사회의 쓸모없는 그 어떤 존재들은 영원히 성적욕망이 필요없어도 된다고 여기는 것이다.

　'감정추단의 오류'도 있다. 사람들은 세상에서 마주치는 사람이나 현상을 나한테 좋은 것, 나쁜 것 아니면 우리 편에 유리한 것, 불리한 것. 이 두 가지로 빨리 간단히 결정하려 한다. 정말 그런가를 증명해야 하지만 생략하고 싶어 한다. 반박하고 반증해야 하지만 접어버리거나 자꾸 뒤로 미뤄놓는다. 인간이 자신의 이익에 반응해 성급히 판단하고 처음의 판단에 사로잡히는 것이 '감정추단의 오류'이다. 사회에서 벌어지는 모든 일을 정파나 정치이념의 기준에 의해 유리·불리를 따져 반응하는 것이 이에 해당한다. 집권세력에 불리한 건 죄다 몰아가는 사람들, 모든 사건, 사고가 대통령이 무능력해 그렇다고 가져다 붙이는 사람들도 '감정추단의 오류'에 빠진 건 아닌지 살펴볼 일이다.

이런 예를 든 까닭은 우리 저널리즘의 직무를 살펴보려는 것이다. 결합효과의 오류, 근본적 귀인의 오류, 제3자 효과, 감정추단 등의 함정이 존재함을 알리고, 그 앞에 '오류에 빠지지 마시오'라는 경고표지판을 세우고 길을 안내하는 것은 저널리즘의 책무이다. 정치적, 사회구조적, 사회 심리적 오류까지 짚어내 제시하고 판단은 독자와 시청자에게 맡기면 된다.

신자유주의가 범람하고 새로운 기술문명이 과거 언론의 역할을 축소시키고 있는 이 시대에 전통적 저널리즘이 지향하고 주목할 것은 인간이 저지른 범죄가 아니라 그 너머 인간의 실존이다. 사회적 대책 그 너머 우리 사회의 실존과 가치에 대해 고민하고 길을 제시하는 저널리즘이 필요하다. 사실과 정보는 보도자료와 대변인브리핑에 가득하다. 그러나 가치와 실존에 대한 고민은 거기에 없다. 기자의 세계관, 기자의 철학이 그것을 메워야 한다.

기사 작성을 마쳤다면 거기가 출발점이다. 한 걸음 더 앞으로, 한 치 더 깊이 나아가 보자.

저널리스트 그대는 누구인가?

국제 언론감시단체 프리덤하우스가 2014년 5월에 발표한 「2014 언론자유 보고서」에는 우리나라의 언론자유 순위가 68위로 추락해 부분적 언론자유국이 되어버렸다. 언론 자유를 향한 치열한 열정과 저항이 끊어지지 않음에도 우리의 언론이 위기 속에서 헤어 나오지 못하는 것은 무엇 때문일까?

누구나 그 첫째 요인으로 정부와 정치권력을 꼽는다. 한국언론재단에서 발행하는 월간《신문과 방송》이 500호 발행을 기념해 2012년 7월 설문조사를 실시한 내용을 살펴보자. 현직기자 667명을 대상으로 실시한 설문조사에서 응답자의 65.2퍼센트가 이명박 정부와 정치권력이 언론자유를 제약하는 주범이라고 지목했다. 특히 KBS, MBC, SBS 등 지상파 방송 3사 기자들은 응답자의 무려 83.9퍼센트가 정부와 정치권력이 언론자유를 제약하는 주요인이라고 비판했다.

언론자유를 제약하는 주요인으로 정부와 정치권력을 지목한 비율은 지난 노무현 대통령 참여정부 시절인 2005년에 34.3퍼센트, 2007년에는 23.3퍼센트였다. 이명박 정부가 집권 2년째이던 2009년에 56.7퍼센트, 그리고 2012년에 65.2퍼센트까지 증가했다.

언론후진국 한국

지구촌 어디에서나 저널리즘은 이런 위기에 부닥치고 있다. 미국 저널리스트들은 1990년대 후반에 치열한 고민을 언론계 내에서 체계적으로 진행하기 시작했다. 1997년 6월 미국의 저널리스트들이 저널리즘과 저널리스트에 관해 토론을 벌이면서 무언가 심각하게 잘못되어가고 있다는 데 공감했다. 특히 기자들이 써내는 기사 중에 저널리즘이라고 인정하고 싶은 기사가 급속히 줄어들고 있다는 사실에 충격을 받았다. 그 결과 사회의 발전과 공공의 이익에 언론이 걸림돌이 되고 있는 것 아니냐는 두려움도 공유했다.

그들의 두려움은 얼마 지나지 않아 현실로 드러났다. 2년 뒤인 1999년에 실시한 '경영압박과 수용자 관심, 그리고 저널리스트의 가치의 균형'에 관한 조사에서 응답자의 21퍼센트만이 '언론이 시민을 위해 일한다'에 동의했다. 1987년 조사에서는 41퍼센트이던 항목이다. '사회 속에서 권력에 대한 언론의 감시견 역할을 존중한다'고 대답한 사람은 58퍼센트. 1985년에는 존중한다는 대답이 67퍼센트였다. '언론이 민주주의를 보호한다'는 응답은 45퍼센트로 절반을 넘지 못했다. 1985년 55퍼센트에 가까운 지지를 보였으나 10퍼센트 포인트가 사라져버린 것이다. 그 뒤로 시민들의 이런 시선에 언론인들 대다수가 심각히 공감하고 우려하기 시작했다.

우리는 미디어시장이 거대해지지만 그 안에서 저널리즘은 위축되기만 하는 현실을 목격해오고 있다. 그런 사회의 흐름을 막을 길은 없다. 그러나 해야 할 일은 있다. 그 흐름 속에서 저널리즘을 건져내고 소생술을 시도하는 일이 당연히 우리의 몫이다. 건져낼 저널리즘이 무엇일까를 찾는 일은 그리 어렵지 않다. 이미 다 알고 있고 현장에서 모두 느끼고 있다.

그렇다면 심폐소생술은 어떤 것들일까? 미국은 그 후 '저널리즘을 염려

하는 언론인위원회' '우수한 저널리즘을 위한 프로젝트' 등이 시도돼 저 널리즘의 회복을 꾀했다. 이런 과정에서 확인된 저널리즘의 원칙들은 누 구나 다 아는 것이다. '공정성' '객관성' '시대적 사명'…… 이런 화려하지 만 모호한 수식어들을 떼어내고 다시 소박하게 정리해보자.

첫째 의무는 진실이다.
사실 확인은 지켜야 할 본질이다.
시민들에게 충성해야 한다.
취재하는 대상에게 매이지 말고 독립하자.
권력은 감시해야 한다.
공공의 여론이 형성되도록 기여하자.
시민들이 중요한 일을 중요하게 인식하도록 흥미롭게 전달하자.
뉴스는 포괄적으로 보도하되 비중에 맞게 보도해야 한다.
양심을 지켜라.
시민들도 뉴스에 대해 권리와 책임이 있다.

위에 열거한 원칙이 지켜지려면 먼저 저널리스트들이 자유롭고 독립된 언론인의 모습을 회복해야 하고, 시민들이 그들과 그 언론들의 필요성을 인식하고 지켜줘야만 한다. 여기에 자본과 인력이 우선해야만 하는 건 아 니다.

1953년부터 20년간 발행된 '1인 신문'이 있었다. 미국의 I F 스톤^{J. F.} ^{Stone, 1989년 사망}이 발행한 《I F 스톤즈 위클리》라는 신문이다. 독립적인 언 론인의 모델이고 정직한 블로거의 개척자인 그는 혼자 취재하고 자신의 집에서 편집해 주간지를 찍어냈다. 우체국에서 신문발송도 직접 했다. 기자실, 기자단, 기자회견장에 들어가지도 못했고 고위소식통을 두지도 않았다. 그럼에도 특종이 많았고 분석도 뛰어났고 발행부수가 7만 부나 되었다.

혼자 해낸 일을 수백 수천 명이 못하고 있는 까닭은 무엇일까? 사장 하나 잘못 만난 탓일까? 시대를 잘못 만나서일까? 아니다, 그것이 아니다. 위기의 시발은 우리 자신에게서부터다. 그것을 인정하지 못하는 데서 위기는 시작되었다고 생각한다. 미국 실천불교의 지도자 베르니에 그라스만은 아픈 명제 하나를 던진다.

"당신이 억압자와 하나라는 것을 깨달을 때 당신은 비로소 억압자에게 맞설 수 있다."

그라스만의 충고대로 우리는 스스로가 사회부조리의 일부이며 부패한 정치권력의 일부이며 탐욕스런 자본세력의 일부임을 알아차려 각성해야 한다. 거기가 우리의 출발점이다.

정치참여 대신 투표만 하라는 언론

'주식회사 민주주의'라는 말은 경제학자인 제임스 갈브레이스가 미국 정치를 비판한 말이다. 유권자는 주식회사의 소주주처럼 주주명단에는 올라 있고 주주총회 때면 투표하라는 통지표가 배송된다. 그러나 그것을 받아든 주주는 결국 들러리라며 외면해버린다. '소액주주인 내가 주주총회에 나가서 뭘 어쩔 건가' '내가 투표장에 가서 찍는다고 세상이 얼마나 달라진다고……' 이렇게 스스로를 주저앉힌다. 그래서 언론은 유권자인 국민을 일깨우려 한다. 꼭 투표장에 가 소중하고 의미 있는 한 표를 행사해야 한다고 캠페인을 펼친다. 과연 그것이 전부일까?

국민의 정치참여의 핵심은 투표참여가 아니라 정치 자체에 참여하는 것이다. 그러나 언론은 정치에 나서라 하지 않고 투표에나 나서라고 한다. 왜 국민에게 정치를 권하지 않는가? 이 문제는 정치는 무엇인가라는 문제부터 따져야 한다. 권력을 쥔 사람들이 권력을 행사하는 절차가 권력일까? 아니다. 그것은 대부분의 경우 정치가 아니라 지배이다. 진정한 민주정치는 국민이 자신의 운명과 삶에 대한 지배력을 확보해 고루 나누는 것이다.

그러나 언론은 권력의 지배와 그 과정의 다툼, 이합집산을 '지배'라 표현하지 않고 '정치'라는 고상한 말로 얼버무리고 국민이 접근하는 것을 가로막는다. 그로 인해 민주공화국 시민의 정치적 권력은 박탈당한 채 박제된 유물로만 남아 있다.

어떤 것이 시민의 정치인가에 대해 하나의 예를 들자. 1980년 일본 가나가와 현 비와호에서 생활배수가 원인이 돼 적조가 발생했다. 생활협동조합의 주부들을 중심으로 합성세제 추방운동이 시작돼 22만 명의 서명을 받아 가나가와 현 내의 7개 도시에 합성세제를 추방하는 조례제정이 청구됐다. 그러나 모두 부결됐다.

분노한 주부들은 조례제정 청원운동을 정치적 운동으로 전환하기로 하고 1984년 가나가와네트워크라는 조직을 만들었다. 먼저 조직 내에 정치학교를 만들었다. 가나가와네트워크는 리더십 있는 인물들을 선정해 정치학교에 입문시킨 뒤 집중 훈련시켰다. 가나가와 현의 현안, 각 지역별 실태조사와 연구, 공약개발도 병행했다. 매주, 매월 지역 모임과 전체 모임을 잇달아 열어 모든 회원이 가나가와 현 전체를 조망하고 현황을 파악하게 했다. 이것들은 고스란히 정치학교에서 수업 중인 대표 선수들에게 전수되었다. 정치강좌와 훈련과정을 통해 지역 주민이 무엇을 필요로 하는지, 선거공약은 무엇이고 어떻게 유권자를 공략할지 지식과 전략을 제공한 다음 선거조직과 선거비용을 제공했다.

그 다음에 벌어진 일은 아래와 같다. 1987년 통일 지방선거에서 15명 입후보, 9명 당선. 1991년 통일 지방선거에서 32명 입후보, 18명 당선. 1995년 통일 지방선거에서 44명 입후보, 35명 당선. 1999년 통일 지방선거에서 62명 입후보, 39명 당선. 2003년 통일 지방선거에서 66명 입후보, 39명 당선.

현실적으로는 지역을 기반으로 활동하는 정당이지만 법적으로는 정치적 시민단체이다. 가나가와네트워크 출신 의원들은 자신이 받은 세비를 가나가와네트워크에 기부한 뒤 다시 일부를 활동비로 지급받는다. 네트워크 출신 의원들은 시민권력과 정치권력 사이를 오가며 균형을 잡아 지역발전을 꾀하고 다시 후진을 양성하는 책임도 맡고 있다.

이 정치운동의 핵심은 의원을 만들어내는 것이 아니라 정치를 시민 속으로, 시민을 정치 속으로 융합시키는 것이다. 정치에서만큼은 국가권력이나 정당에 의존적이었던 시민을 자발적이고 자주적인 시민정치인으로 변화시키려는 것이다.

국민은 자신들이 정치에 무관심했다고 자책한다. 아니다, 국민은 자신들의 정치를 박탈당해 온 것이다. 기득권에 둘러싸여 비싼 입장료를 요구하는 기성 정치권력과 투표장에 가는 것이 국민에게 부여된 정치의 전부라고 오도한 우리 언론에 의해서 말이다. 이제 언론은 시민의 편에 서야 한다. 그 첫걸음은 언론이 시민의 정치권력과 권리를 어떻게 박탈해왔는가에 대한 성찰에서 시작해야 할 것이다.

대자보의 정치사회학 – 대자보, 우울한 시대를 포격하다!

대자보는 대륙마다 역사의 전환기에 등장한다. 프랑스대혁명(1789-1794)에서는 왕당파에 맞선 시민들이 자신들의 주장을 써 붙여 지지와 단결을 호소했다. 1517년 종교개혁의 신호탄을 터뜨린 마르틴 루터의 95개조 반박문도 비텐베르크 성 교회 정문에 내붙인 대자보였다.

중국에서는 문화대혁명(1966-1976)이 달아오르던 시절에 베이징 대학 식당에 대학 당국자이자 공산당 간부인 고위층을 비판하는 대자보가 나붙었다. 배후에는 마오쩌둥이 있었다. 이후 대학마다 부르주아를 비판하는 대자보가 나붙기 시작했고 드디어 역사의 한 페이지를 기록한 마오쩌둥의 베이징 인민대회당 대자보, '사령부를 포격하라 – 나의 대자보'가 등장한다.

이 대자보는 전국 각 처로 번지며 홍위병운동을 폭발시켰다. 당시 공산당 실권파가 당 기관지 등 각종 간행물들을 모두 장악하고 있었기 때문에 여기에 맞서는 조반造反파는 대자보를 대중선동의 중요한 수단으로 활용한 것이다. 덩샤오핑은 마오쩌둥이 애용한 대자보운동에 대해 이렇게 평했다.

"대자보는 형식이 간편하고 생동감이 있으며 여러 사람에게 주의를 줄 수 있고 군중을 선동하는 데 편리하다."

대자보 - 우울한 시대를 포격하다

우리나라 역사에서 대자보는 괘서, 익명서, 은닉서, 벽서 등의 이름으로 존재한다. 시간을 거슬러 올라가면 신라 진성여왕 때 정치를 비방하는 글이 큰 길 가에 나붙는 사건이 발생했다. 고려 충렬왕 때도 궁궐 문에 글이 나붙었는데 누가 귀신과 무당을 섬기고 공주를 저주한다는 내용이었다.

조선 명종 때는 소윤파가 대윤파를 몰아내기 위해 경기도 과천 양재역에서 "위로는 여왕, 아래로는 간신이 권력을 휘두르니 나라가 망조"라고 익명의 대자보 벽서를 써 붙인 뒤 대윤파 소행으로 몰아간 사건이 벌어졌다. 대윤파 2명에게 사약이 내려지고 20여 명이 유배를 당했다.

1755년 을해옥사와 관련된 '나주 벽서 사건'도 유명하다. 소론 노론의 다툼 과정에서 소론 측 세력이 역모를 꾀하면서 나주 객사에 나라를 비방하는 글을 써 붙인 사건이다. 이렇게 사회적 파장이 컸던 사건을 따로 '벽서변壁書變'이라고 부르는데 의연한 임금도 있었다.

정조는 자기 비방 벽서가 붙자, '과인이 정치를 잘하면 저 벽보는 당연히 없어진다'며 괜한 공권력 동원이나 색출조치를 삼가라고 했다.

혈벽서血壁書라는 것도 있었다. 혈서로 벽서를 써 붙이는 것인데 유행처럼 번져 짐승 피로 위조한 혈벽서도 유행했다 한다. 이것을 '잡혈 벽서'라고 한다.

사화와 당쟁이 빈번하고 백성의 불안과 불만이 높아진 19세기가 벽서가 가장 횡행한 시기이다. 구한말에는 1898년 독립협회 등 개화파에게 밀리기 시작한 수구파가 서울 곳곳에 이씨 왕조를 뒤엎으려는 모반이 진행되고 있다고 써 붙여 독립협회 지도자들이 구속되기도 했다.

현대로 들어서서는 1980년대 후반 민주화 운동과정에서 대학 대자보를 통해 광주항쟁의 진상, 5공 집권층의 비리 등이 국민에게 알려졌고, 대자보가 시대문화로 자리 잡았다. 언론이 통제당하니 대자보가 민중저항

매체 노릇을 한 것이다.

최근 이슈가 된 '2013 대자보'는 사회 문제에 대해 개인의 생각을 적어 내려갔지만 집단적 각성이나 여론을 불러일으키는 새로운 형태로 가고 있다. 오프라인에서 게시판이나 벽에 써 붙이면 오래가지도 멀리 가지도 못하는 제약이 있다. 그런데 이번엔 대자보의 사진을 찍거나 내용을 요약해 SNS로 전파하는 새로운 소통방식이 등장해 주목된다.

또 대자보에 대한 열렬한 호응은 대자보가 갖는 특성에도 기인한다. 트위터나 페이스북, 카카오톡으로 자기 생각을 아무리 격렬하게 적어나가도 자기 글씨로 써내려가는 대자보의 비장함과 카타르시스는 흉내 내기 어렵다는 점이 이번 대자보 돌풍의 배경이 아닌가 싶다.

SNS로 짧고 단편적인 의사소통이 이뤄져 왔기에 어떤 한계와 갈증을 느낄 수밖에 없었고 그것을 젊은 세대 다수가 공통적으로 느끼고 있었다고 보인다. 그런 점에서 직접 써내려간 장문의 대자보는 진정성을 내보이는 효과도 커 사람들을 불러 모았을 것으로 본다.

물론 이 대자보열풍은 곧 끝날 수도 있다. 그러나 다음에 벌어질 사회 문제와 이슈에서 다시 등장할 것이다. 지금의 SNS가 아닌 더 새로운 디지털 미디어와 결합할 수도 있다.

언론 아닌 잡론雜論의 시대

대학 후배들에게 미안함을 담은 언론인의 대자보도 고려대에 등장했다.

"졸업생으로서 현재 지상파 방송에 기자로 근무하고 있다. 방송기자로 미력하나마 한국 사회 발전에 도움이 되고자 했지만 지금 펜과 마이크를 들 수 없다. 일터인 방송이 오히려 진실을 외면하고 사실을 축소하고 매일 저녁 무척이나 '안녕한' 뉴스만을 내보내고 있기 때문이다. 후배들에게 부끄럽지 않도록 더욱 싸워가겠다"는 내용이다.

어쩌면 선배 언론인의 이런 대자보도 이 시대가 마지막일지 모른다. 새로운 시대의 주류언론은 신문도 아니고 지상파 방송도 아니고 케이블 방송도 아니다. 시민 스스로가 자신의 의견을 전파하고 서로 소통하기 위해 새로운 미디어, 새로운 디지털 소통수단, 새로운 온오프 커뮤니티를 만들어나가는 과정 자체가 주류언론이 될 것이다. 이미 기성언론은 대학생 대자보를 베껴서 시국현안을 전하는 지경에 이르러있지 않은가 말이다.

지금의 주류언론은 더 이상 주류언론으로 존재하지 못한다. 시민 스스로 생성하는 언론에 대한 보조언론이 되고 말 것이다. 상당수는 지금처럼 보조언론도 아닌 기득권에 목 맨 잡론雜論으로 존재할 것이다.

오늘의 대자보는 그래서 저널리스트에게 무겁고도 아프게 다가온다.

저널리스트여, 조직의 구성품이기를 거부하라

저널리스트가 보도자료와 브리핑만을 받아 적을 때 우리 사회에는 정보의 일방적 하향전달과 언론의 종속이라는 소통장애가 발생한다. 언론이 권력을 추적하며 취재하는 것이 아니라 권력이 정보를 흘리는 대로 뒤쫓기에 급급하니 공격권은 언제나 권력이 쥐고 저널리즘은 수세에 놓인다.

공격과 수비에서 공격자는 비용과 인력의 소모가 많아 불리하다. 반면에 공격자는 3가지 차원에서 유리하다. 언제 어디서 어떻게, 이 3가지를 공격자가 결정할 수 있다. 정치권력과 저널리즘의 쟁투에서 권력이 공격권을 쥐면 공격자의 부담인 비용과 인력소모는 문제되지 않는다. 국가 사업예산이 있고 정보비가 있고 검찰과 경찰이 있고 국정원도 있다. 정보의 수집과 분석, 사찰과 감찰, 필요인력의 동원과 비용지원⋯⋯. 공격자가 갖는 불리는 쉽게 커버되고 반면 공격자가 갖는 이점은 극대화된다.

그렇기 때문에 권력은 궁지에 몰렸을 때, 선거를 앞두고 있을 때 등 이슈를 터뜨리는 '시기'와, 정부의 어느 기관을 이용할 것인가의 '장소', 어떤 채널에 어떤 방법으로 정보를 흘릴 건지 '방식'을 저울질하며 언론을 공략한다. 여기에 맞서려면 언론이 산발적으로 흩어져 약점을 찾고 공격루트를 열어야 한다. 획일적인 취재와 받아쓰기에서 벗어나 권력의 힘과 감시를 분산시키되 약점이 발견되고 방어벽이 허물어진 곳은 집중 공략하는 것이다. 세월호 사고에서 지켜본 대로 중앙대책본부나 해경의 말을 옮겨 적는 다수의 언론만 있었다면 참사의 진상은 어디까지 파헤쳐졌을까? 우리 사회의 허술한 구난시스템과 위기관리 능력을 짚어내는 데는 작고 강하고 민첩하며 끈질긴 독립언론들의 활약이 있었기 때문이다.

'짐승'도 되지 못한 한국 언론

왜 우리 기성언론은 이토록 순치되어 양처럼 구는 것일까? 미국 클린턴 정부 초기에 백악관은 기자들이 백악관 관료들에게 사적인 루트를 통해 접근하고 공보국 사무실을 뻔질나게 드나드는 것에 제동을 걸었다. 담당자를 바꾸고 기자실과 공보국 사이의 문을 폐쇄하기까지 했다. 기자들은 분노했고 백악관 담당 기자들의 기사 속에서 클린턴은 부시보다 더 못난 대통령으로 묘사되기 일쑤였다. 그때 백악관의 언론 담당 참모들은 복도 끝 프레스룸에 모여 있는 기자들을 별칭으로 불렀다. '짐승들'이라는 별칭이 모욕적일 수 있지만 백악관이 기자들을 상대하면서 그만큼 힘들고 위험스레 여겼다면 차라리 부럽기만 하다.

몇 년 전 연예전문매체 T의 편집장과 기자들이 집단사직하는 사건이 발생했다. 그때 일터를 떠나는 최 모 기자의 인터뷰를 읽으며 울컥했다.

> "일을 하면서 저희가 원칙으로 삼았던 것은 쓰는 사람이 자존심을 지키고 대상에 대해서 존중하는 글을 쓰는 것이었다. 연예매체들은 주로 연예인이나 이런 사람들을 대상화시키거나, 흥미 위주의 글을 쓰는 것들이 많았다. 저희는 마음속으로 '아, 이건 옳지 않다'고 생각하는 그런 트릭을 쓰고 싶지는 않았다 (……) 사람들이 어떻게 하면 많이 읽을지가 아니라, 말하는 사람이 '말하고 싶어 하는 부분'이 무엇인지, 즉 '원형'을 전하고 싶었다."

저널리즘에 대한 참으로 간결하고 힘 있는 웅변이 아닌가. 저널리스트의 싸움터는 힘센 권력과 치고받는 현장만이 아니다. 정치 · 사회 · 경제 · 문화. 어느 분야에서고 보도의 대상을 존중하고 이야기하는 사람의 원형을 전하는 것, 트릭 없이 취재원의 자존심을 지키는 것, 뉴스를 기다리는 이의 열망에 부응하는 것, 그리고 그것을 가로막는 모든 간섭과 억압, 나태함에 맞서는 것. 그것이 저널리스트의 싸움터이다.

훌륭한 저널리즘은 그 일을 하는 사람들이 스스로의 품격과 권위, 존재의 목적에 대해 확신을 갖고 있어야 한다. 그런 확신이 좋은 기사를 만든다. 좋은 기사는 팔리기 위한 내용을 짜내는 것이 아니라 세상일에 대한 정갈한 소개와 설명, 합리적인 관점과 전개, 그 사안의 의미와 대안, 해결책이 제시되어야 한다. 좋은 기자들은 나은 대우에 앞서 이런 기사를 쓸 수 있게 만들어주기를 원할 것이다. 그런데 우리의 현실은 재능 있고 열정 넘치는 기자들을 무기력하게 만들고 현장을 떠나게 만들고 있다.

저널리즘과 이를 수행하는 조직의 목표가 자기 이익과 권력의 수구가 될 때 저널리스트의 용기는 움츠러들고 창의력도 열정도 위축되고 만다. 그 상황에서 쓰인 기사는 읽어도 그만 안 읽어도 그만인 기사, 그 이상이 되지 못한다. 내용은 진실에서 멀고, 깊이는 적당히 파다 말고, 방향은 고민 없이 대충 잡아나간 기사이니 당연한 귀결이다. 그 다음 문제는 그런 기사를 쓰다보면 훌륭한 기사에 대한 욕구, 훌륭한 기사를 위한 끈질긴 취재, 즉 기자의 야성野性이 소멸되어버린다는 것이다. 얼마나 많은 기사들이 보도자료를 맵시 있게 요약하고 브리핑을 간추리는 것에서 끝나고 있는지는 누구보다 기자 스스로가 잘 알고 있다.

우리 저널리즘은 본질에 다가서야 한다. 본질은 명료하다. 현장에 더 가까이 가고 사건의 주인공을 직접 접촉하고 다양한 의견을 들어보고 그대로 전하는 것이다. 본 대로 들은 대로 판단한 대로 보도하는 것이다. 추악한 비리나 모순을 폭로하는 것은 당연하지만 왜 이런 일이 벌어지는지도 설명하고 거기에 우리 사회가 뭘 놓치고 있는지도 이야기해야 한다. '누가 언제 어디서 무엇을 왜 어떻게'라는 '대충'의 틀을 넘어서야 한다. 이제 저널리스트는 조직의 구성품으로 머물기를 거부하고 자기만의 시각과 자부심, 가져야 할 만큼의 깊이를 갖고 자신을 드러내야 할 때가 되었다.

그러려면 '저널리스트란 누구인가?' '나는 왜 저널리스트가 되려고 했는가?' 때때로 스스로에게 물음을 던지고 한 점 흐트러짐 없는 눈빛으로 답할 수 있도록 마음을 다져나가야 한다.